Philipp J. Müller

GeldRICHTIG

GeldRICHTIG

Einkommen erhöhen, moralisch handeln, persönliche Freiheit leben

Von Börsen-Multimillionär und
SPIEGEL Bestseller-Autor

PHILIPP J. MÜLLER

GABAL

Externe Links wurden bis zum Zeitpunkt der Drucklegung des Buches geprüft. Auf etwaige Änderungen zu einem späteren Zeitpunkt hat der Verlag keinen Einfluss. Eine Haftung des Verlags ist daher ausgeschlossen.

Bibliografische Information der Deutschen Nationalbibliothek

Die Deutsche Nationalbibliothek verzeichnet diese Publikation in der Deutschen Nationalbibliografie; detaillierte bibliografische Daten sind im Internet über http://dnb.d-nb.de abrufbar.

ISBN 978-3-86936-997-6

Lektorat: Eva Gößwein, Berlin | www.textstudio-goesswein.de
Covergestaltung: Atelier Bea Klenk, Berlin
Umschlaggestaltung: Martin Zech, Bremen | www.martinzech.de
Autorenfoto: Christian Hesselmann
Satz und Layout: Das Herstellungsbüro, Hamburg | www.buch-herstellungsbuero.de
Druck und Bindung: Libri Plureos GmbH, Friedensallee 273, D-22763 Hamburg, info@m.bod.de

4. Auflage 2026

Die im Buch veröffentlichten Ratschläge wurden vom Verfasser und vom Verlag sorgfältig erarbeitet und geprüft. Eine Garantie kann dennoch nicht übernommen werden. Ebenso ist die Haftung des Verfassers beziehungsweise des Verlags und seiner Beauftragten für Personen-, Sach- und Vermögensschäden ausgeschlossen.

www.gabal-verlag.de
www.facebook.com/Gabalbuecher
www.twitter.com/gabalbuecher
www.instagram.com/gabalbuecher

Inhalt

Prolog: Frei werden

In diesem Buch geht es um finanzielle Unabhängigkeit. Für dich. Für die Verkäuferin. Für den 16-Jährigen, der seine Ausbildung finanzieren will, weil seine Eltern dafür nicht genug Geld übrig haben. Für die 57-Jährige, die erkennt, dass sie ähnlich wie der Durchschnitt der Frauen in Deutschland 46 Prozent weniger Rente als ein Mann bekommen wird. Diese finanzielle Unabhängigkeit ist möglich. Aber nicht einfach. Nicht mal nebenbei. Es geht hier nicht um die schnelle Million. Du wirst hier nicht die ultimative Strategie für ein sogenanntes »passives Einkommen« lernen, das dir ein sorgloses Leben in Saus und Braus ermöglicht. Denn ein passives Einkommen gibt es gar nicht. Du erfährst auch nicht, wie du angeblich momentan total unterbewertete Immobilien oder Aktien kaufst, bald mit umwerfenden Gewinnen wieder verkaufst und dann als Multimillionär in deiner Luxusvilla sitzt und Tequila auf Eis schlürfst.

Denn all das ist nicht möglich. Auch wenn wir es uns noch so sehr wünschen.

Statt diese kindlichen Wünsche zu nähren, damit in einer Traumwelt zu bleiben und gerade deshalb weiterhin keine echte Verantwortung für die eigenen Finanzen zu übernehmen, kannst du mithilfe dieses Buches einen verantwortungsvollen Umgang mit Geld entwickeln. Das geht nicht von jetzt auf gleich, sondern es ist ein Entwicklungsprozess. Du brauchst dafür ein neues Bewusstsein für Geld, ein verändertes Geldverhalten, die Entwicklung deiner Geldpersönlichkeit, handfestes Wissen über Möglichkeiten der Geldvermehrung und vor allem: dein persönliches Warum, für das du dein Geld einsetzen willst. Darüber hinaus brauchst du ein ethisch-moralisches Wertesystem, in dem Geld im Kontext von Verantwortung für dich selbst *und* für andere und für die Welt steht. Nicht dagegen für persönliche Bereicherung, maßlosen Konsum, Geldgier und Egoismus.

Klingt also nicht so, als ob man das in drei Tagen lernen kann. Aber hast du jemals gehört, es bei anderen oder bei dir selbst erlebt, dass etwas so existenziell Wichtiges, das dein Leben komplett und zum Guten verändern kann, in drei Tagen und nachhaltig möglich ist? Du kennst die Antwort, wenn du ehrlich mit dir bist. Alle Menschen kennen sie tief in ihrem Innern, selbst wenn sie noch so leichtgläubig, naiv oder wütend über Rentenlücke und Negativzinsen auf eine leichte Lösung hoffen.

Gut so. Denn zu wissen, dass es nicht leicht ist, wird dir helfen, motiviert auf einem neuen Entwicklungsweg zu bleiben, auf dem dir eine Menge Hindernisse und die eine oder andere handfeste Geldblockade begegnen werden. Es ist ein Geld-Entwicklungsweg, für den du Zeit, Hingabe und Beständigkeit investieren musst, der dich oftmals Nerven und mindestens zerraufte, wenn nicht gar ein paar graue Haare kosten wird. Aber dieser Weg ist zugleich spannend, aufregend, voller Freude und Spielergeist und – wenn du ihn konsequent weitergehst – zutiefst lebensverändernd.

Wenn dir das noch nicht reicht: Welche Argumente sprechen noch dafür, diesen Weg ab sofort zu gehen?

Nun, sobald der deutsche Durchschnittsbürger, in Hinblick auf Geld von mir manchmal auch »Vogel Strauß« genannt, den Kopf aus dem Sand zieht und sich mit einem realistischen Weitblick umsieht, erkennt er die Tatsachen: Laut Rentenversicherungsbericht* der Bundesregierung wird die gesetzliche Rente in Deutschland in den nächsten Jahrzehnten nur noch eine Art Grundversorgung der Rentner ermöglichen. Auf Deutsch: Ohne private Vorsorge wird das Geld im Alter nicht reichen. Auch das mühsam Ersparte wird immer weniger, denn die aktuelle Niedrigzinspolitik verändert unser herkömmliches Verständnis. Das klassische Sparen auf dem Sparbuch – des Deutschen liebste Anlageform – funktioniert nicht mehr. Das Geld reicht im Alter erst recht nicht für Selbstständige: Von den rund vier Millionen Selbstständigen in Deutschland sind drei

* https://www.bmas.de/DE/Themen/Rente/Rentenversicherungsbericht/rentenversicherungsbericht.html (Aufgerufen am 17.02.2020.)

Millionen nicht für das Alter abgesichert. Es reicht auch nicht für Frauen, die wegen Kinderbetreuung einige Zeit nicht voll arbeiten.

Aber es gibt noch mehr Gründe für eine gute Geldbildung als »nur« die Altersvorsorge. Ich zeige dir in diesem Buch, dass finanzielle Unabhängigkeit erreichbar ist und welche Möglichkeiten sich dadurch für dein Leben eröffnen. Dass es diese Möglichkeit gibt, muss man aber erst mal erkennen. Wir sind fast alle mit der Überzeugung aufgewachsen, dass wir für unser Geld hart arbeiten müssen, und die meisten leben mit der Erfahrung, dass das Geld immer nur knapp reicht, wenn überhaupt. Mithilfe dieses Buches kannst du eine andere Sichtweise entwickeln.

Du kannst dich nach und nach in eine neue Phase deines Lebens begeben, in der Wohlstand und ein »Genug-Gefühl« herrschen. In der du gut für dich sorgst und vorsorgst und in der du auch Verantwortung für andere übernimmst, denen es nicht so gut geht. Dazu gehört ein Mindset, mit dessen Hilfe Gier und Größenwahn, Angst und Kurzschlussreaktionen, Verdrängung und Scham als die größten Feinde eines besonnenen Geldverhaltens in den Hintergrund treten.

Genug Geld zu haben heißt für mich nicht, Sportwagen fahren. Geld heißt nicht goldene Uhr oder Gucci-Täschchen. Der Wunsch nach viel Geld sollte nicht getragen sein von dem Ziel, sich Statussymbole oder anderes zu kaufen, oft verbunden mit der unbewussten Hoffnung, sich dadurch wertvoll zu fühlen. Denn es gibt jenseits von sinnlosem Konsum immens wichtige Gründe, um genug Geld zu haben: Wir wünschen uns, mit unserer Familie zu verreisen und dadurch gemeinsam etwas Schönes zu erleben. Wir wollen uns gut, ökologisch sinnvoll und gesund ernähren. Wir wollen nachhaltig leben, um die Umwelt zu schützen und unseren Kindern eine lebenswerte Zukunft zu ermöglichen. Wir wünschen uns, immer weiter zu lernen, weshalb wir für uns selbst und unsere Kinder Geld für Bildung brauchen. Wir möchten auch für eine alternativmedizinische Behandlung Geld ausgeben können, wenn wir uns sicher sind, dass sie bei einer Erkrankung besser hilft als die schulmedizinische Kassentherapie.

Wir leben mit unserer westlichen, kapitalistischen Gesellschaftsform in einem System, in dem Geld eine absolut zentrale Rolle spielt. Geld regiert die Welt. Das können und müssen wir akzeptieren, solange wir in diesem System leben. Und je besser wir damit umgehen, desto leichter wird es. Wenn dein Konto voll genug ist, wird mehr möglich in deinem Leben. Du kannst deinen Lebenssinn besser leben, du kannst anderen helfen, denen es schlechter geht als dir. Du kannst erfüllter und gesünder leben. Ich wünsche mir, dass du das, was du kannst, um etwas ergänzt: das Geld. Ein fünfstelliges Einkommen durch die Börse ist möglich. Wie wäre es im ersten Schritt mit 500 Euro netto pro Monat mehr als bisher? Ich möchte, dass es dir besser geht, weil du genug Geld hast. Ich möchte, dass du wohlhabend wirst.

Wohlhabend ist für mich ein wichtiges Wort. Es bedeutet: genug Geld haben plus soziale und ökologische Verantwortung übernehmen. So lebe ich. Ich kann Geld. Mein Leben lang mache ich nichts anderes. Und ich bin wohlhabend, ich werde es nicht erst durch meine Seminare oder durch dieses Buch. Ich schreibe dieses Buch nicht, um damit reich zu werden. Ich schreibe dieses Buch, um mein Wissen über Geld zu vermitteln. Und um Ideen zu geben und zu zeigen, dass es mit Geld auch anders gehen kann als protzig, ausbeuterisch, persönlich bereichernd. Vielleicht kann ich dabei sogar als Vorbild fungieren, auch wenn das Wort »Vorbild« schnell nach Mister Perfect klingt. So will ich nicht sein. So will ich nicht auftreten. So will ich nicht gesehen werden. Ich bin weder ein Superstar noch ein Spendenonkel und ganz gewiss nicht einer, der alles richtig macht. Ich habe meine Stärken, die eindeutig beim Thema Geld liegen, aber ich habe auch jede Menge Schwächen. Ich will auf dem Boden bleiben, denn mir geht es bei allem, was ich tue, um die menschliche Seite: Ich tue nicht mehr, als Know-how und Erfahrungen weiterzugeben, um meinen Beitrag zur Entwicklung in eine aus meiner Sicht gute Richtung zu leisten.

An dieser Stelle sind auch ein paar Worte zu Ulrike Scheuermann angebracht. Ulrike hat mich als erfahrene Bestsellerautorin beim Schreiben dieses Buches begleitet und wird mit ihren Impulsen an einigen Stellen im Buch auftauchen, und zwar immer dann, wenn es um Persönlichkeitsentwicklung und Lebenssinn geht. Denn Ulrike ist Diplom-Psychologin und in diesen Bereichen eine absolute Expertin. Mit ihrer Arbeit hilft sie Menschen, innerlich frei ihr Wesentliches zu leben. Wir unterhalten uns viel über Geld im Zusammenhang mit persönlicher Entwicklung und ich freue mich sehr, dass Ulrike ihre 25-jährige Berufserfahrung in dieses Werk eingebracht hat.

Das Buch ist in fünf Teile gegliedert. Im ersten Teil geht es darum, einen umfassenden Überblick über die Bedeutung von Geld für uns Menschen zu gewinnen. Dabei gehe ich auch darauf ein, dass wir einen unfassbaren Bildungsmangel in Bezug auf Geld haben.

Im zweiten Teil beschreibe ich, wie aus meiner Sicht ein gutes Geldverhalten aussieht: Was kannst du konkret tun, um einen guten Umgang mit Geld zu entwickeln und mit einem System für deine Finanzen, mit guten Strategien in Arbeit und Leben, mit Sparsamkeit und Schuldenabbau Geld zu generieren?

In dritten Teil geht es um deine Geldpersönlichkeit: Welche persönlichen Entwicklungen kannst du machen, welche Haltungen solltest du entwickeln, welche Geldblockaden verstehen und lösen, um mit Geld weiterzukommen?

Im vierten Teil stelle ich Möglichkeiten vor, an der Börse durch kluges Investieren Geld zu verdienen. Davon erhältst du hier einen ersten Eindruck, auch wenn das für die Umsetzung wohl nicht reichen wird. So etwas lässt sich in einem Zweihundertachtzigseitenbuch nicht vollständig vermitteln. Das zu versprechen wäre unseriös. Aber ich will, dass du zumindest eine Idee davon bekommst, wie – und dadurch vor allem dass – es gehen könnte.

Im fünften Teil sehen wir uns an, was wir tun können, um mit finanzieller Unabhängigkeit unseren persönlichen Sinn zu leben und unseren Wohlstand mit anderen zu teilen: Welche ethisch-moralischen Werte brauchen wir und wie leisten wir konkret unseren Beitrag zu einer besseren Welt?

Liebe Leserin, lieber Leser: Ich wünsche dir von Herzen, dass dir dieses Buch dabei hilft, freier und erfolgreicher mit Geld umzugehen und Geld zu nutzen, um damit erfüllter zu leben und zum großen Ganzen, zum Wohle der Welt beizutragen.

Philipp J. Müller, im Februar 2020

I. Geld regiert die Welt: Das Finanzsystem verstehen

1. Wie wir Geld *nicht* lernen – die Bildungslücke

Mein älterer Sohn hatte vor einigen Jahren im Mathematikunterricht das Thema »Münzen und Scheine«. Zweite Klasse. An einem Nachmittag komme ich nach Hause und meine Frau sagt zu mir:

»Schatz, hier steht was im Hausaufgabenheft.«

»Was denn?«

»Da steht, du sollst Frau Patrick anrufen.«

Na ja, eigentlich stand da sehr höflich: »Würden Sie sich bitte bei mir melden?« Meine Frau hatte das nur übersetzt. Also rufe ich Frau Patrick an.

»Hallo Frau Patrick, Philipp Müller hier. Sie haben ins Hausaufgabenheft geschrieben, dass wir uns bei Ihnen melden sollen.«

»Ach«, sagt sie, »das ist aber toll.«

Jetzt muss man dazusagen, sie könnte fast meine Tochter sein. Sie ist sehr engagiert und ich finde es großartig, dass sie sich so kümmert.

»Was ist denn das Problem?«

»Nun«, sagt sie, »wir haben heute über Geld gesprochen. Dazu hatten wir Münzen zum Ausdrucken und Scheine, zur zweiten Klasse passend. Also alle Münzen und die Fünfer, Zehner und Zwanziger. Und dann meldet sich Ihr Sohn und sagt vor der ganzen Klasse: ›Mir fehlen die Fünfziger, die Hunderter, die Zweihunderter, die Fünfhunderter.‹«

»Okay«, sage ich, und ich ahne, was jetzt kommen könnte. Gut, dass gerade *ich* das Telefonat führe.

»Ich habe daraufhin zu ihm gesagt«, fährt Frau Patrick fort, »›Das ist noch nichts für dich.‹«

Ich muss grinsen. Ich weiß, dass mein Sohn genauso vorlaut ist wie ich.

»Und dann hat er gesagt …«

Frau Patrick will weiterreden, aber ich falle ihr ins Wort.

»Ich weiß, was er gesagt hat.«

Ruhe. Gefühlt eine Minute.

»Er hat gesagt, er mag den Fünfhunderter so gerne, stimmt's?«, sage ich fröhlich.

Frau Patricks Stimme klingt jetzt nicht mehr so ruhig, eher etwas schrill und empört, aber gleichzeitig auch besorgt.

»Warum mag er den so gerne? Er hat gesagt: ›Der Fünfhunderter ist mein Lieblingsschein und der Zweihunderter ist der zweitbeste‹!«

Ich überlege kurz: Anfang der zweiten Klasse, noch drei Jahre Matheunterricht bei Frau Patrick. Philipp, wie bringst du die Botschaft so rüber, dass sie pädagogisch wertvoll ist? Ich sage also:

»Frau Patrick, Sie wissen ja, dass ich beruflich mit Geld zu tun habe, ich bin auch Lehrer, nur für Erwachsene, und zwar Lehrer für Geld. Deshalb reden wir manchmal auch zu Hause über Geld, und einmal wollte mein Sohn alle Geldscheine sehen. Dann haben wir uns gemeinsam an den Küchentisch gesetzt und ich habe alle Banknoten, die es gibt, feinsäuberlich ausgebreitet: einen Fünfhunderter, einen Zweihunderter, einen Hunderter. Und er hat gesagt: ›Papa, der Fünfhunderter ist der Hammer!‹«

Jetzt ist wieder Ruhe am Telefon, aber ich höre eine gewisse Nervosität in ihrer Atmung. Vielleicht fühlt sie sich veralbert? Ich weiß also, ich muss das Ding irgendwie noch geraderücken.

»Frau Patrick, Sie können natürlich nichts dafür, denn Sie sind im Lehrplan gefangen. Aber ich halte es für einen pädagogisch völlig falschen Weg, einem Kind beizubringen, dass der Fünfziger, der Hunderter, der Zweihunderter und der Fünfhunderter nichts für Kinder sind, wenn man ihm das Geldsystem erklären will. Denn Kinder speichern die Information wertneutral ab und fangen anschließend an, Beweise zu suchen, dass das, was sie gerade gelernt haben, richtig ist. Dabei sollten Kinder von klein auf das Gegenteil lernen: dass Geld, auch großes Geld, etwas für sie ist. Damit sie sich schon jetzt Gedanken darüber machen, was sie tun können, um zu solch einem Fünfhunderter zu kommen. Und ein paar Jahre später, vielleicht in zehn Jahren, tun sie selbstverständlich etwas dafür, um dieses Geld zu verdienen, das dann sehr wohl etwas für sie ist und das sie dringend brauchen, um gut zu leben, eine gute Ausbildung zu machen und etwas Sinnvolles arbeiten zu können.«

Das Telefonat geht dann etwas ratlos zu Ende. Frau Patrick sagt nicht mehr viel und wir verabschieden uns freundlich voneinander. Ich hoffe, ich habe rübergebracht, was ich vermitteln wollte, ohne überheblich zu wirken. Vielleicht ist sie nachdenklich geworden. Ich bin auch nachdenklich.

Wer bin ich jetzt in ihren Augen? Bin ich für sie ein reicher Protzer, der so im Geld schwimmt, dass er achtlos mit den Fünfhundertern zum Spielen für Kinder um sich werfen kann und diese geldverachtende Haltung auch noch seinem Sohn beibringt? Oder bin ich in ihren Augen ein arroganter Geldschnösel, der einer Lehrerin, die ihr Gehalt mit vorlauten Schülern hart verdienen muss, erklären will, wie Matheunterricht aussehen sollte? Oder aber einer dieser gewitzten Geldhaie, die mit schlauen oder sogar verbotenen Methoden zu viel Geld gekommen sind? Solche Gedanken wären kein Wunder, denn Protzer, Schnösel und Geldhaie sind in unserer Gesellschaft weit verbreitete negative Zuschreibungen für Menschen mit viel Geld. Das trägt natürlich nicht dazu bei, dass man zu dieser Gruppe gehören will. Und diese Zuschreibungen sind falsch, aber dazu später mehr.

Sind reiche Leute Protzer, Schnösel und Geldhaie?

Jetzt möchte ich erst einmal verdeutlichen, was es bedeutet – für jeden Einzelnen und für uns als Gesellschaft –, dass Geld auf diese Art in der Schule vermittelt wird.

Das Armutszeugnis: Wir lernen nichts über Geld

Nach dem Telefonat mit der Grundschullehrerin rumorte es in mir. Weil ich so sehr auf das Thema fokussiert bin, fällt es mir wohl mehr als vielen anderen auf, dass wir Geld nirgends lernen und die meisten es dementsprechend auch nicht können. Das ist ein trauriger Fakt, der mich abwechselnd betrübt und wütend macht oder auch mal bitter werden lässt. Was würde passieren, wenn diese finanzielle Nichtbildung in den Schulen beendet würde, bei der Geld auf Scheine und Münzen reduziert wird und Lehrer mit begrenztem Gelddenken die wenigen Kinder zurechtweisen, die groß denken?

Was könnte sich für die Menschen alles ändern, wenn echte finanzielle Bildung in den Schulen stattfinden würde?

Und dann, ein paar Wochen später, kam mir plötzlich ein Gedanke, der sich kurz sehr verwegen anfühlte, aber dann schnell realistisch schien: Was wäre, wenn eine gute Haltung zu Geld und ein gutes Geldverhalten überall in den Schulen gelehrt würde? Welche Chancen würden zum Beispiel Kinder aus armen Verhältnissen hinzugewinnen? Könnte sogar *ich* derjenige sein, der diese finanzielle Bildung in den Schulen initiiert, damit es nicht bei dem Geldmünzen-Zählen bleibt? Jetzt, nicht erst in 30 Jahren, soll sich in den Schulen etwas ändern!

Gemeinsam mit einer Produzentin von Schulfilmen, die ein Seminar an meiner Investment Akademie besuchte, plante ich, einen Bildungsfilm in deutsche Schulen zu bringen. Schon die Planung war hochinteressant: Wir haben uns zuerst einmal die Lehrpläne aller 16 Bundesländer im Internet heruntergeladen. Mal ganz nebenbei: Das ist alles öffentlich und du kannst das auch tun. Wir haben die Lehrpläne sämtlicher Klassenstufen nach dem Stichwort »Geld« durchsucht. Dabei ist die Misere in ihrem ganzen Umfang noch viel deutlicher geworden: Im gesamten Unterrichtsleben eines durchschnittlichen deutschen Schülers finden ungefähr 15 bis 20 Unterrichtsstunden zum Thema Geld statt – mehr nicht.

Dass wir somit schulisch in Sachen Geld komplett allein gelassen werden, ist, wenn man im kapitalistischen System lebt, tatsächlich bemerkenswert. Inzwischen denke ich, es ist eine Katastrophe. Es gibt nur diese wenigen Stunden über Geld, das unsere Welt regiert. Über Geld, das die Basis unseres kapitalistischen Wirtschaftssystems ist. Über Geld, ohne das wir nicht überleben und gesund bleiben würden, ohne das wir nicht genug zu essen und kein Dach über dem Kopf hätten. Über Geld, das rauf und runter die Menschen beschäftigt, unter dem die Menschen leiden, das Exzesse an den Finanzmärkten, Korruption, Lügen und Skandale auslöst. Über Geld, das Menschen in den Selbstmord treibt, zu Mord und Krieg anstiftet und eine Gier entfacht, die neben einzelnen Menschen auch Unternehmen und ganze Länder in den Ruin treibt oder Einzelne zu Multimilliardären macht. Natürlich ist es nicht das Geld, das all das tut, sondern das, was wir aus dem Geld machen; also das, was wir selbst dem Geld zuschreiben.

Ich habe diese finanzielle Bildungslücke erst vor ein paar Jahren bewusst wahrgenommen, obwohl ich die Erfahrung als Kind und Jugendlicher selbst gemacht habe. Das zeigt mir, wie meilenweit wir im Bildungssystem und damit als Gesellschaft bisher noch von einem selbstverständlichen und unvoreingenommenen Umgang mit Geld entfernt sind. Und dann wundern wir uns, warum so wenige Menschen wirklich vermögend sind? Wenn man danach geht, wie sehr Geld unser Leben, die Politik und alle Arten von Entscheidungen in der Welt beherrscht, müsste Geld ein eigenes Schulfach sein. Wie Mathematik, Deutsch, Englisch und Biologie. Stattdessen ist es ein lächerliches Anhängsel im Matheunterricht der ersten oder zweiten Klasse.

Geld müsste ein eigenes Schulfach sein.

Doch nicht nur das Thema Geld und Finanzen im engeren Sinne ist scheinbar komplett vergessen worden. Ebenso fehlen: Kaufen, Verkaufen, Kapitalismus, Steuern, Sparen, Spenden, Zinsen, Börse und Bilanzen-Lesen. Auch weitere wichtige Themen, die im weiteren Sinne dazugehören, wie Kommunikation, Persönlichkeitsentwicklung, Rhetorik, Unternehmertum, Verhandeln, Menschen begeistern und Menschen führen sind den Kultusministerien weniger wichtig als der längste Fluss Afrikas, die griechische Antike und Drosophila-Kreuzungen zur Bestimmung des Genotyps im Biounterricht. Es fehlt eben fast alles, was bereits Kinder lernen könnten, um auf ein erfolgreiches, das heißt vor allem freies Leben vorbereitet zu werden. Auf ihr Leben mitten in einem kapitalistischen, von Geld angetriebenen System.

Und später geht diese Notwendigkeit weiter: Jeder braucht bei dem Thema Geld auch als Erwachsener Coaches, Trainer, Mentoren und Vorbilder. Auch ich habe mir immer Mentoren gesucht, die mit dem Thema weiter waren als ich. Ein solches Vorbild kann der erfolgreichste Mensch in der eigenen Gemeinde sein, von dem man lernt, wie man verkauft. Verkaufen, Präsentieren und Reden wird jeder irgendwann lernen müssen, wenn er oder sie gutes Geld verdienen will.

Finanzielle Bildung gehört in die Schulen

Ich – oder wir – können uns nun weiterhin über das Schulsystem aufregen. Das habe ich hier zwei, drei Seiten lang gemacht. Abgehakt. Lieber sollten wir uns fragen, was wir selbst tun können. Ich zum Beispiel arbeite daran, dass im deutschsprachigen Raum flächendeckend Zentren entstehen, in denen Geld gelehrt wird. Eine gute finanzielle Bildung soll für möglichst viele Erwachsene zugänglich sein. Auch schon für Jugendliche. Darum freue ich mich auch jedes Mal wie ein Kind, wenn Eltern ihren Sohn oder ihre Tochter im Teenageralter zu uns in die Finanzausbildung mitbringen. Um es mit den Worten eines glücklichen Teilnehmers zu sagen: »Diese beiden Seminartage sind für die Entwicklung meines Sohnes wichtiger als die gesamte Schulbildung der letzten acht Jahre.«

Für diese Idee der flächendeckenden finanziellen Bildung schreibe ich auch dieses Buch, und dafür arbeite ich weiter an meinem Herzensprojekt »Geld gehört in die Schulen«. Den Bildungsfilm in jede Schule in Deutschland zu bringen hat bisher aus verschiedenen Gründen nicht geklappt, so wie ich wohl Frau Patrick am Telefon nicht von meiner Haltung überzeugen konnte. Aber es wird noch klappen, da bin ich mir sicher. Ich brenne für dieses Projekt, damit Schulabgänger bereits mit 16 oder 18 wissen, was Geld ist, wie sie gutes Geld verdienen können und dass dies für jeden möglich ist, auch für Menschen aus armen Verhältnissen, für verschuldete Haushalte und für diejenigen, die sich als Verlierer in unserer Gesellschaft sehen und fühlen.

Ich will, dass alle Kinder Geld lernen, nicht erst als Erwachsene, wo viele glückliche Umstände zusammentreffen müssen, damit man etwas dazulernt: Er oder sie muss irgendwie davon erfahren, sich dafür interessieren, ohne sich von den vielen Vorurteilen abschrecken zu lassen. Bitte tu dir selbst den Gefallen und such dir einen Mentor für diesen Bereich. Und wenn du es absolut nicht selbst machen möchtest, such dir wenigstens einen Honorarberater, der keine Provision für die Vermittlung von zum Beispiel Aktienfonds oder Versicherungen bekommt, sondern direkt für seine Beratungsleistung bezahlt wird. Das ist zwar etwas anderes, als seine Finanzen komplett selbst in die

Such dir einen Mentor für Geld!

Hand zu nehmen. Aber nicht jeder möchte diesen sehr verantwortungsvollen Weg gehen, manche haben auch keine Zeit dafür. Es ist immer noch besser, als sein Geld an einen herkömmlichen Finanzberater oder oft schlimmer noch einen Bankberater abzugeben.

Wie auch immer dein Weg zu mehr Geldkompetenz aussehen mag: Aus der finanziellen Bildungslücke folgt vor allem die Erkenntnis, dass wir es nicht lernen konnten.

Frieden schließen mit sich selbst

Uns allen hat keiner gezeigt, wie das mit dem Geld funktioniert, denn wir alle haben Geld von Leuten gelernt, die kein Geld können. Die finanzielle Bildungsmisere ist zwar ein Drama, sie führt uns jedoch zu folgender hilfreicher Erkenntnis: Wenn wir für uns verstanden haben, dass es nicht an uns, an mir, an dir als Einzelnem liegt, dass wir Geld nicht können, dann schließen wir leichter Frieden mit uns: Wenn du mit Geld nicht so gut zurechtkommst, wenn du vielleicht Schulden hast oder das Geld nicht mal für das Nötigste reicht oder wenn du dir kein bisschen Freude, Erholung, Entspannung und Erleichterung in deinem Leben leisten kannst, so könnte das daran liegen, dass du bisher nicht lernen konntest, wie Geld geht. Es hat dir niemand gezeigt. Du bist also nicht schuld.

Ich wünsche mir von Herzen, dass du damit jetzt Frieden schließt. Denn ich weiß sehr gut, wie es ist, wenn man mit einer Sache nicht im Reinen ist. Der erste Schritt zur Veränderung ist immer, sich über etwas bewusst zu werden und dann zu verstehen, warum man so ist, wie man ist. Dann erst können wir mit diesem ungeliebten Ist-Zustand Frieden schließen und sagen: Es ist gut so, wie es ist. Von dort aus können wir weitergehen.

Wer mit dem Ist-Zustand Frieden schließt, kann sich entwickeln.

Ich kenne das eher aus anderen Lebensbereichen. Ich stehe zum Beispiel vor dem Spiegel, sehe mich im Profil an und denke: Mein Bauch steht vor, wo keiner sein sollte. Deswegen ist mein Bauch auch noch nicht weg. Mit Schulden, knapper Kasse und Neid auf Reiche ist es genau das Gleiche. Solange wir weiterhin in den Spiegel sehen und sagen: »Ich bin zu klein, zu groß, zu dick, zu dünn, mein Bauch oder meine Brüste hängen« – oder eben: »Ich habe Schulden und schäme mich dafür, weil ich selbst schuld daran bin« –, so lange werden wir uns nicht verändern, weil wir immer gegen uns selbst ankämpfen. Druck erzeugt Gegendruck.

Wir müssen beginnen, uns von ganzem Herzen zu akzeptieren und uns zu lieben, wie wir *jetzt* sind. Sonst brauchen wir gar nicht erst zu versuchen, wohlhabend zu werden. Und zum Akzeptieren gehört es eben in diesem Fall, anzuerkennen, dass wir Geld bisher nicht lernen konnten. Vor allem deshalb habe ich diesen ganzen langen Abschnitt über die finanzielle Bildungslücke geschrieben.

Dass ich dich ermutige, Frieden mit deinem aktuellen Geld-Zustand zu schließen, heißt natürlich nicht, dass es dabei bleiben muss. Bei mir und hier in diesem Buch kannst du Geld lernen. Es geht dabei erst einmal darum, dein Geldverhalten, deine Haltung zu Geld und deine Geldpersönlichkeit in Richtung Geldfülle weiterzuentwickeln. Durch das Buch zieht sich dabei folgende Grundidee:

Die Persönlichkeit führt, das Geld folgt.

So ist die Reihenfolge, nie andersherum. Persönliche Entwicklung braucht Zeit, Entwicklungsbereitschaft und Methoden, damit du gut vorankommst und nicht an deinen Blockaden scheiterst oder unnötig lange aufgehalten wirst. Wenn deine Geldpersönlichkeit reift, kannst du nach und nach mehr Richtiges tun, um dir neue finanzielle Möglichkeiten zu erschließen, Einkommen zu generieren und Vermögen aufzubauen. Du kannst neue Erfahrungen machen und lernen, deinen eigenen Weg zu finden. Vielleicht beginnst du mit neuen Formen des Vermögensaufbaus. Immobilien, Sparen, Investieren an der Börse. Wichtig ist, dass du verantwortungsvoll einen Weg beschreitest, der zu dir passt und mit dem du genug Geld zur Verfügung hast, um gut davon zu leben, auch im Alter. Nicht jeder muss Millionär, Millionärin werden, darum geht es nicht. Das will ich auch niemandem versprechen, es wäre unseriös. Aber es darf dir gut gehen, indem du genug Geld für ein gutes Leben zur Verfügung hast. Und jetzt kommt ein wichtiger Satz:

Genug Geld für ein gutes Leben zu haben, ist im Rahmen unseres Wirtschafts- und Finanzsystems grundsätzlich möglich.

Nachdem du nun Frieden mit dem aktuellen Stand geschlossen hast, kannst du Geld auch zu deinem Thema machen. Jetzt geht es so richtig los, erst einmal mit den Grundlagen des Finanzsystems: Was ist Geld? Wie ist es verteilt? Wie kann ein Geldmodell der Zukunft aussehen?

2. Geld ist das, was wir daraus machen – Geld verstehen

Was ist Geld eigentlich? Das lässt sich nicht so leicht beantworten. Könntest du es jetzt, aus dem Stegreif, deinem Kind, deinen Schülern in der Schule – wenn du zum Beispiel Mathelehrerin bist – erklären? Was genau würdest du sagen? Ist Geld etwas, womit man etwas anderes kaufen kann? Das ist ein guter Anfang: Geld ist nicht mehr und nicht weniger als ein Tauschmittel. Man tauscht Geld gegen das, was man kauft. Das hast du vielleicht schon mal gehört oder gelesen, denn so lautet auch die offizielle Definition. Früher haben wir Brot gegen Eier getauscht, Kuh gegen Schwein oder Obst gegen ein Heilkraut. Es wurde also Ware gegen Ware getauscht, während heute ein äquivalenter Geldbetrag fließt. Geld dient also der Vereinfachung des Güteraustausches. Weil man eben nicht immer ein Huhn zur Hand hat, wenn man gerade Brot haben will.

Was ist Geld? Nur ein Tauschmittel.

Tauschmittel ist die einfachste Beschreibung für Geld, aber es gibt noch andere. Wenn Geld ein Tauschmittel ist, dann ist es auch eine Ausdrucksform von Energie. Das ist schon viel schwieriger zu vermitteln, weil es schwer vorstellbar ist. Wenn wir etwas tauschen, dann ist etwas im Fluss: Ein Gegenstand oder Wert geht zum Beispiel zu einem anderen hin, das Geld kommt im Tausch dafür zu mir. Für das, was wir gegen Geld eintauschen, investieren wir Energie, indem wir zum Beispiel unser Wissen einsetzen, das wir im Laufe der Zeit gesammelt haben. Wir investieren Zeit, Mühe oder auch – besonders wichtig für dieses Buch – Erfahrungen und persönliche Entwicklung.

Projektion auf eine neutrale Energieform

Was bedeutet diese erste Erkenntnis über das Wesen von Geld als Tauschmittel und als Ausdrucksform von Energie nun für deine Haltung zum Thema? Meine Antwort darauf ist wichtig, denn wenn wir sie wirklich begreifen, beeinflusst sie tiefgreifend, wie wir mit Geld umgehen: Alle Vorstellungen, Glaubenssätze, Emotionen – all diese unendlichen Geschichten, die sich um das Geld ranken – haben wir nur dazugedichtet. Dass Geld böse oder schmutzig oder auch seligmachend ist, das stimmt alles nicht. Das Geld macht das alles nicht. Geld ist und bleibt Geld, ein Tauschmittel. Nichts weiter.

Geld für sich genommen ist nichts Gutes oder Schlechtes. Es ist neutral.

Erst dahinter, nur aufs Geld projiziert, ist Geld dann das, was wir daraus machen, was wir darin sehen und was andere daraus machen: Jemand eröffnet mit seinem Geld eine Klinik für schwerkranke Kinder, ein anderer baut einen Produktionsstandort für Kriegswaffen. Eine Regierung forstet Wälder wieder auf, eine andere lässt die Abholzung von Regenwald für Rinderweiden zu, die in drei Jahren verdorrt sein werden. Menschen lügen, stehlen, morden, führen Kriege – für Geld. Menschen arbeiten hart, verhalten sich unternehmerisch kompetent, investieren klug – für Geld. Menschen tun alles für Geld oder gerade nicht: Sie lügen nicht, sie ergreifen günstige Gelegenheiten nicht, weil sie sonst betrügen müssten, oder sie ergreifen andere günstige Gelegenheiten nicht, weil sie ihnen nicht auffallen oder weil sie Glaubenssätze im Kopf haben, die sie davon abhalten. Wir können in Geld auch das sehen, was es scheinbar mit der Persönlichkeit macht: Menschen werden dadurch geldgierig, egoistisch, verlogen, verbittert, krank, abhängig. Oder freigiebig, glücklich, frei, ihre Mission lebend.

Alles ist möglich im Zusammenhang mit Geld, alles ist nur unsere Projektion auf Geld. Es bleibt dabei: Geld ist neutral.

Somit verdirbt Geld auch nicht den Charakter. Darüber werden wir später im Buch noch genauer nachdenken, und das ist auch ein wichtiger Grund, warum ich dieses Buch schreibe: Ich will, dass es endlich aufhört, dass Menschen bei Reichtum und Wohlstand an egoistische Protzer denken, die betrügerisch vorgegangen sind, um reich zu werden. Ich will ebenso, dass keiner mehr glaubt, Geld falle vom Himmel und sei reine Glückssache. Die Welt ist zwar ungerecht, manch einer erbt, ein anderer nicht. Einer gewinnt im Lotto, Millionen andere nicht. Aber es gibt viel, was wir ganz bodenständig für unser Geld tun können. Jenseits von Glück, Pech, Betrug und Abzocke.

Nein, Geld verdirbt nicht den Charakter.

Ich will, dass die Menschen in unserem Land ein neues, positives Bild von Wohlstand und von einem wohlhabenden Leben mit genug Geld entwickeln. Dafür will ich sogar Vorbild sein, denn ich bin kein geldgieriger Protzer, obwohl ich viel Geld habe. Wenn Geldverhalten in die eine oder andere Richtung ansteckend ist, dann will ich anstecken mit hohen ethischen und moralischen Werten und möglichst viele Menschen dazu verleiten, Geld nur noch im Zusammenspiel mit diesen Werten, mit einer persönlichen Mission, mit sozialer und ökologischer Verantwortung und mit einem guten Gleichgewicht von Geben und Nehmen zu leben. Dazu sage ich es noch einmal: Geld ist das, was wir daraus machen. Und damit kommen wir zum Machen. Wir müssen nämlich etwas *machen*, um mehr Wohlstand zu entwickeln. Du musst Energie (Wissen, Tun, Zeit) in etwas investieren, um Geld dafür zu bekommen.

Dein Commitment zum Geld

Es gibt kein passives Einkommen, wir müssen immer etwas für unser Geld tun. Energie kommt in Fluss, indem wir etwas investieren. Dadurch entsteht Geld. Dennoch gibt es erstaunlich viele Leute, die sind zu faul, diesen Preis zu bezahlen. Alle, die wohlhabend werden wollen, so wie du, wenn du dieses Buch liest, müssen sich also ernsthaft und ehrlich der Frage stellen, ob sie bereit sind, Zeit, Mühe, Arbeit und Persönlichkeitsentwicklung für ihren Wohlstand zu investieren. Wie viel bist du bereit in deinem Leben zu verändern, damit es ein bisschen besser wird? Würdest du zum Beispiel von nun an darauf achten, wie du über Geld redest, und deine Wortwahl verändern, indem du nicht mehr von »Knete« oder »Kohle« sprichst, sondern von »Geld«? Es wäre schon ein

Anfang, wenn du »nur« einen einzigen Impuls aus diesem Buch umsetzt.

Das »nur« steht nicht ohne Grund in Anführungszeichen. Denn ich weiß, dass die Umsetzung meiner Vorschläge für den einen oder die andere eben nicht so leicht ist, wie es auf den ersten Blick scheint. Es ist nicht leicht, Geld nicht mehr »Kohle« zu nennen, wenn alle deine Freunde so reden. Es fällt schwer, reich werden zu wollen, wenn deine Eltern dir vermittelt haben, dass Geld schmutzig ist und reiche Leute skrupellos sind. Und es ist schwierig, mehr Zeit mit seinem Geld zu verbringen, wenn man drei kleine Kinder hat, seit Kurzem alleinerziehend ist und nach vielen Überstunden im Job abends am liebsten sofort ins Bett fallen würde, sobald die Kinder schlafen.

Aber ich verspreche dir, du gehst auf eine Reise, und du kannst es dir heute nicht vorstellen, was passieren wird, wenn du diesen Weg gehst. Es lohnt sich für dein ganzes weiteres Leben, in eine gute Beziehung zu deinem Geld zu investieren, und langfristig wird es dir auch dabei helfen, weniger zu arbeiten und besser zu verdienen, sodass du mehr Energie, Zeit und Kraft für dich und für die Dinge zur Verfügung hast, die dir wirklich wichtig sind.

Investiere in eine gute Beziehung zu deinem Geld!

Der Fülle-Test

Den folgenden Selbsttest, genannt »Fülle-Test«, bringe ich in meinen Seminaren und Vorträgen ein und ernte dafür oft irritierte Blicke. Nun, umso besser, diese Blicke zeigen mir, dass der Test funktioniert. Du kannst das nun selbst ausprobieren: Du wirst gleich zwei einzelne Sätze lesen. Deine Aufgabe ist es, beim Lesen sehr genau wahrzunehmen, was du spürst. Sei ganz ehrlich zu dir selbst. Welche Gedanken, Emotionen und Körperempfindungen fallen dir auf? An welcher Stelle in deinem Körper kannst du etwas spüren? Auch das ist wichtig. Es kann hilfreich für die Selbstwahrnehmung sein, nach dem Lesen des Satzes die Augen zu schließen.

1. Satz: »Ich liebe mein Geld so sehr wie meine Familie.«

Wie fühlt sich das für dich an? Spüre sehr genau, was du fühlst: deine Emotionen. Nimm auch wahr, was du im Körper spüren kannst und wo. Ist da Wut, Empörung, Trotz, Hass? Kommen die Adern am Hals raus und du denkst »Das kann man doch nicht vergleichen!«? Wenn du willst, schreib alle Gedanken und Gefühle auf, die in dir auftauchen, und auch sonst alles, was gerade passiert. Das gilt übrigens nicht nur für diese Übung. Es kann hilfreich sein, wenn du beim Lesen dieses Buches immer ein Blatt Papier und einen Stift bereitliegen hast, um wichtige Erkenntnisse und Entscheidungen zu notieren.

2. Satz: »Ich liebe meine Gesundheit so sehr wie meine Familie.«

Findest du diesen Satz besser? Fühlt er sich anders an als der Satz davor? Auch hier sind deine Wahrnehmungen und Körperempfindungen interessant.

Nach dieser Übung stelle ich im Seminar folgende Frage an die Teilnehmenden: »Was ist wichtiger: Gesundheit oder Familie?« Es gibt immer viele gute Argumente für die eine und die andere Seite. Ich unterbreche diese Diskussion dann allerdings schnell wieder, weil ich lediglich die Erfahrung vermitteln möchte, dass die Frage »Gesundheit oder Familie?« offenbar schwer zu entscheiden ist. Wenn ich allerdings frage: »Was ist wichtiger: Familie oder Geld?«, oder: »Gesundheit oder Geld?«, dann sind die Antworten eindeutig: Familie und Gesundheit sind beide wichtiger als Geld.

Das ist tatsächlich auch in unserer Gesellschaft zu sehen. Wir schreiben unserer Gesundheit und unserer Familie einen höheren Wert zu als Geld. Interessanterweise arbeiten die meisten allerdings acht bis zehn Stunden am Tag und verbringen nur wenig Zeit mit ihren Liebsten oder ihren Hobbys.

Nun kommt die Auflösung des Fülle-Tests: Diese Vergleichsfragen, die eine Entscheidung zwischen Gesundheit, Geld oder Familie verlangen, sind Armutsdenken. Ich bin nicht besonders gläubig, aber schon in der Bibel steht, dass wir in der Fülle leben. Wie kommen die Menschen auf die Idee, dass sie eine Entscheidung treffen müssten, ob Gesundheit, Familie, Sport, Freizeit oder Geld wichtiger sind? Ich sage

Gesundheit, Familie oder Geld? Vergleichsfragen sind Armutsdenken.

den ersten Satz noch einmal: »Ich liebe mein Geld so sehr wie meine Familie.« Ich kann diesen Satz sagen, weil jeder mit 100 Prozent Energieeinsatz, mit vollem Enthusiasmus mehrere Dinge tun und lieben kann.

3. Es gibt kein Ressourcenproblem, nur ein Verteilungsproblem – Philosophie eines neuen Geldmodells

Ich möchte dir eine Geschichte erzählen von einem Freund, den ich schon lange kenne. Lars heißt er. Anhand von Lars lässt sich sehr gut zeigen, wie das Finanzsystem funktioniert und was da fehlt.

Lars, der Banker, der nur Bank kann

Lars hat ähnliche Interessen wie ich, nämlich Geld. Vor rund 20 Jahren, als ich meine erste Firma im Bereich Finanzen aufbaute, absolvierte Lars zuerst eine Ausbildung zum Bankkaufmann, arbeitete dann einige Zeit in einer Bank und machte noch einen weiteren Abschluss. Wir haben uns damals selten gesehen, weil er durch die Weiterbildung neben der Arbeit viel zu tun hatte.

Doch eines Abends klingelt das Telefon. Lars, der eigentlich eine Frohnatur ist, klingt gedämpfter als sonst: »Philipp, lass uns mal treffen, wir müssen was besprechen.« Ich höre gleich, dass wir uns unbedingt treffen müssen, da ist ein dringlicher Unterton in seiner Stimme, den ich vorher noch nicht kannte.

Wenig später sitzen wir also bei unserem Lieblingsitaliener. Im Rückblick war dieses Gespräch ein Schlüsselerlebnis für mein eigenes Leben, eines dieser Gespräche, deren wirkliche Botschaft man erst Jahre später erkennt. Damals habe ich die tiefere Botschaft nicht verstanden. Sonst hätte ich sie sofort in mein Leben integrieren können. Aber damals fehlte mir noch etwas, um den Sinn zu verstehen.

Das Gespräch war ein Schlüsselerlebnis für mich.

Wir sitzen also in einer ruhigen Ecke beim Italiener, jeweils eine große Pizza vor uns. Lars erzählt von seiner Bank: »Philipp, stell dir mal vor: Ich habe damals Bankkaufmann gelernt, ich war Banker und habe Bank gemacht. Weißt du, was das bedeutet? Du verkaufst Lebensversicherungen, Rentenversicherungen, Bausparverträge, Fondssparpläne, Festgeldsparen und manchmal eine Finanzierung. Und weil ich darin recht erfolgreich war, also gut verkauft habe, hat mein Chef nach einem Jahr zu mir gesagt: ›Lars, ich habe eine Überraschung für Sie. Sie können sich fortbilden auf unsere Kosten. Sie werden Bankfachwirt, wenn Sie möchten. Sie dürfen die nächste Stufe erklimmen.‹«

»Und da hast du nicht Nein gesagt«, werfe ich ein. Ich kenne Lars gut und weiß, er ist ein hochmotivierter Mensch.

»Na klar wollte ich!«, ruft Lars, etwas schrill in der Stimme, sodass einer der Kellner nach uns sieht. Lars ist in Schwung und erzählt weiter.

»Natürlich war ich glücklich über seinen Vorschlag, auch stolz. Ich habe ihn dann noch gefragt, was danach anders wäre. ›Sie haben dann eine Führungsposition, Sie verdienen auch etwas mehr Geld.‹«

Ich nicke und stelle mir vor, was noch dazugehört. »Du hast jetzt bestimmt auch eine neue Visitenkarte, aus festerem Karton, mit besonderer Schrift und einem geprägten Logo.« Lars nickt und zieht sein Etui mit den Visitenkarten aus der Tasche. Wir stecken die Köpfe zusammen und bestaunen die Visitenkarte, die wirklich hochwertig aussieht. Ich lege meine daneben, die im Vergleich eher schlicht daherkommt. Wir lachen jetzt doch ein wenig, immerhin, endlich.

»Zwei Jahre lang bin ich immer samstags beim Bankenverband in die Akademie gerannt. Jetzt bin ich Bankfachwirt. Und weißt du was, Philipp? Es geht jetzt weiter wie vorher. Ich verkaufe weiter Lebensversicherungen, Rentenversicherungen, Bausparverträge, Fondssparpläne und manchmal eine Finanzierung oder Tagesgeld.«

Ich reiße die Augen auf und vergesse meine Pizza. »Aber irgendwas muss doch anders sein! Du hast zwei Jahre jeden Samstag gebüffelt. Was hast du denn da gelernt?«

»Tja, mehr vom Gleichen, würde ich sagen. Na gut, es gibt einen großen Unterschied: Meine Kunden brauchen jetzt einen Termin, die können nicht einfach so zu mir kommen. Denn als Fachberater sitze ich in einem Glaskasten. Außerdem haben sie etwas mehr Geld auf ihrem Konto, sonst dürfen sie nicht in den Glaskasten.«

»Und natürlich das hochgeprägte Logo und die Schrift auf der Visitenkarte.« Ich merke, dass ich sarkastisch klinge. Das will ich eigentlich nicht, weil Lars mehr als ratlos ist. Er klingt fast verzweifelt. Deswegen war es auch so dringend, dass wir uns treffen.

»Lars, sag mal, was bedeutet das alles denn jetzt für dich?«

»Philipp, ich weiß es nicht. Ich merke, dass ich irgendwie in einer Falle sitze. Wozu mache ich das alles? Wo führt das hin? Hocke ich in 35 Jahren immer noch in diesem Glaskasten? Was lerne ich denn überhaupt noch dazu? Und kann ich eigentlich noch mit gutem Gewissen Rentenversicherungen verkaufen, wenn ich doch weiß, wie es darum bestellt ist?«

Ehrlich gesagt bin ich nicht sonderlich glücklich mit diesem Gespräch, wenn ich zurückblicke. Nicht nur, weil ich die tiefere Botschaft für mich nicht erkannt habe. Sondern auch, weil ich Lars nicht helfen konnte. Weil ich nicht wusste, wie es anders gehen könnte. Aber das ist Teil der Botschaft. Ich war damals eben selbst noch nicht so weit. Damals dachte ich: Lars hat doch Bank gelernt, er ist immer ein begeisterter Banker gewesen. Hätte ich ihm raten sollen, sich selbstständig zu machen so wie ich? Hätte ich ihm sagen sollen, schmeiß alles hin? Das schien mir damals noch nicht überzeugend genug. Heute könnte ich ihm aus vollem Herzen etwas anderes vorschlagen.

Stattdessen haben wir es beim Status quo belassen, uns noch ein wenig unterhalten, über alte Zeiten gelacht und bald bezahlt, weil er morgens immer früh raus musste, zur Bank. Für ihn war es wohl entlastend, einfach mal darüber zu reden, und er hat später den Absprung aus der Bankanstellung geschafft.

Was machen Banken eigentlich? Sie arbeiten mit dem Geld der Kunden. Das ist ihr Geschäftsmodell: Wir Bankkunden geben unser Geld an die Bank. Was kriegen wir dafür? Die Älteren unter meinen Lesenden kennen das noch: Zinsen. In zehn Jahren wird man den jungen Menschen erklären müssen, dass es mal Zinsen für Finanzierungen und fürs Sparen gab. Dass die Banken kein Zinsgeschäft mehr haben, ist übrigens die größte Herausforderung für unser Finanzsystem. Wenn wir mit unserem Wirtschaftssystem weiterleben wollen, brauchen wir Zinsen, doch leider hat keiner Geld dafür. Länder, Kreise, Städte, Gemeinden, viele Unternehmer und Privatpersonen können Zinsen nicht bezahlen. Was wäre, wenn all diejenigen, die in den letzten Jahren eine Immobilie gekauft haben, plötzlich so wie früher 8, 9, 10 Prozent Zinsen zahlen müssten für ihre Finanzierung? Ich schätze, 80 Prozent aller Immobiliengeschäfte der letzten fünf Jahre würden in Schieflage geraten. Also, kurz gesagt: Das alte Geschäftsmodell der Banken ist dahin. Das ist nur noch nicht bei den normalen Bankkunden angekommen.

Das alte Geschäftsmodell der Banken ist dahin.

Doch das ist nur eine Nebenbemerkung, wenn auch eine wichtige. Die Kernbotschaft von Lars, die ich erst viel später verstanden habe, war eine andere, denn vor 20 Jahren hat das Geschäftsmodell der Banken noch funktioniert. Seine Botschaft lautete: »Ich kann jetzt Bank.« Lars hat mir nicht gesagt: »Ich kann jetzt Geld.« Und das ist der entscheidende Unterscheid, um den es in diesem Buch geht. Wir glauben intuitiv, ein Banker wisse alles über Geld, wie Geld funktioniert und wie man Geld vermehren kann. Er könne seinen Kunden dabei helfen, mehr Geld zu produzieren. Doch das stimmt nicht. Lars hat in seiner Ausbildung zum Bankkaufmann und zum Bankfachwirt gelernt, wie man als Bankmitarbeiter seinen Kunden Bankprodukte verkauft. Das hat mehr mit Verkaufen als mit Geldvermehren zu tun, wie ich es in diesem Buch vermittle. Es gibt einen entscheidenden Unterschied: Wer Bank kann, sorgt dafür, dass die Bank Geld mit ihren Kunden verdient. Wer dagegen Geld kann, kann sein Geld oder das Geld von anderen vermehren. Er oder sie braucht dann keine Bank und keinen Banker mehr.

Warum Bank- und Finanzberater nicht helfen

Du denkst, ich sei überheblich und ungerecht gegenüber Bankern und ihren Kompetenzen? Dann möchte ich dir einen sehr einfachen Test vorschlagen:

Hast du einen Bankberater, einen Versicherungsmakler, einen Agenten, einen Finanzberater, wie auch immer er oder sie sich nennt? Oder kennst du jemanden, der oder die einen hat? Wenn du zumindest etwas Geld zum Sparen übrig hast, nickst du bestimmt. Die meisten Menschen im deutschsprachigen Raum mit einem gewissen Vermögen haben einen Berater für ihre Geldangelegenheiten. Jetzt kommt der zweite Teil des Tests: Ist dieser Berater mindestens Millionär?

Ist dein Finanzberater Millionär?

Genau das ist das Problem. Es ist für uns, die wir unser Geld vermehren und spätestens im Alter davon leben wollen, sogar mehr als ein Problem, es ist ein Desaster. Die meisten Menschen in Deutschland delegieren die Verantwortung für ihr Geld an einen Dritten, der ihnen nicht wirklich hilft. Ich sage das mit allem Nachdruck und in dem Wissen, dass ich mir damit nicht nur Freunde mache: Die meisten Menschen geben ihr Geld bei einem Berater ab und erhalten dafür ein enttäuschendes Ergebnis. Warum?

Weil dieser Berater nur »Bank« oder vielleicht auch »Versicherung« gelernt hat, aber nicht »Geld«. Er ist Angestellter einer Bank und sammelt im Auftrag der Bank Geld von uns ein. Früher haben wir dafür Zinsen bekommen, das war okay, doch heute funktioniert dieses Geschäftsmodell wegen der nicht vorhandenen Zinsen bei gleichzeitig bestehender Inflation nicht mehr. Wir müssen uns daher dringend andere Formen des Vermögensaufbaus aneignen. Aber jenseits dessen ist dieser Vorgang – Geld von Kunden einsammeln und an ihnen verdienen – ein kleiner Ausschnitt dessen, was mit Geld möglich wäre, wenn man eine umfassende Geldkompetenz hätte. Und er ist nicht der Ausschnitt, der uns hilft. Er hilft der Bank.

Das Gespräch mit Lars ist schon lange her, doch ich kann dir noch ein aktuelleres Beispiel geben: Direkt mir gegenüber sitzt mein Mitarbeiter Henning an seinem Schreibtisch, auch er war Banker.

Henning, der Investmentbanker, wird Teil der Akademie

Henning entschied sich mit 19 Jahren nach dem Abitur für eine Bankausbildung und bewarb sich bei der einzigen Bank in Bremen, die über einen großen Handelsraum verfügte, in dem rund 50 Leute nur mit einer Sache beschäftigt waren: Handeln mit Aktien, festverzinslichen Wertpapieren, Devisen und Rohstoffen. Seinem ganz großen Ziel war Henning damit plötzlich zum Greifen nah. Die Bewerbung war raus, die Zusage kam zügig und er war schneller Teil dieser Bank, als er es sich je hatte träumen lassen.

In den darauffolgenden zehn Jahren arbeitete er für verschiedene Banken in Frankfurt, Düsseldorf, Hamburg und New York. In dieser Zeit legte er die Prüfungen zum Aktien- und Optionshändler an der Deutschen Börse ab. Das war eine spannende Zeit für ihn. Er erzählt mir manchmal davon, wie er sich als noch sehr junger Mann mit der Verantwortung für achtstellige Beträge gefühlt hat. Er hat damals unter anderem das Eigenkapital der Bank gehandelt. Das war aufregend.

Doch er bemerkte auch etwas anderes immer deutlicher, was ihm anfangs nicht aufgefallen war: Er fühlte sich gefangen. Gefangen im berühmten Hamsterrad: Zehn bis zwölf Stunden am Tag hatte er mehrere Bildschirme vor den Augen. Er musste ständig aufpassen, alles im Blick haben. Wie gesagt, die Verantwortung war groß und er fühlte sie immer mehr als Last auf seinen oft müden Schultern. Ja, es war ein goldenes Hamsterrad, aber Hamsterrad bleibt Hamsterrad.

Er war zwölf Stunden am Tag gefangen im Hamsterrad.

Er lernte dann 2017 meine Investment Akademie kennen. Sein erster Gedanke war: »Ich bin ausgebildeter Aktien- und Optionshändler, was wollen die mir schon erzählen?«, aber glücklicherweise kam er dennoch zu meinem Seminar. Und dort konnte er feststellen, dass er die Theorie zwar kannte, dass die praktische Umsetzung und die Art, die Strategien zu kombinieren, aber komplett neu für ihn waren.

All das ließ ihm dann keine Ruhe mehr. Er dachte viel und neu über das Finanzsystem nach. Innerhalb von Monaten wurde ihm klar, dass er das klassische Finanzsystem verlassen musste. »Die Bank arbeitet mit deinem Geld, um mehr Geld zu verdienen, und die Leute kriegen die Krümel«, war sein Kommentar dazu. Henning ließ seinen extrem gut bezahlten Bank-Job hinter sich. Heute zeigt er, gemeinsam mit mir und anderen aus dem Team, den Mitgliedern der Akademie, wie man ein eigenständiges, regelmäßiges Einkommen an der Börse erzielt, ohne dabei auf Berater, Banken oder andere angewiesen zu sein. Was für eine Entwicklung!

Was mich daran so berührt und freut: dass gerade ein ausgebildeter, sehr erfahrener Investmentbanker die alternativen Strategien so sehr schätzt. Das zeigt eindrücklich, dass es Erfolg versprechende Ansätze jenseits des klassischen Finanzsystems gibt. Wir müssen also nicht mehr auf das hören, was uns Banken und Fondsmanager erzählen, um ihre Produkte zu verkaufen und dabei in erster Linie an uns zu verdienen.

Der Fitnesstrainer

Ich möchte diese Abkehr von dem Verständnis, Banken – und auch Versicherungen, Anlageberatungen, Pensionsfonds usw. – seien die besten Experten für unser Vermögen, an einem Beispiel verdeutlichen, das aus einem anderen Bereich stammt: dem Fitnessbereich.

Ich wollte vor einiger Zeit endlich mein Gewichtsproblem in den Griff bekommen. An welchem Tag im Jahr trainieren die meisten Leute im Fitnessstudio? Richtig, am 1. oder 2. Januar. Auch bei mir läuft das so. Mir fällt zum Jahreswechsel plötzlich ein: »Mist, ich bin zu dick, ich bewege mich zu wenig. Dieses Jahr will ich wirklich was erreichen.« Da ich allein nicht motiviert genug bin, buche ich im Studio einen Personal Coach. Ich gehe also an den Empfangstresen: »Hallo, ich habe einen Termin mit Markus.«

Dann ziehe ich mir meine Trainingssachen an, komme zurück zum Tresen. Und dann kommt der Coach. Ich schlucke noch, das wird er nicht sein. Und das, was ich jetzt sage, gilt für das ganze Buch: Die Beispiele sind schwarz und weiß. Sie sind dazu da, um eine Botschaft anschaulich und auch emotional zu vermitteln, damit sie hängenbleibt. Ich erzähle jede Geschichte nur wegen der Botschaft dahinter. Ich will damit etwas zeigen. Und nicht bewerten oder beurteilen.

Also, da kommt einer auf mich zu, der wohl mein Fitnesscoach sein soll. Markus. Aber ich schlucke und weiß in diesem Moment schon, dass er nicht mein Coach werden wird. Denn er ist so breit, wie ich lang bin. Und mit breit meine ich nicht muskulös, sondern stark übergewichtig. Dennoch trainiere ich an diesem Tag mit ihm, wir haben diesen Termin nun mal ausgemacht. Danach holt er sein Handy aus der Hosentasche. Jeder weiß, wie wichtig es für die Motivation ist, einen nächsten Termin mit einem sozialen Commitment im Kalender festzuhalten. »Wann kommst du das nächste Mal?«

Nun habe ich zwei Möglichkeiten: Möglichkeit eins, ich sage zu Markus: »Oh, mir ist gerade aufgefallen, ich habe heute meinen Kalender nicht dabei. Aber ich rufe dich nachher an und dann machen wir einen neuen Termin aus.« Dann gehe ich schnell nach Hause, ändere meine Telefonnummer, meinen Namen und am besten noch mein Geschlecht, damit er mich auf keinen Fall findet. Ich gehe nie wieder ins Fitnessstudio und werde die nächsten Jahre im Fernsehsessel mit einer Tüte Chips im Arm langsam, aber sicher verfetten.

Möglichkeit zwei, bei unserem nächsten Termin sage ich zu Markus: »Ich möchte nicht mit dir trainieren. Ich weiß, dass in jedem Menschen ein besonders Talent steckt. Doch ich möchte abnehmen und beweglicher werden und mit deinem Körper bist du kein Vorbild für mich als Personal Trainer. Ich hoffe, du nimmst mir das nicht krumm. Ich brauche ein Vorbild, an dem ich sehe, dass man dahin kommen kann, wohin ich will. Ich brauche das, um motiviert zu sein und zu glauben, dass es geht.«

Ein gutes Vorbild zeigt uns, dass es geht.

Warum dieses Bespiel? Wenn du mit Markus trainierst, ist das so, als wenn du dein Geld bei einem Bankberater oder einem anderen Experten abgibst, dessen Geschäftsmodell darauf basiert, mit dir Geld zu verdienen. Du gibst damit deine Verantwortung für dein Geld an jemanden ab. Wenn du Geld dagegen in dein Leben integrierst, kannst du weiterkommen. Wie beim Sport gilt dann: Kümmere dich ein paarmal pro Woche ums Geld.

Als private Investoren haben wir fast alle Freiheiten. Alles, was du bisher über Geld gelernt hast, hast du von Leuten im Bankensystem gelernt. Auch andere, die etwas über Geld erzählen, verdienen ihr Geld damit – und werden dadurch reich –, dass sie anderen etwas über Geld beibringen. Mein Kollege Markus Hofmann, ein im deutschsprachigen Raum bekannter Gedächtnistrainer und Vortragsredner, hat einmal zu mir gesagt: »Du bist reich geworden und dann auf die Bühne gegangen. Andere gehen auf die Bühne, um reich zu werden.«

Das Finanzsystem verstehen

Sehen wir uns noch genauer an, was es mit unserem Finanzsystem auf sich hat. Denn erst wenn wir möglichst viele Mechanismen durchschauen, zum Beispiel die Desinformation, können wir qualifiziert einschätzen, ob wir da mitmachen oder was wir sonst tun wollen.

Meine Botschaft in diesem Buch lautet:

Kümmere dich selbst um dein Geld!

Und diese Botschaft hat noch mehr Hintergründe als nur die eingeschränkte Kompetenz von Finanzberatern. Das Finanzsystem hat schließlich noch mehr Akteure, und die Desinformation der Bürger spielt dabei eine wichtige Rolle. Diese Desinformation betrifft nicht nur den Bildungsbereich, speziell die Schulen. Sie endet auch nicht beim Beratungsgespräch mit der Bank, sondern sie betrifft auch die Berichterstattung in den Medien.

Wenn man in den Finanzzeitungen blättert, erkennt man mit etwas Übung immer folgende Struktur: Es gibt einen Artikel, der irgendwelche Investments empfiehlt. Wenn man nun weiter aufmerksam durch das gesamte Magazin blättert, fällt einem auf: An mindestens einer oder besser zwei prominenten Stellen hat das Unternehmen oder die Person, die von dem Artikel profitiert, Annoncen, also Werbeanzeigen, geschaltet. Deutlicher formuliert bedeutet das: Fast alle Publikationen leben von Werbung. Und durch den Kauf eines Anzeigenplatzes in einem dieser Magazine steuert das Finanzsystem, wie die Bürger über das Investieren und die Börse denken. Ich will nicht so weit gehen, die Journalisten, die dort schreiben, oder das ganze Magazin der Käuflichkeit zu verdächtigen, aber Fakt ist: Eine Anzeige, an einer zum Text passenden Stelle platziert, beeinflusst die Lesenden in eine bestimmte Richtung.

Wer ist nun aber überhaupt »das Finanzsystem«? Darunter fasse ich alle Akteure zusammen, die an den Zahlungsströmen dieses Systems teilhaben. Hierbei können wir in eine globale, eine nationale, eine regionale und eine unternehmerische Ebene unterteilen. Die Teilnehmenden in diesem System sind sehr vielfältig. Von der Einzelperson über den privaten Haushalt und den Unternehmer bis hin zu Staaten. Dann gibt es noch länderübergreifende Einrichtungen und Institutionen. Und dann haben wir natürlich die klassischen Einrichtungen des Finanzsystems, an die wir als Laie immer als Erstes denken: Banken, Versicherungen, Investmenthäuser, Pensionskassen, Stiftungen usw. Allein über dieses Finanzsystem kann man Abertausende von Seiten lesen und ich frage mich, ob das noch irgendjemand versteht.

Warum zücken die Finanzberater bei jeder einfachen Frage zu Aktien und zur Börse, die der normale Mensch ihnen stellt, unendlich viele Seiten mit Tabellen und Zahlen? Warum machen alle Akteure in der Finanzwelt es so kompliziert? Weil wir nicht kaufen werden, was uns zu kompliziert ist. Dieser Irrgarten ist bewusst so komplex aufgebaut, damit man denkt, man ist dumm. Man hat Angst. Ich hatte auch Angst, anfangs. Und um diese Angst wird niemand ganz herumkommen, so viel ich auch versuche, ihr mit diesem Buch entgegenzuwirken.

Die Finanzwelt: ein Irrgarten, der uns Angst machen soll.

In der Finanzwelt regiert das Geld. Ein Bankberater muss bestimmte Ziele erfüllen und ist seinem Arbeitgeber Rechenschaft schuldig. Dafür wird er bezahlt. Sein Wunsch kann also gar nicht sein, den Kunden glücklich zu machen, indem er mit allen Mitteln eine möglichst hohe Rendite für ihn erzielt. Das System begrenzt die Möglichkeiten des Kunden stark. Denn Banken wollen Geld verdienen.

Mit dieser Erkenntnis wird es höchste Zeit, Verantwortung für die eigenen Finanzen zu übernehmen. Es ist einfacher, als die meisten denken. Und auch weniger zeitaufwendig. Eine Stunde pro Woche, vielleicht auch nur eine halbe Stunde, reicht vollkommen, um eine gute Beziehung zum Geld aufzubauen, seine Finanzen in den Griff zu bekommen und mehr Geld zu produzieren. Und wenn wir eine gute Beziehung zum Geld haben, macht das alles auch noch Spaß.

Dafür müssen wir aber erst einmal unsere eigene Rolle im Finanzsystem besser verstehen. Bisher habe ich vor allem dargestellt, welche Rolle die Banken und Versicherungs-, Vermögens- und Finanzberater in diesem Finanzsystem spielen. Nun sehen wir uns die normalen Bürger genauer an, die genug Geld zum Leben und vor allem im Alter haben wollen.

Unsere Möglichkeiten: Jeder kann alles tun!

Heute, zum ersten Mal in der Geschichte der Menschheit, geht es: Nie waren die Bedingungen so günstig wie heute, um dir selbst eine genügend große Geldsumme zu erschaffen, mit der du gut leben kannst.

Ich versuche in diesem Buch zu vermitteln, dass es eine Frage der Wahrnehmung ist, was wir zu einem Problem machen oder eben nicht. Es gibt dafür ein gutes Beispiel in der heutigen Welt. Ich höre immer wieder von Menschen, dass wir in einer unglaublich ungerechten und asozialen Ellenbogengesellschaft leben. Und weißt du, was? Das stimmt.

Aber weißt du, was auch stimmt? Es gab noch nie eine bessere Zeit als heute, um Wohlstand aufzubauen. Auch dafür ein ganz einfaches Beispiel. Stell dir vor, du bist Tischler, baust also Möbel, Schränke, Betten, Tische und Stühle. An wen hast du früher deine Möbel verkauft? An die Menschen in deiner Gemeinde, in deiner Stadt und, wenn du richtig gut warst, auch noch mal eine Stadt weiter. Wohin verkaufst du heute deine Möbel, wenn du gut bist? In die ganze Welt. Globalisierung und Internet seien Dank. Wir leben in einer Zeit, die sensationell ist, auch wenn ich die Probleme und Herausforderungen, die wir haben, nicht kleinreden möchte.

Wenn es um Geld, Unternehmertum und Freiheit geht, dann gab es nie eine bessere Zeit als jetzt. Da draußen verdienen Menschen Geld mit Dingen, von denen ich nicht mal weiß, wie sie heißen. Ich habe vor einiger Zeit eine Pferdephysiotherapeutin kennengelernt. Sie lebt mit 6000 Euro Nettoeinkommen im Monat. Am Stadtrand, wo es viele wohlhabende Leute mit Pferden gibt. Sie massiert Pferde!

Für Geld gab es nie eine bessere Zeit als jetzt.

Ebenso kann sich heute fast jeder weltweit über das Internet fortbilden. Viele Schülerinnen und Schüler gehen einfach auf YouTube und schauen sich dort die Videos von begabten und hoch engagierten Lehrerinnen und Lehrern an, die genial, witzig, einfallsreich und mit tollen Bildern den Usern erklären, wie man binomische Formeln anwendet oder warum Goethes Faust so aktuell wie zu Goethes Zeiten ist. Aber nicht nur das. Dort kann man sich zeigen lassen, wie Unternehmertum funktioniert, wie man sich Dinge besser merkt, wie Steuern, Business und die Welt funktionieren und vieles mehr. Das kann jede junge Frau in Bangladesch nutzen, die das Glück hat, Zugang zum Internet zu haben. Sie kann online sogar Englisch lernen und erhält dadurch einen ungleich umfassenderen Zugang zum weltweiten Wissen.

Das bedeutet auch, dass du heute mit allem Geld verdienen kannst. Was du brauchst, ist der feste Glauben an dich, ein paar Trainer, Coaches und Mentoren, virtuell oder real, die dir zeigen, wie das funktioniert, und dann läufst du los. Es reicht, selbst den Glauben zu haben und zu wissen, wie es gehen kann, und dann loszulegen. So musst du dich nicht mehr kaputtarbeiten, bloß um gerade genug zum Leben zu haben. Vielleicht kannst du dann eine alternativmedizinische Behandlung für deinen Mann bezahlen. Vielleicht kannst du jedes Jahr überlegen, welche fünf-, sechs- oder siebenstellige Summe du an wen spenden willst. So kannst du sinnvoll in der Welt wirken, selbst wenn du nicht direkt deine Zeit und Arbeitskraft einsetzt, um anderen zu helfen und Gutes zu tun.

Vor 30 Jahren gab es noch keine Computer und kein Internet, um an der Börse als Privatperson zu handeln. Noch keine Möglichkeiten, sich über börsennotierte Unternehmen unabhängig zu informieren. Noch keinen Zugang zu einer Aktie, zum Know-how, zum notwendigen Wissen. Heute geht das alles.

Was bedeutet das für die Möglichkeiten, mit Aktien Geld zu verdienen? In den USA handeln rund 30 Prozent der Menschen mit Aktien. In Deutschland halten bisher nur ca. 14 Prozent Aktien oder Aktienfonds. Das ist immerhin rund jeder siebte Bürger. Die neu hinzugekommenen Aktienbesitzer stammen aus allen Bevölkerungsgruppen, und auch die jüngeren Jahrgänge zeigen immer mehr Interesse an Aktien. Die Tendenz ist seit einigen Jahren stetig steigend, doch die Aktie spielt nach wie vor eine untergeordnete Rolle bei der Geldanlage.

Die Deutschen legen ihr Geld leider immer noch mit Vorliebe unverzinst auf ihr Girokonto oder auf Sparbücher mit aktuell vielleicht noch 0,1 Prozent Zinsen – als Geldanlage ein schlechter Witz. Denn durch die Inflation wird das Geld mit den Jahren immer weniger, obwohl mit Aktien Renditen zwischen 3, 6 oder auch über 20 Prozent möglich wären. Diese Renditen sind übrigens nicht einfach aus der Luft gegriffen, sondern es sind Angaben der Teilnehmenden meiner Investment Akademie, die wir regelmäßig dazu befragen. Und selbst wenn wir nur die durchschnittliche Rendite am Aktienmarkt nehmen, sind wir mit einer jährlichen Rendite von ungefähr 10 Prozent dabei.

Nehmen wir mal als Beispiel den Dow Jones, den bekanntesten und am meisten beachteten Aktienindex der Welt, der als Börsenbarometer fungiert. Er umfasst 30 große amerikanische Standardaktien und wird seit 1896 berechnet. Bei einer Anlage im Dow Jones hätte man im Durchschnitt aller Anlageperioden seit 1980 einen jährlichen Gewinn von 9,8 Prozent erzielt (Stand: Dezember 2018). Ähnliches gilt für die letzten acht Jahre: Wer zum Ende des Jahres 2010 in Dow-Jones-Werte investierte und diese Aktien Ende 2018 wieder verkaufte, erzielte in diesem Zeitraum eine jährliche Rendite von durchschnittlich etwa 9,2 Prozent.* Dieses Beispiel zeigt, dass Aktieninvestments sehr gute Renditemöglichkeiten bieten, vor allem auf längere Sicht. Nach meiner Einschätzung sind sie zudem auch in Krisenzeiten die beste und sicherste Anlageform.

Aktieninvestments lohnen sich!

Das Verteilungsproblem

Kümmere dich selbst um dein Geld – es gibt noch eine weitere Erkenntnis, die diese Kernaussage belegt: Diese Erkenntnis ist, dass es kein Ressourcenproblem gibt, sondern »nur« ein Verteilungsproblem. Es mangelt nicht an Geld, sondern es mangelt lediglich an einer gleichmäßigeren Verteilung in der Bevölkerung. Man mag es erst einmal kaum glauben, aber das Phänomen der ungleichen Verteilung lässt sich weltweit bei allen möglichen Ressourcen beobachten. So werden zum Beispiel nach Angaben der FAO, der Ernährungs- und Landwirtschaftsorganisation der Vereinten Natio-

* https://www.boerse.de/grundlagen/aktie/Renditedreieck-Dow-Jones-Hohe-durchschnittliche-Gewinne-auf-einen-Blick-sichtbar-9; https://de.statista.com/statistik/daten/studie/322795/umfrage/dow-jones-renditedreieck (Aufgerufen am 17.02.2020.)

nen, jedes Jahr 1,3 Milliarden Tonnen genießbare Lebensmittel – etwa ein Drittel der Weltproduktion – gar nicht geerntet oder später vernichtet. Jeder Deutsche wirft im Durchschnitt pro Jahr 82 Kilo genießbarer Lebensmittel in den Müll, alle Deutschen zusammen mehr als 6,5 Milliarden Kilo. In anderen Ländern haben die Menschen nicht mal eine Schüssel Reis für den Tag. Weltweit leiden fast 800 Millionen Menschen an Hunger. Nun, hier im Buch geht es nicht um Nahrungsmittel-Ungleichverteilung, doch die Ungleichverteilung von Geld kann man als ähnlich grotesk betrachten.

Schauen wir uns das etwas genauer an. Denn das Wissen darüber kann uns helfen, Mut zu fassen und zu verstehen, dass genug da ist und dass wir an der bestehenden Fülle teilhaben können. Das ist letztlich auch mein Antrieb für dieses Buch. Ich will – im Stil von Robin Hood – eine Umverteilung erreichen, wenn auch nicht durch Ausrauben der Reichen, sondern durch Aufbau einer Geldkompetenz der Normalbürger. Auch Arme sollen mehr am bestehenden Reichtum partizipieren, die Reichen können ruhig ein bisschen weniger haben, das fällt gar nicht auf und schadet niemandem. Es ist genug für alle da. Das ist die Grundhaltung, die dich in Zukunft begleiten sollte.

Es ist genug für alle da.

Schauen wir uns mal zu zwei ungleich verteilten Dingen die Zahlen an: zu Einkommen und Vermögen. Nach einer aktuellen Studie des Wirtschafts- und Sozialwissenschaftlichen Instituts (WSI) sind die Einkommen in Deutschland so ungleich verteilt wie nie zuvor. Immer mehr Einkommen konzentriert sich bei den wenigen Menschen mit auch zuvor schon hohem Einkommen. Von der guten Wirtschaftslage der vergangenen Jahre profitierten also nur die Wohlhabenden, höchstens noch die gesellschaftliche Mitte. Der Niedriglohnsektor, in dem es keine Lohnsteigerungen gibt, blieb dagegen sehr groß. Die 40 Prozent der Haushalte mit den geringsten Einkommen profitierten nicht. Sie sind sogar weiter zurückgefallen, auch wenn die Ungleichheit langsamer wächst als Anfang der 2000er-Jahre. Es gibt immer mehr Haushalte, die über weniger als 60 Prozent des mittleren Einkommens verfügen und deshalb als arm gelten. Im Jahr 2010 waren es 14,2 Prozent, 2016 schon 16,7 Prozent. Die sogenannte Armutslücke ist größer geworden, und zwar nicht um ein paar Prozent, sondern um fast 30 Prozent.

Diese Lücke ist der Betrag, der in einem armen Haushalt fehlt, um über die 60-Prozent-Hürde zu kommen: 2005 waren das 2873 Euro pro Jahr, 2016 inflationsbereinigt schon 3452 Euro.

Durch die für die Wohlhabenden gute Einkommenslage haben viele Menschen in den vergangenen Jahren mehr ansparen können, zudem haben Immobilien, die ebenfalls in der Hand der Wohlhabenden liegen, an Wert gewonnen. So ist also auch beim Vermögen der Deutschen der Unterschied groß. Zum Vermögen zählen Immobilienbesitz, Sparguthaben, Aktien und Investmentanteile, Ansprüche aus Lebens- und privaten Rentenversicherungen, Betriebsvermögen sowie wertvolle Sammlungen wie Gold, Schmuck, Münzen oder Kunstgegenstände. Eine groß angelegte Studie, in der 30.000 Menschen ab 17 Jahren vom Deutschen Institut für Wirtschaftsforschung (DIW) befragt wurden, weist nach, dass die reichsten 10 Prozent der Bevölkerung 56 Prozent des gesamten Vermögens besitzen. Die ärmere Hälfte der Bevölkerung hat nur einen Anteil von 1,3 Prozent am gesamten Vermögen. Die Vermögensungleichheit in Deutschland ist auch im internationalen Vergleich sehr hoch. Immerhin, falls das tröstlich sein sollte: Die Ungleichheit hat in den letzten zehn Jahren nicht weiter zugenommen. Das Nettovermögen pro Kopf ist von 2012 bis 2017 durchschnittlich um 22 Prozent auf knapp 103.000 Euro gestiegen. Der sogenannte »Medianwert«, der die reichere Hälfte der Bevölkerung von der unteren Hälfte trennt, liegt jedoch nur bei 26.000 Euro und zeigt damit die starke Ungleichverteilung der Vermögen.

Welche Schlüsse ziehst du aus der schockierenden Ungleichheit?

Ich finde diese Zahlen ziemlich schockierend. Zugleich finde ich sie interessant, weil sie meine These stützen, dass genug für alle da ist. Was du mit dieser Erkenntnis machst, ist nun die große Frage. Denn man kann sehr unterschiedliche Schlüsse aus solchen Zahlen und Studienergebnissen ziehen.

Die drei möglichen Haltungen zum Thema Geld

In der westlichen Welt benötigen wir ein regelmäßiges Einkommen, um unseren Lebensunterhalt zu bestreiten. Wir haben aus meiner Sicht, ganz grob eingeteilt, drei Möglichkeiten, das Thema Geld für uns zu regeln:

1. Revolutionär werden und das aktuelle System bekämpfen.
2. Ein Land suchen, in dem der Kapitalismus, wie wir ihn kennen, nicht existiert oder zumindest sehr wenig ausgeprägt ist.
3. Die Regeln des »Geldspiels« erlernen und das gewünschte Einkommen und Vermögen produzieren.

Schauen wir uns die drei Varianten mal genauer an, denn auch wenn zum Beispiel Variante 1 auf den ersten Blick abwegig erscheinen mag, so kann es dennoch sein, dass wir uns innerlich wie Revolutionäre verhalten, die das System, in dem wir leben, komplett ablehnen und zum Beispiel einfach nichts tun.

Variante 1: Revolutionär werden

Die erste Variante, für die wir uns beim Thema Geld entscheiden können, basiert darauf, dass wir das ganze Geldsystem als gefährlich und verwerflich betrachten. Dann können wir zum inneren oder äußeren Revolutionär werden. Als Revolutionär könntest du also sagen: »Geld ist die Wurzel allen Übels. Ich zücke mein Schwert und ziehe in den Krieg gegen den Kapitalismus.« Man konnte das in Hamburg im Sommer 2018 erleben: G20-Gipfel. Da haben Leute, die gegen den Kapitalismus sind, Steine von den Dächern geschmissen. Aber glaubst du, falls du solch ein Revolutionär bist, wirklich, dass »die Jungs«, die an den großen Hebeln sitzen, sich von dir oder einer kleinen Gruppe von Gewaltbereiten die Herrschaft über die Welt wegnehmen lassen? Als Revolutionär wird dir der Rest des Buches vermutlich nicht gefallen. Denn ich will zwar revolutionieren, aber auf andere Weise. Die nächsten beiden Entscheidungsvarianten sind aus meiner Sicht interessanter, weil gangbarer.

Variante 2: Kapitalismus »verlassen«

Wenn wir Kapitalismus, freie Marktwirtschaft und Demokratie ablehnen, könnte die zweite Variante für uns infrage kommen. Und ja, es gibt vortreffliche Gründe für diese Ablehnung. Ich habe mir die Frage nach dem Sinn des kapitalistischen Systems sehr, sehr lange und sehr oft in den letzten Jahren gestellt. Wenn jemand zu dem Schluss kommt, dass er oder sie das System wirklich ablehnt, müsste er oder sie die westliche Welt verlassen. Das meine ich keineswegs vorwurfsvoll. Ich kenne Menschen, die das getan haben. Es gibt immer noch Regionen auf der Welt, in denen du leben kannst, weil du Deutscher, Österreicher oder Schweizer bist, oder allgemeiner, weil du aus dem zentraleuropäischen Bildungsraum stammst. Mit dieser Ausgangslage, mit der Sprachkenntnis, mit deinen erlernten Fähigkeiten kannst du dort mit ganz wenig Geld leben. Völlig entspannt. Wenn du das kapitalistische System ablehnst, warum bleibst du in Zentraleuropa, wo Geld über alles entscheidet? Das ergibt keinen Sinn, das ist ein Widerspruch in sich. Wie beim Essen: Du isst gerne, weißt aber, was passiert, wenn du viel isst. Du wirst dick, was du nicht willst. Genauso ist es beim Kapitalismusverächter: Du kannst nicht in der westlichen Welt leben, Auto, Wohnung, alles bezahlen müssen und auf der anderen Seite Geld ablehnen. Das funktioniert nicht. Also Möglichkeit zwei: Du verlässt das System.

Variante 3: Die Regeln des Geldsystems lernen und mitspielen

Jetzt kommt die Möglichkeit, um die es in diesem Buch geht: Du lernst die Regeln des Geldsystems und damit generierst du für dich das gewünschte Einkommen und Vermögen. Es ist nicht schwer, die Regeln von Geld zu lernen. Jetzt denkst du vielleicht: »Na, der Philipp hat gut reden. Wenn die Regeln so leicht wären, dann würden sie doch alle beherrschen.« Aber das stimmt nicht. Denn wie bereits beschrieben gibt es einen guten Grund, warum fast niemand diese Regeln beherrscht: Niemand zeigt uns die Regeln. Diese »große Unwissenheit« grassiert überall, und das absurderweise, obwohl wir in einem kapitalistischen System leben, das auf Geldregeln basiert.

Die Geldregeln sind leicht – doch niemand zeigt sie uns.

Die Kombination aus Kapitalismus, freier Marktwirtschaft und Demokratie mit der ethisch-moralischer Eigenverantwortung des Einzelnen ist für mich die sinnvollste und für jeden gangbare Variante: Wir müssen nicht in einer Ellenbogengesellschaft leben, sondern wir können einen Nutzen stiften, indem wir Menschen dienen und helfen. Daraus können wir dann gern ein sehr gutes Einkommen generieren. Auf diesem Weg gehen wir im Buch weiter.

4. Ich kann nur Geld – und warum das der einzige Unterschied zwischen uns ist

Meine Frau sagt manchmal folgenden Satz: »Philipp kann genau zwei Dinge. Familie und Geld.«

Ich stehe dann daneben und denke: »Na toll, danke für die Blumen.« Aber ich muss dabei grinsen, denn schließlich hat sie recht. Ich kann wirklich nichts so gut wie Geld und Familie. Ich mähe nicht unseren Rasen, ich putze nicht, ich koche nicht. Ich lege höchstens mal ein Stück Biofleisch, einen Grillkäse oder Gemüse auf unseren Grill, damit ich verkünden kann, dass ich Essen gemacht habe. Ich wasche auch kein Auto und keine Wäsche, ich repariere keinen Wasserhahn. Kurz: Ich mache und kann nur Geld. Schon immer.

Das ist der einzige Unterschied zwischen dir und mir. Ich will keinem auf die Füße treten, denn es gibt bestimmt Menschen unter meinen Leserinnen und Lesern, die finanziell ebenfalls ziemlich weit sind. Doch für die meisten gilt, dass wir uns in Bezug auf Geldkompetenz unterscheiden. Das bedeutet für dich, dass es bei mir etwas zu lernen gibt. Man kann den Unterschied zwischen uns angleichen. Dazu ist dieses Buch da.

Du kannst deine Geldkompetenz entwickeln: durch Entwicklung deiner Geldpersönlichkeit, durch gutes Geldverhalten und indem du dein persönliches Warum klärst.

Das heißt natürlich nicht, dass wir ansonsten vollkommen gleich sind. In einem sehr wichtigen Punkt ist beispielsweise jeder Mensch einzigartig, und das ist auch gut so; es ist sogar das Beste, was uns allen passieren kann: Du hast ein anderes persönliches Warum als ich und als alle anderen Menschen auf der Welt. Was macht dir am meisten Freude? Was kannst du alles? Wofür brennst du? Womit hilfst du anderen? Genau diese einzigartige Mission oder Berufung kannst du einsetzen, um wohlhabend zu werden. Und zugleich kannst du diesen Lebenssinn dann immer mehr leben und deine Stärken zur Wirkung bringen, wenn du wohlhabend genug bist, um nicht 40 Stunden in einem unterbezahlten Job ackern zu müssen, der nicht deine Mission ist. Um dein persönliches Warum geht es später. Jetzt möchte ich auf meine Leidenschaft für Geld zurückkommen, um dir meine Haltung zu Geld zu vermitteln.

Dein persönliches Warum kann dich wohlhabend machen.

Als Kind habe ich mit Geld gespielt. Ich habe Geld gezählt, damit gerechnet und es gesammelt. Mein Zwillingsbruder und ich haben Monopoly gespielt, bis uns die Köpfe auf die Spielgeldscheine gesunken sind. Ich sehe heute noch, wie wir zu viert mit meinen Eltern am Esszimmertisch sitzen. Ich sehe meinen Vater mit seinem verschmitzten Lachen, wenn er ein neues Gebäude auf seine Schlossallee baut. Ich sehe meine Mutter, die auf uns Kinder achtet, damit wir uns nicht in die Haare kriegen, weil der andere gerade die dicke Miete kassiert hat. Ich sehe meinen Bruder, der seine Scheine zählt und einen neuen Plan schmiedet. Und ich erinnere mich an das richtig gute Gefühl, wenn ich das Spiel gewonnen habe. Das Gefühl war so gut, dass ich Monopoly immer noch gern spiele.

Mit meiner Frau und meinen beiden Söhnen sitzen wir heute an unserem Esszimmertisch und spielen Monopoly. Und jedes Mal merke ich aufs Neue, dass man bei diesem Spiel enorm viel über sich selbst und seine Gefühle und Gedanken zu Geld lernen kann. Diesen Gedanken möchte ich dir gleich vorweg vermitteln: Bei dem, was du in deinem Leben tust, lernst du auch viel über Geld. Und anders herum ist es genau so: Wie Monopoly ist alles im Zusammenhang mit Geld für mich ein Spiel. Ein Spiel, das ich ernst spiele. Denn ich will ernsthaft gewinnen. Es ist mir nicht egal, ob ich gewinne oder verliere, und ich lasse nicht meinen Söhnen den Vortritt, bloß weil sie noch so klein sind. Na gut, wenigstens nicht immer.

Es wäre gut, würden wir alle den Umgang mit Geld mehr wie ein ernstes Spiel erleben: Ein ernstes Spiel ist ein Spiel, das Spaß macht *und* das wir gewinnen wollen. Geld ist für mich ein Spiel und gleichzeitig ist es Ernst. Wenn wir Geld mit Freude und Leichtigkeit verbinden und zugleich dabei gewinnen wollen, entwickeln wir damit eine wichtige Grundhaltung auf dem Weg zu einer soliden Geldkompetenz.

Der Umgang mit Geld: ein ernstes Spiel.

Meine Mission: Geldbildung für alle

Dass ich fast nur Geld kann, sage ich also nicht, weil ich eine coole Socke sein oder auf »auf Finanzcoach machen« will, um so sehr schnell sehr gutes Geld zu verdienen. Ich brauche den großen Auftritt nicht. Bis vor Kurzem kannte kaum jemand meinen Namen, obwohl ich Gründer und Inhaber der größten Investment Akademie Europas bin. Ich sonne mich nicht in Bewunderung, eher meide ich das Rampenlicht. Doch für meine Mission – einen besseren Umgang mit Geld in Deutschland zu etablieren – habe ich diese Zurückhaltung aufgegeben.

Durch meine Fokussierung auf Geld hatte ich fast mein Leben lang Zeit, meine Geldkompetenz weiterzuentwickeln und alles über Geld zu lernen, was es darüber zu wissen, zu lesen, zu erzählen gibt. Mit meiner Faszination für Geld und mit Monopoly fing es an. Später als Jugendlicher haben mich die Grundsätze des erfolgreichen Investierens fasziniert und ich war Mitglied in verschiedenen Investmentclubs. Ich verschlang alle Bücher zu den Themen Börse, Aktien und Optionen. Nach ein paar Jahren auf einem Umweg mit Jurastudium war klar, dass kein Rechtsanwalt in mir schlummert, sondern ein erfolgreicher Investor. So habe ich mit 23 Jahren meine erste Anlageberatungsgesellschaft gegründet und bis heute insgesamt zehn Unternehmen aufgebaut. Ich habe als Gesellschafter und Geschäftsführer weltweit an unzähligen Seminaren bei den berühmtesten Investoren und Vermögensverwaltern teilgenommen. Ich war ständiges Mitglied im Fachbeirat Investment des Maklerverbundes mit mehr als 10.000 Mitgliedsunternehmen und einem verwalteten Vermögen von 5,6 Milliarden Euro. Mit 33 Jahren habe ich alles verkauft und zu meiner Frau gesagt: »Schatz, wir haben jetzt genug Geld. Das geben wir nicht mehr aus, und unsere Kinder auch nicht. Wir sind jetzt Privatiers.« Das hört sich cooler an als »Rentner« mit deutlich unter 40, oder?

Eine Zeit lang war ich dann Privatier, also ein Mensch, der nicht von seiner Arbeit lebt, sondern von seinem Vermögen. Wir bauten unser Haus, genossen die Monate mit unserem gerade geborenen ersten Sohn und später folgte dann noch unser zweiter Sohn. Doch nach ein paar Jahren wurde es schwierig für mich. Ich will nicht sagen, dass ich depressiv war, aber es war ein Loch. Da sagte meine wunderbare Frau zu mir: »Schatz, wenn du so weitermachst, wirst du fett und faul. Such dir ein Hobby.« So reden wir miteinander. Zugegeben, ganz so hart hat sie es nicht formuliert, aber ich will ja vor allem die Kernaussage vermitteln. Es ging darum, dass ich mir noch etwas außerhalb unserer Familie suche, das mich erfüllt und das sinnvoll ist.

Was ist denn sinnvoll für mich? Ich habe nicht lange überlegt, denn wie gesagt: Neben der Familie kann ich im Wesentlichen nur Geld. Mein persönliches Warum lautet also seitdem: einen besseren Umgang mit Geld vermitteln, sodass Menschen finanziell unabhängig oder zumindest unabhängig*er* werden können.

Was ist für mich persönlich sinnvoll?

Es gibt Fragen, die sehr dabei helfen, die eigene Lebensaufgabe zu finden. Wir sehen uns das im fünften Teil des Buches genau an. Zu diesem Thema hat Ulrike Scheuermann als Expertin für Persönlichkeitsentwicklung viel beigetragen. Mir ist in unserem Austausch noch bewusster geworden, wie erfolgreich Ulrike mit hochwirksamen Methoden arbeitet, um Blockaden zu lösen, die Menschen so oft einschränken und letztlich daran hindern, frei ihren Entwicklungsweg zu verfolgen und ihre Lebensaufgabe zu leben. Damit geht sie darüber hinaus, sich lediglich mit Disziplin und guten Vorsätzen auf anderes Verhalten und Denken zu fokussieren. Wir müssen auch im Unterbewusstsein Blockaden lösen, die sonst immer wieder die Entwicklung ausbremsen und in alte Muster zurückwerfen. Aber dazu später mehr.

Mein persönliches Warum

Als Vorgriff auf den fünften Teil, in dem es explizit um dein persönliches Warum geht, kannst du dir jetzt schon die folgenden Fragen stellen. Als Anregung findest du dahinter meine Antworten.

- **Was habe ich als Kind am liebsten gemacht?** – Meine Antwort: *Brettspiele mit Geld.*
- **Was macht mir heute Freude?** – Meine Antwort: *Familie und Geld.*
- **Was kann ich gut?** – Meine Antwort: *Familie und Geld.*
- **Was kann ich der Welt und den Menschen geben, um etwas beizutragen?** – Meine Antwort: *Einen besseren Umgang mit Geld vermitteln, damit es möglichst vielen Menschen deutlich besser geht und sie finanziell unabhängig(er) werden, ohne sich abzurackern.*

Geld ist also mein Ding. Mit dieser Erkenntnis war die Sache schnell klar: Ich mache Geld, aber nicht mehr für andere als Berater, sondern ich gründe ein Unternehmen, mit dem ich anderen Menschen beim Thema Geld helfe. Ich werde ihnen zeigen, wie ich mein eigenes Vermögen aufgebaut habe. Ich werde fundiertes Wissen, einen guten Umgang mit Geld und konkretes Know-how zum Aufbau von Wohlstand vermitteln, um gut, verantwortungsvoll und sinnerfüllt zu leben. Das habe ich dann mit meiner Investment Akademie getan.

Im Jahr 2020, in dem dieses Buch erscheint, feiern wir das sechsjährige Bestehen der Akademie. Sie ist nach unserem aktuellen Wissenstand zum einen die größte Investment Akademie in Europa und zum anderen eine der ganz wenigen staatlich anerkannten Bildungsinstitute im Bereich Geld in Deutschland überhaupt. Viele Teilnehmende haben sich inzwischen damit ein gutes Zusatzeinkommen oder sogar finanzielle Freiheit aufgebaut. Aber es braucht noch mehr. Dieses Buch ist der nächste Schritt auf dem Weg.

Ich will eine Geld-Revolution der ganz normalen Bürger anstiften. Ich will grundlegend etwas verändern am Umgang mit Geld und der Verteilung von Geld in diesem wohlhabenden Land. Die

Bedingungen bei uns sind so gut, dass viel mehr Menschen am Wohlstand teilhaben könnten. Warum? Weil es kein Ressourcenproblem gibt, sondern »nur«, wie bereits ausführlich besprochen, ein Verteilungsproblem. Es mangelt nicht an Geld, sondern es mangelt lediglich an einer besseren Verteilung. Ähnlich wie es weltweit auch nicht an Nahrungsmitteln mangelt, sondern nur an deren gleichmäßiger Verteilung. An späterer Stelle im Buch zeige ich daher, wie jede, jeder Einzelne, auch du, mehr Geld produzieren und dadurch besser leben kann.

Ich will eine Geld-Revolution der normalen Bürger!

Wir könnten so viel mehr Gutes bewirken, wenn sehr viel mehr Menschen wohlhabend wären und wenn sie mit dem Geld für sich und andere etwas Gutes tun würden. Das ist meine Vision. Beginnen wir nun aber zunächst einmal damit, uns anzusehen, wie du dich geldförderlich verhalten kannst, um eine Geldkompetenz aufzubauen, die dir neue Möglichkeiten eröffnet.

II. Das gute Geldverhalten: Die eigene Einstellung ändern

5. Geld in deiner Hand – warum wir unsere finanziellen Belange selbst regeln müssen

Wie können wir uns in Bezug auf Geld gut und sinnvoll verhalten? Darum wird es in diesem Teil des Buches gehen. Doch warum sollten wir uns eigentlich so viele Gedanken darüber machen? All das, was ich im ersten Teil über die Ungleichverteilung von Einkommen und Vermögen in unserer Gesellschaft beschrieben habe, könnte man doch staatlich viel besser regeln, oder?

Staatliche Umverteilung oder eigenverantwortliche Initiative?

Könnte sich nicht durch Regeln und Gesetzesänderungen alles für die Menschen in unserem Land zum Guten wenden? So wären zum Beispiel die Stärkung der Tarifbindung, die Erhöhung des Mindestlohnes, höhere Hartz-IV-Sätze und die stärkere Besteuerung von Spitzeneinkommen und sehr hohen Erbschaften politisch umsetzbare Möglichkeiten, ob man sie nun gut findet oder nicht. Doch dieser Weg ist weit. Falls er überhaupt beschritten wird. Und wird die Ungleichverteilung auf diesem Weg in den nächsten Jahrzehnten tatsächlich ausgeglichen sein? Immerhin gibt es sie seit Jahrhunderten, Jahrtausenden. Willst du darauf warten, dass die Verteilung sich glücklicherweise gerade in den paar Jahren verändert, in denen du davon profitieren würdest? Willst du weiter warten und dich während des Wartens, Hoffens und Bangens ärgern und damit hadern, dass sich die Dinge nicht wie gewünscht oder nicht schnell genug entwickeln?

Es gibt einen aus meiner Sicht vielversprechenderen Weg. Einen eigenverantwortlichen Weg, um den es in diesem Buch geht: Ich zeige dir, dass – und wie – du dich selbst um mehr Geld kümmern kannst. Egal, ob du über viel Geld oder wenig Geld verfügst. Du kannst deine Energie in etwas Erfolgversprechendes investieren, statt zu jammern, zu wüten und den Staat, dein Pech oder die allgemeine Ungerechtigkeit des Systems oder des Lebens anzuklagen. Die Missstände zu sehen, ist das eine. Diese sehe ich sehr deutlich. Sie zu ändern, ist das andere. Deshalb frage ich dich: Was willst du jetzt und konkret für dein Leben tun, um mehr Geld zu haben? Um bei der nächsten Mieterhöhung nicht mehr in Stress zu geraten, um durch eine gute Reserve in einem entspannten Lebensgefühl zu bleiben, weil du weißt: Es könnte morgen die Waschmaschine kaputtgehen, es könnten Zusatzkosten für eine Klassenreise für die Tochter anstehen und du hättest sogar noch Geld übrig, um für ein soziales Projekt zu spenden, das dir seit Jahren am Herzen liegt.

Willst du weiter warten, bis sich etwas ändert?

Was möchtest du tun, um in ein paar Jahren oder Jahrzehnten, im Alter von 67, wenn du nicht mehr arbeiten wirst, genug Geld für dein Leben und einige Sonderinvestitionen in deine Gesundheit oder in ein gutes Hörgerät zur Verfügung zu haben?

Warum es so schwer ist, Eigenverantwortung zu übernehmen

Ich sage also: Kümmere dich selbst, denn niemand sonst tut es. Das klingt vielleicht hart, vor allem, wenn du mit dem Anspruch lebst, dass der Sozialstaat schon für dich sorgen wird. Warum ist es so schwer, zu akzeptieren, dass das möglicherweise nicht ganz stimmt? Warum ist es so schwer, die Verantwortung für sein Geld als Aufgabe anzunehmen? Nun, wir alle sind in einem Sozialstaat aufgewachsen, in dem wir grundsätzlich gut abgesichert sind. Bei allen bestehenden Mängeln, die ich nicht leugnen will, sind wir zum Beispiel im Krankheitsfall alle versorgt und das Rentensystem funktionierte viele Jahrzehnte lang auch hervorragend. Niemand fällt hier komplett raus, niemand muss in unserem Land verhungern und niemand muss ohne medizinische Hilfe bleiben. Man bekommt sogar Hilfe dabei, Antragsformulare für diese Leistungen auszufüllen. Niemand wird leugnen, dass wir ein gutes soziales und medizinisches Sicherungssystem haben. Wir wachsen also in dem Bewusstsein auf, dass der Staat für uns sorgt.

Doch nun kommt eine neue Situation auf uns zu. Durch die veränderte Altersstruktur, also die Altersverteilung der Bevölkerung, wird das Rentensystem in Zukunft nicht mehr funktionieren. Das ist zwar keine ganz neue Erkenntnis, doch sie ist noch immer nicht im Bewusstsein der Menschen angekommen. Du hast bestimmt schon mal ein Diagramm der Altersverteilung gesehen: die sogenannte Alterspyramide. Auf der x-Achse ist der Anteil der Menschen in einem bestimmten Lebensalter abgebildet (auf einer Seite die Männer, auf der anderen die Frauen), auf der y-Achse das Lebensalter der Menschen. In den allermeisten Industriestaaten hat sich die Altersstruktur aufgrund der verringerten Sterblichkeit, der gestiegenen Lebenserwartung und der gesunkenen Geburtenrate von der ursprünglichen Form einer Pyramide weg entwickelt. Längst sieht die Alterspyramide nur noch in einigen Entwicklungs- und Schwellenländern wirklich pyramidenförmig aus. In Deutschland, wie in vielen anderen, ökonomisch hoch entwickelten Industriestaaten, zeigt sie heute eine Urnenform: Durch eine niedrige Geburtenrate von unter zwei Kindern pro Frau nehmen die jüngeren Jahrgänge von Jahr zu Jahr ab. Es entsteht ein Überhang älterer Menschen, die zudem eine hohe Lebenserwartung haben.

Das Rentensystem funktioniert bald nicht mehr.

Doch was rede ich? Wir haben alle schon mal davon gehört, gelesen und diese Altersstruktur auf irgendeinem dieser pessimistisch stimmenden Diagramme gesehen. Man hat dadurch eine vage Idee, dass später nicht mehr genug arbeitende Bevölkerung vorhanden sein wird, die in die Rentenkassen einzahlt, sodass die Renten der vielen alten Menschen nicht mehr bezahlt werden können. Aber es wirkt irgendwie doch abstrakt, es kommt nicht so richtig im Bewusstsein an. »Es läuft doch«, denken die meisten. »Die alten Eltern leben doch ganz gut, man sieht nirgends Horden von Achtzigjährigen, die bettelnd auf der Straße sitzen wie in einem düsteren Science-Fiction-Film, es wird schon irgendwie weitergehen. Der

Staat wird's schon richten.« Und so bleiben die Menschen passiv, lassen ihr hart verdientes Geld weiterhin auf dem Sparbuch liegen, wo es ohne Zinsen und mit Inflation jeden Tag weniger wird. Alle halten still. Abwarten und Tee trinken.

Woran liegt das? Ich würde die Leute am liebsten schütteln! Denn erklären kann ich das nur mit dem Mindset: Wer das Geld lieber auf dem Sparbuch liegen und durch die Inflation entwerten lässt, muss innere Blockaden haben, die ihn daran hindern, sich eigenverantwortlich um sein Geld zu kümmern. Genau deshalb geht es hier so ausführlich um diese inneren Hemmnisse und um ein gutes Geldverhalten, mit dem wir ein neues Mindset entwickeln können. Wir müssen enorm viel psychische Entwicklungsarbeit leisten, um offen zu werden für neue Wege des Geld-Generierens. Die meisten wiederum tun das ab: »Wenn ich das will, dann schaffe ich es auch.« Aber die Realität sieht anders aus.

Du musst dein Mindset ändern.

Meine düstere, aber realistische Zukunftsprognose möchte ich hier kurz einmal äußern: Wenn die Menschen sich nicht selbst um ihre Finanzen kümmern, werden sie als Siebzig- bis Achtzigjährige tatsächlich bettelnd durch die Straßen laufen. Nicht in einem düsteren Science-Fiction-Film, sondern in der Realität. Nicht in 100 Jahren, sondern in 30 Jahren.

Wie wir Geld lernen

Da gutes Geldverhalten nicht vom Himmel fällt, sehen wir uns zuerst an, was die Voraussetzungen sind, um überhaupt ein gutes Geldverhalten aufzubauen. Dafür beschreibe ich kurz, wodurch uns Dinge bewusst sind und bleiben. Denn logischerweise können wir nur mit dem bewussten Teil unseres Gehirns unser Geldverhalten bewusst steuern.

Es gibt ein Schubladensystem im Gehirn, und zwar – ganz grob gesagt – das Bewusstsein und das Unterbewusstsein. Auf das Unterbewusstsein können wir nicht bewusst zugreifen. Dieser Teil macht ungefähr 90 Prozent aus, manche Gehirnforscher gehen sogar von einer noch höheren Zahl aus. Dementsprechend bleiben ungefähr

10 Prozent für den bewussten Teil. Nur auf diesen kleinen Teil können wir zugreifen. Nun gibt es – sehr vereinfacht gesagt – nur zwei Gründe, warum etwas »oben«, also im Bewusstsein, bleibt und nicht nach unten sackt:

1. Wir tun etwas sehr regelmäßig. Routinen. Jeden Tag zur Bushaltestelle laufen. Zweimal pro Woche Fußball spielen. Täglich unseren Kindern und unserem Partner sagen, dass wir sie lieben.
2. Etwas ist mit sehr starken Emotionen verbunden. Wenn du verheiratet bist: Hast du die Hochzeitsnacht vergessen? Nein? Eben. Außer du warst betrunken. Wenn du eine Frau bist und ein Kind hast: Hast du die Geburt deines Kindes vergessen? Keine Frau auf dieser Welt hat je diese Frage mit Ja beantwortet.

Wir behalten also Dinge im Bewusstsein, die wir wiederholt tun oder die mit starken Emotionen verbunden sind. Genauso ist es beim Geld: Wir haben Geld entweder bewusst durch Wiederholung oder durch eine schmerzhafte Emotion gelernt. Hast du schon einmal etwas schmerzhaft über Geld gelernt? Wenn ich diese Frage in meinen Vorträgen oder Seminaren stelle, melden sich etwa zwei Drittel der Teilnehmenden. Wenn wir Schmerzen haben, was tun wir nicht? Siehe oben: Wir vergessen das Ereignis nicht.

Wir lernen Geld durch Wiederholung oder Emotion.

Das kann zwei Auswirkungen haben, nehmen wir das Beispiel Schulden: Wenn du selbst einmal eine Schuldenerfahrung gemacht hast oder aktuell durchmachst, dann kennst du den Schmerz, die Scham, das Gefühl der Ausweglosigkeit und Verzweiflung. Es ist heute wissenschaftlich bewiesen, das Schulden sogar krank machen.

Jemand kann nun daraus lernen, dass er alles dafür tun sollte, nie wieder Schulden zu haben. Es kann jedoch auch etwas passieren, was für unser Geldbewusstsein ungünstig ist, und das ist sogar der häufigere Fall: Unser System ist nun auf diese Schuldenerfahrung fokussiert und sucht nach Beweisen, dass das, was wir erlebt und gelernt haben, Realität ist. Mit einem kleinen Augenzwinkern möchte ich dir das anhand von zwei Beispielen verdeutlichen. Für die Männer: Hast du schon mal mit dem Online-Konfigurator eines Autoherstellers deinen Traumwagen konfiguriert? Am nächsten Morgen fährst du zur Arbeit und was passiert? Du siehst ständig diese Karre! Denn du hast nun ein klares Bild von deinem Traumwagen im Kopf und verbindest damit starke positive Emotionen. Und nun für die Mädels, um bloß kein Klischee auszulassen: In deinem Fall wäre es der Handtaschen- oder Schuhkonfigurator eines Onlineshops, der bewirkt, dass du von nun an ständig diese eine Handtasche oder die schicken Schuhe auf der Straße siehst.

Aber kommen wir zurück auf das Thema Schulden: Wenn die Eltern verschuldet waren und ein Kind dementsprechend in einer Stimmung von Mangel, Angst und Sorge aufgewachsen ist, produziert es später als Erwachsener diesen Schmerz wieder neu. Deshalb finden sich Erwachsene so häufig genau in der Geldsituation wieder, die sie als Kind kennengelernt haben. In den besonders prägenden ersten zehn Jahren unserer Kindheit haben wir unausweichlich Dinge über Geld gelernt, die wir später im Leben reproduzieren. Erst einmal jedenfalls. Bis wir etwas Neues lernen und auch wirklich verankern. Wir erinnern uns:

Was wir wiederholt tun und mit starken Emotionen verbinden, bleibt hängen. Also können wir auch etwas Neues etablieren.

Dieses Neue sollten ab jetzt die Dinge sein, die Geld zu einer unterstützenden Kraft machen. Wir alle können es schaffen, uns beim Thema Geld anders aufzustellen. Wenn wir es ganz stark wollen.

Du glaubst, du kannst nun mal nicht mit Geld umgehen?

Wenn wir einen guten Grund haben, es zu wollen. Wenn wir bereit sind, dafür Zeit und Mühe zu investieren. Mühe, die sich nach und nach in Spaß und Freude verwandeln wird. Und wenn wir bereit sind, uns selbst zu reflektieren und auch schmerzhafte Wahrheiten anzusehen, zum Beispiel über die eigene Geldbiografie.

Dazu möchte ich eine Geschichte erzählen, mit der ich gerade diejenigen unter meinen Lesenden ermutigen will, die von sich glauben, sie könnten mit Geld nun mal nicht umgehen. Das sind sehr viele Frauen. Aber auch Menschen, die in der Schule eine Fünf in Mathe hatten. Oder auch Menschen, die Schulden haben oder hatten. Diese Menschen denken oft, sie könnten Geld einfach nicht. Ihnen erzähle ich von einem Erlebnis in einem Parkhaus, das man hervorragend auf die Haltung zu Geld übertragen kann.

Das Parkhaus: Beharrlich dranbleiben zahlt sich aus

Ich war vor einigen Jahren bei einem großen Event mit ein paar Hundert Teilnehmenden als Redner für das Thema Geld eingeladen. Dazu bin ich nach München geflogen und später mit meinem Leihwagen ins Parkhaus gefahren. Es war Samstagvormittag, das Parkhaus war komplett leer, niemand dort, nur ich mit meinem kleinen Leihwagen. Das war mir ganz recht, denn ich konnte mich in Ruhe umziehen.

Während ich meinen Pullover ausziehe und gerade im Unterhemd dastehe, fährt ein weiteres Auto ins Parkhaus. Am Steuer sehe ich eine Dame, aber es hätte genauso auch ein Mann sein können bei dem, was jetzt kommt. Ich beobachte diese Frau, wie sie einparkt, während ich mein Hemd zuknöpfe. Und ich staune. Wohlgemerkt: Geschätzte 150 freie Parkplätze, ich und sie, niemand sonst.

Ihr Auto steht halb in dem Parkplatz, sie macht den Motor aus, steigt aus. Sie sieht sich die Begrenzungslinie des Parkplatzes an, auf dem ihr Auto steht, schüttelt mit dem Kopf, steigt wieder ein, wirft den Motor an, fährt zurück. Ich bin inzwischen ganz wach und vergesse meine Hemdknöpfe. Sie fährt wieder vor, macht das Auto aus, steigt aus, sieht sich wieder die Linie an, schüttelt wieder den Kopf, steigt ein, macht das Auto wieder an, fährt wieder rückwärts. Fährt wieder vorwärts, steigt aus. Inzwischen steht das Auto ziemlich gut eingepasst auf dem Parkplatz und einigermaßen innerhalb der Linien. Naja, 15 bis 20 Zentimeter neben der Linie, aber auf der richtigen Seite.

Es war wie in einem Film, mein Hemd war komplett schräg zusammengeknöpft.

Jetzt steht sie da und nickt zufrieden. Ich will mich erleichtert wieder meinen Hemdknöpfen widmen, aber plötzlich geht sie vor das Auto und erkennt, dass es noch anderthalb Meter von der Wand entfernt steht. Also steigt sie wieder ein, fährt das Auto noch mal 30 Zentimeter vor, steigt wieder aus, sieht nach, schüttelt wieder den Kopf, steigt ein. Motor wieder an. Insgesamt hat sie sechs oder sieben Mal ein- und ausgeparkt und ist jedes Mal ein- und ausgestiegen.

Ich überlege kurz, ob ich sie damit verschrecke, knöpfe dann aber rasch mein Hemd richtig zu und gehe die paar Schritte zu ihr: »Wissen Sie was, ich finde, Sie sind der Hammer!«

Sie war vielleicht Mitte 70, und Alter spielt bei mir keine Rolle. Ich flirte mit jedem, auch die Männer sind nicht sicher.

Da sagt sie: »Sagen Sie nicht, dass Sie gesehen haben, wie ich eingeparkt habe!«

»Doch, habe ich gesehen, und wissen Sie was, genau deswegen finde ich, Sie sind der Hammer.«

»Wollen Sie mich veräppeln?«

»Nein. Nein, nein, ich finde das großartig!«

»Ja«, sagt sie, »Sie müssen sich vorstellen, ich bin 75 und wohne 15 Kilometer entfernt auf dem Land. Da ist nichts. Kein Supermarkt, kein Bäcker, kein gar nichts. Wenn ich kein Auto hätte, dann wäre ich komplett immobil. Das Auto ist für mich existenziell wichtig. Deswegen fahre ich auch schon so früh morgens hierher, um bloß kein anderes Auto anzufahren.«

Nach dem, was sie mir erklärt, bin ich nun noch viel mehr beeindruckt als vorher schon. »Jetzt finde ich erst recht, Sie sind der Hammer!«

Sie lächelt nun etwas schelmisch.

»Ich meine das ganz lieb: Die meisten Menschen, die so wie Sie Auto fahren, würden ihren Führerschein freiwillig abgeben. Aber Sie haben gerade gezeigt, dass Sie überhaupt nicht einparken können und trotzdem mit Ihrem Auto in diese Parkgarage fahren. Das Auto steht einfach nicht richtig, aber Sie geben nicht auf, bis es einigermaßen richtig steht, und das finde ich stark.«

Nicht aufgeben – das finde ich stark!

Sie lacht und wir reden noch ein wenig. Später erzählte ich genau diese Geschichte als Einleitung zu meinem Vortrag – sie war besser als das, was ich geplant hatte.

Ich möchte dich einladen, alles Weitere, was dir zum Thema Geld begegnet – gleich, ob hier im Buch oder in deinem Alltag – genau mit dieser Inbrunst zu erleben und zu überdenken, wie diese Frau das Einparken. Welcher Typ muss diese Frau sein, dass sie – obwohl sie natürlich weiß, dass sie nicht Auto fahren kann – trotzdem versucht, das Autofahren so zu regeln, dass sie vorwärtskommt und mobil bleibt? Sie weiß, dass sie das Auto braucht, um ihr Leben gut hinzubekommen. Nur deshalb fährt sie. Nicht, weil sie in Autos und ins Autofahren vernarrt ist.

Du kannst dich mit genau dieser Entschlossenheit und Beharrlichkeit mit dem Thema Geld beschäftigen. Es gibt viele, die keine Ahnung von Geld haben. Es gibt viele, die das riesige Potenzial, das im Geld liegt, noch nicht kennen. Es gibt viele, die noch nie erlebt haben, dass es möglich ist, sein Geld zu vermehren und damit im eigenen Leben und im Leben anderer so unglaublich viel zu bewirken. Noch weniger Menschen haben ein Verständnis vom Finanzsystem und den marktwirtschaftlichen Gesetzen, die unsere Welt bestimmen und durchdringen. Vielleicht gehörst du zu diesen Leuten, die sich eher schwertun mit dem guten Umgang mit Geld. Es kann eine Weile dauern, bis du Feuer fängst fürs Thema Geld, sodass es zum Selbstläufer wird. Wie die Frau im Parkhaus gehst du sieben- oder auch 14-mal vor und zurück, bis du den richtigen Dreh beim Geld raushast. Aber wenn du dranbleibst, wirst du es irgendwann können, so wie diese Frau irgendwann mit Schwung und ohne eine einzige Korrektur einparken wird, wenn sie weiter so entschlossen übt.

Bitte geh deine Finanzen mit demselben Engagement an wie diese Frau das Einparken! Mit derselben Intensität, mit der du deine Gesundheit, deinen Partner und deine Kinder liebst. Diese Intensität brauchst du. Dann bist du bereit dazu, wohlhabend zu werden. Nur dann.

Es ist nicht so schwer, finanziell unabhängig zu werden.

Auch wenn es nach unzähligen Malen Hinfallen und Wiederaufstehen klingt: Nein, es ist nicht so schwer, finanziell unabhängig zu werden. Es ist auch nicht so mühsam und hart, wie viele denken, die Geldverdienen mit harter Arbeit assoziieren. Finanziell unabhängig zu sein heißt auch nicht gleich, dass du Millionär oder Multimillionärin werden sollst. Mir geht es nur darum, dass du lernst, wie man Geld richtig versteht, wie man Geld deutet und welche

Strategien und Techniken du brauchst und einsetzen kannst, damit es dir in deinem Leben besser geht.

Warum es kein passives Einkommen gibt

Einen Zahn möchte ich dir gleich hier ziehen, denn die Zahnlücke ist wichtig, damit du ins Handeln kommst und wirklich beginnst, dich um dein Geld zu kümmern. Es geht um einen sehr störenden Zahn, der dir vermutlich schon in Büchern, auf Internetseiten oder in vollmundigen Versprechen von Finanzgurus begegnet ist. Der Zahn heißt: »passives Einkommen«. Aktuell ist das in aller Munde. Es kursiert die Idee, auf irgendeine Art und Weise ein passives oder automatisiertes Einkommen generieren zu können.

Der Begriff »passives Einkommen« klingt verlockend, oder? Nichts tun und trotzdem ein Einkommen haben. Leider funktioniert das nicht. »Passives Einkommen« würde bedeuten, dass du Geld ohne jegliche Aktion erhältst. Du müsstest nur passiv dasitzen und das Geld käme zu dir. Das ist Unsinn! Geld ist Energie, und Energie entsteht – das ist ein Naturgesetz – nicht von allein. Wir müssen immer etwas für unser Geld tun. Immer. Du hast ein Buch geschrieben, eine CD aufgenommen, ein Netzwerk über Jahre aufgebaut, eine Immobilie oder Aktie gekauft und nun kann Geld daraus entstehen, wenn du klug handelst. Oder du investierst in die Veränderung und Entwicklung deines Mindsets, löst einschränkende Glaubenssätze auf oder arbeitest deine Familiengeschichte auf, in der niemand aus der Armut aussteigen konnte.

Wenn du nichts investierst, kommt nichts dabei raus.

Wir müssen immer etwas dafür tun, um Geld zu bekommen. Entweder wir haben ein Produkt, das wir verkaufen, vorher produziert. Oder wir legen unser Geld zum Beispiel in Aktien an. Dann haben wir gelernt, wie das geht, und wir haben sorgfältig die richtigen Aktien ausgesucht. Wir müssen unsere Anlage immer wieder prüfen und neu entscheiden, ob wir sie halten oder verändern wollen. Wir haben also vorher etwas für unser Geld getan. Für viele Dinge, in die wir vorher investiert haben, erhalten wir ein nachgelagertes Einkommen. Wenn du jedoch nichts investiert hast, kommt auch nichts heraus. Es gibt kein passives Einkommen. Es bleibt dabei: Du musst dich immer um dein Geld kümmern.

Wenn Leute vollmundig ein »passives Einkommen« versprechen und mit diesem Versprechen Geld verdienen wollen, werde ich jedes Mal wütend. Denn wer so etwas zum Beispiel in einem Buch verkündet, lebt vom Verkauf von Büchern. Wer in seinen Seminaren oder Vorträgen davon erzählt, lebt von diesen Veranstaltungen – anstatt von seinem Vermögen. Und damit sind diese selbst ernannten Geldexperten für mich aus dem Spiel.

Was es dagegen gibt, ist ein »ökonomisch sinnvolles Einkommen«. Das bedeutet, mit möglichst wenig Aufwand einen nennenswerten Betrag zu verdienen. An der Börse etwa funktioniert das ganz hervorragend, wenn man es einmal gelernt hat. Aber auch durch kluges Verkaufen, durch strategisch clevere Unternehmensführung, durch ein gutes Produkt, mit dem jemand gut auf dem Markt positioniert ist, oder auch durch mentale Strategien ist das erreichbar. Damit sind wir bei dem, was wir für die Geldvermehrung mit einem guten Geldverhalten tun können. Und das ist sehr viel. Wir können sehr aktiv alles Mögliche tun. Fangen wir mal mit einer handfesten und ziemlich übersichtlichen Tat an: der Bestimmung deiner eigenen Vermögens- und Einkommenswerte.

Die eigenen Geldwerte bestimmen

Wir wissen inzwischen, dass Geld nicht einfach da ist, und wir wissen auch, dass es kein passives Einkommen gibt: Wir müssen immer etwas für unser Geld tun. Und sei es »nur«, dass wir den Überblick über unsere Finanzen behalten, indem wir täglich, wöchentlich, monatlich oder zumindest einmal im Quartal oder Jahr einen Einkommens- und Vermögenscheck machen. Dazu brauchst du nur eine schlichte Tabelle anzulegen und auszufüllen. Das ist sehr simpel und in zwei, drei Stunden erledigt. Du kannst gleich damit beginnen. Je früher, desto besser. »Kümmere dich selbst um deine Finanzen« bedeutet, dass du anfängst, dir zuerst einmal Gedanken zu machen, wo du heute stehst.

Wo stehst du heute?

- **Einkommen**
  Angestellter, Unternehmer, Kapital, Miete, Pacht
- **Geldwerte**
  Bargeld, Girokonto, Sparbuch, Bausparvertrag, Versicherung
- **Sachwerte**
  Haus, Wohnung, Auto, Aktien, Fonds, Möbel, Schmuck, Gold
- **Schulden**
  Kredit, Leasing, Finanzierung, Hypothek, Schuldverschreibung
- **Gesamtes Nettovermögen:** ________

Ich habe auf meiner Website einige Vorlagen zum Download für dich, die du parallel zu den Fragen hier nutzen kannst. Du findest sie unter: www.philippjmueller.de/geldrichtig-buch

Zunächst arbeitest du mit dem, was du momentan über deine Finanzen weißt. Später kannst du dir genauer ansehen: Was ist mein Einkommen? Was sind meine Geldwerte? Was sind meine Sachwerte? Was sind meine finanziellen Verpflichtungen? Welche Produkte habe ich heute? Erst einmal geht es darum, dass du dir einen groben Überblick verschaffst. Diesen solltest du jetzt sofort schriftlich festhalten, auch wenn es nicht haargenau stimmt, damit du diesen Schritt nicht aufschiebst.

Über den Entschluss, sich um sein Geld zu kümmern

Nach dieser ersten Tat folgt ein weiterer, sehr praktischer Schritt: Du teilst dein Geld nach einem System auf. Dieser Aufteilung widmen wir uns im nächsten Kapitel ausführlicher. An dieser Stelle zunächst ein paar Worte zu deinem Ziel. Denn du solltest ein klares Ziel haben. Das ist leicht gesagt, doch für dich wird es ein großer Schritt sein.

Mit einem klaren Ziel meine ich nicht unbedingt eine konkrete Zahl, also einen bestimmten Geldbetrag. Ich bin mittlerweile davon abgekommen, Leuten nahezulegen, sich ein exaktes finanzielles Ziel aufzuschreiben. Dafür ist es aus meiner Sicht noch zu früh. Es geht mir vielmehr darum, dass du dir klarmachst, dass Finanzen ab jetzt wichtig für dich sind. Am besten fasst du den Entschluss, dass du ab heute Verantwortung für dein Geld übernimmst und dass du dich in Zukunft um dein Geld kümmern und eine neue Beziehung zum Geld aufbauen wirst, die sogar Spaß macht. Manch einer kann auch sagen: In meiner Partnerschaft läuft etwas daneben, also möchte ich eine bessere Beziehung zu meiner Frau, zu meinem Mann, ich möchte eine bessere Beziehung zu meinen Kindern. Einige müssen leider sagen, ich möchte überhaupt eine Beziehung zu meinen Kindern. Und genauso verhält es sich mit deiner Beziehung zum Geld.

Ab jetzt sind deine Finanzen für dich wichtig.

Kennst du den Satz »Plane dein Leben, sonst tun es andere für dich«? Kein Finanzberater, keine Bank, kein Ehemann, keine Ehefrau kann dir die Verantwortung für dein Geld abnehmen. Du musst es selbst machen. Wenn du dich für diese Verantwortung entscheidest, wird dir das neben etwas Arbeit vor allem viel Freude und vollkommen neue Freiheiten und Möglichkeiten bringen. Nach dem festen Entschluss, diese Verantwortung zu übernehmen, kannst du sofort den nächsten Schritt gehen: ein sehr handfestes und pragmatisches System für deine Finanzen nutzen, das Töpfesystem.

6. Ein System für deine Finanzen – das Töpfesystem

Das Töpfesystem ist ein Plan, mit dem du deine Finanzen selbst in die Hand nimmst, damit es nicht andere oder der Zufall tun. Wenn du mit deinen Finanzen wirklich erfolgreich werden willst, brauchst du ein klares, übersichtliches System, an das du dich hältst und das eine Automation deiner regelmäßigen Einnahmen ganz pragmatisch umsetzt. Du systematisierst dein regelmäßiges Einkommen. Das dient als Grundlage, um dir auf Dauer Vermögen und Wohlstand aufzubauen, sodass deine Finanzen zu einer unterstützenden Kraft werden können. Es ist die Basis von allem Weiteren, was wir in diesem Buch besprechen. Daher ist es sehr wichtig, dass du dieses System umsetzt. Die Form ist dabei nicht festgelegt. Es gibt sehr verschiedene Modelle und Aufteilungen des Geldes, je nachdem, ob du es zum Beispiel für dein Unternehmen anwendest oder angestellt bist. Es gibt genug individuellen Gestaltungsspielraum, sodass du nicht eingeengt bist von festen Vorgaben. Es geht um das Prinzip.

Die Wirkung ist tiefgreifend und stark: Dein Erspartes wird damit immer mehr werden, sodass du damit wiederum leichter dein Geld vermehren kannst. Du wirst außerdem für Notfälle genug Geld zur Verfügung haben, um weder Schulden aufnehmen zu müssen noch in ein Defizitgefühl oder in eine Existenzangst zu geraten. Du wirst auch über Mittel verfügen, um anderen mit Freude und freigiebig zu helfen, und du wirst besondere Dinge genießen, dich weiterbilden können, und gleichzeitig genug Geld zum Leben haben. Und das geht alles ganz nebenbei, du musst das Töpfesystem nämlich nur einmal einrichten. Danach läuft es weitgehend von selbst und du musst dich nicht mehr jeden Tag oder jeden Monat darum kümmern.

Einmal einrichten, dann läuft alles ganz nebenbei.

Die richtigen Fragen stellen

Ganz am Anfang des Systems, bevor wir überhaupt mit einer Aufteilung beginnen, steht jedoch die Frage:

1. Wie hoch sind meine monatlichen Ausgaben?

Nach den Ausgaben zu fragen, habe ich zuvor schon angeregt, jetzt kannst du etwas genauer sein, indem du zum Beispiel auf dein Konto schaust und deine Ausgaben auflistest. Da gibt es die Lebenshaltungskosten mit Miete, Essen, Trinken, Kleidung, Hobby, Sport, Auto, Bahnticket, Fahrrad. Außerdem gibt es die außergewöhnlichen Kosten wie eine neue Waschmaschine, eine Reparatur an der Heizungsanlage oder dem Dach oder auch eine Klassenfahrt fürs Kind.

Als Nächstes musst du definitiv wissen, wie viel Einkommen du hast:

2. Wie hoch ist mein Einkommen? Und wie setzt es sich zusammen?

Zum Einkommen gehört bei den meisten das Gehalt. Auch Selbstständige und Geschäftsführer sollten sich ein Gehalt auszahlen, und nicht – so wie viele – nur das nehmen, was übrig bleibt. Des Weiteren kann die Rendite aus allen möglichen Investments ein Einkommen generieren. Hier ist es egal, ob das die paar Euro Zinsen aus dem Sparkonto bei der Bank sind oder die 20 Prozent Jahresrendite aus einem klug gehandelten Börseninvestment. Dazu können selbstverständlich noch mehr Einkünfte kommen wie zum Beispiel das monatliche Kindergeld.

Als Drittes solltest du dir einen genauen Überblick über dein Vermögen verschaffen:

3. Wie groß ist mein Vermögen?

Dabei wiederum ist es ganz gleich, ob eine Sechzehnjährige über 175 Euro Vermögen auf ihrem Sparbuch verfügt oder ob ein gestandener Unternehmer 2 Millionen Euro Betriebsvermögen auf seinem

Firmenkonto hat. Vermögen ist Vermögen, es kann wachsen, und die 175 Euro können der Anfang sein, der mit Zinseszinseffekt und klugem Vermögensaufbau einmal die Rente sichern wird.

Um es dir noch leichter zu machen, deine Finanzen zu analysieren, findest du auf den nächsten Seiten zwei Beispieltabellen zur Kontrolle der Ausgaben und zur Vermögensübersicht.

Auf meiner Website (www.philippjmueller.de/geldrichtig-buch) findest du außerdem zwei Exceltabellen zum Herunterladen und Ausfüllen, die du auf deine Bedürfnisse anpassen kannst.

Eine solche Tabelle zur Kostenkontrolle und eine zur Vermögensübersicht sollte jeder für sich ausfüllen, einmal pro Monat oder wenigstens einmal pro Quartal. Hauptsache, überhaupt. Ich mache das für das Vermögen sogar fast täglich. Es ist eine lieb gewonnene Routine. Wenn ich morgens ins Büro komme, redet mein Team die ersten zehn Minuten nicht mit mir. Denn jeden Tag schaue ich mir zuerst meine Werte an, in meinen Konten und Depots, und ich trage diese Werte in die Tabelle ein. Ich sehe jeden Tag neu, über wie viel Geld ich verfüge, und da ich über einiges Geld verfüge, programmiere ich mich jeden Tag auf Vermögen und Wohlstand. Aber auch jemand, der nur ein paar Tausend Euro Vermögen hat, kann sich damit reich fühlen und sich auf zunehmend mehr Vermögen ausrichten.

Wie ein paar Töpfe das Geldverhalten revolutionieren können

Nun kommen wir endlich zum eigentlichen Töpfesystem: Schauen wir uns zuerst einmal das Grundprinzip am Beispiel einer jungen Frau an, nennen wir sie Anna. Anna arbeitet bei einem Optiker. Sie berät Kunden und passt Brillen und Kontaktlinsen an. Vor zwei Jahren hat sie das Töpfesystem im Seminar in meiner Finanzakademie kennengelernt und war begeistert. Danach machte sie sich gleich daran, das System umzusetzen. Was hat sie getan und wie sieht es heute, nach zwei Jahren, mit ihren Finanzen aus?

Die Grundlage ihrer finanziellen Möglichkeiten war bei Anna schon vor zwei Jahren ihr Gehalt. Jeden Monat trafen damals von ihrem Arbeitgeber rund 2000 Euro Nettoeinkommen auf ihrem

Monatliche Kostenkontrolle	
Ausgaben	**Betrag in Euro**
Haus / Wohnung	
Miete	420
Nebenkosten (Wasser, Abwasser, Strom, Gas, Steuern usw.)	120
Darlehen 1 / Hypothek 1	0
Darlehen 2 / Hypothek 2	0
Summe Haus / Wohnung	**540**
Versicherungen	
Privathaftpflicht (Makler-Tarif)	8
Hausrat	10
Private Krankenzusatzversicherung	0
Berufsunfähigkeit	70
Risikoleben	0
Unfall	0
Summe Versicherungen	**88**
Leben	
Kindergarten / Krippe	0
Lebensmittel, Putzmittel, Hygieneartikel usw.	250
Kleidung	150
Urlaub	150
Kultur / Kino / Geschenke / Spaß	100
Mobiltelefon / Telefon / Internet / GEZ	50
Kontoführung	10
Spenden	150
Mitgliedschaften / Vereine	50
Auto Leasing / Finanzierung / Versicherung / Tanken	0
Kfz-Steuern und Reparaturen	0
Buchhaltung / Drucken / Porto / PC	50
Summe Leben	**960**
Einzahlungen Töpfesystem	
Große Anschaffungen	150
Bildung und Spaß	150
Sparen	100
Summe Einzahlungen Töpfesystem	**400**
Summe Ausgaben	**1.988**
Einnahmen	
Gehalt	2.000
Kindergeld	0
Sonstige Sozialleistungen	0
Miete / Pacht	0
Landwirtschaft	0
Unternehmen / Firma	0
Nebenjob (450 Euro)	0
Summe Einnahmen	**2.000**
Gesamtsumme	**12**

Vermögensübersicht	
Geldwerte	**Betrag in Euro**
Girokonto	1.200
Sparbuch	2.500
Tages- und Festgeld	0
Geldmarktfonds	0
Lebens-/Rentenversicherung (kapitalgebunden)	0
Lebens-/Rentenversicherung (fondsgebunden)	2.000
Betriebl. Altersvorsorge/Riester-Rente/Basisrente	0
Bausparvertrag	0
Anleihen	1.000
Inhaberschuldverschreibungen	0
Bundeswertpapiere	0
Devisen/Fremdwährung	0
Gesamt	**6.700**
Sachwerte	
Haus (ggf. auch vermietet)	0
Wohnung (ggf. auch vermietet)	0
Auto	0
Motorrad	0
Wohnungseinrichtung/Möbel	4.000
Wertsachen (Schmuck, Uhren usw.)	1.000
Unternehmerische Beteiligungen	0
Edelmetalle (Gold und Silber)	0
Kunst	0
Oldtimer	0
Diamanten	0
Gesamt	**5.000**
Schulden	
Darlehen 1/Hypothek 1	0
Darlehen 2/Hypothek 2	0
Kreditkarte	–1.500
Bürgschaft	0
Steuern	0
Abgaben/Gebühren	0
Konsum-Kredit 1	0
Konsum-Kredit 2	0
Gesamt	**–1.500**
Gesamtvermögen	**10.200**

Girokonto ein. Anna freute sich über dieses Geld, denn es ermöglichte ihr einen im Vergleich zu ihrer Ausbildungszeit großzügigen Lebensstil mit einer schönen, hellen Zwei-Zimmer-Wohnung mitten in Berlin, sie genießt kulturelle Ereignisse in der Hauptstadt und im Sommer macht sie nun jedes Jahr einen zwei- oder dreiwöchigen Campingurlaub an der Küste. Das Geld reichte in der Regel bis zum Monatsende, sie nutzte ihren Dispokredit nur selten. Sie konnte also schon damals grundsätzlich mit ihrem Geld haushalten, denn ihr Ziel, auf dem Konto im Plus zu bleiben, setzte sie um. Jedoch: Sparen und Geld für andere Dinge zur Seite zu legen, für die sie mal Geld benötigen könnte? Darum kümmerte sie sich bisher nicht. Mit 29 Jahren fühlte sie sich jung und unbeschwert. Sie kam gar nicht auf die Idee, darüber nachzudenken, dass sie spätestens im Alter neben ihrer staatlichen Rente Geld aus anderen Quellen benötigen würde. Sie dachte auch nicht daran, dass es andere Fälle geben könnte, die ihre Einkommensquelle versiegen lassen oder überstrapazieren könnten. Auch in ihrem Freundeskreis war das kein Thema. Die Versicherungswerbespots im Fernsehen, die meistens mit Schreckensszenarien werben, ignorierte sie einfach.

Trotzdem setzte sie nach meinem Seminar das Töpfesystem um. Zum Glück, wie sich später zeigen wird. Sie hat dazu bei ihrer Bank fünf Unterkonten eröffnet, Sparkonten und Tagesgeldkonten, die die jeweiligen Töpfe darstellen. Viele Banken bieten inzwischen kostenlose Unterkonten, Tagesgeldkonten oder Sparkonten an. Von ihrem Girokonto, dem Hauptkonto, ausgehend, hat Anna Sparaufträge und Daueraufträge eingerichtet, sodass Teile ihres Einkommens automatisiert auf die verschiedenen Unterkonten verteilt werden. Sie hält sich dabei an meine grobe Faustregel, eine Verteilung von 60, 10, 10, 10 und noch mal 10 Prozent:

Das Töpfesystem

Aus diesen Töpfen werden dann die vorher festgelegten Dinge bezahlt. Anna hätte die Aufteilung auch anders vornehmen können. Es geht vor allem darum, dass es für den Einzelnen gut passt. Die genauen Prozentwerte spielen keine so große Rolle. Ein Freund von ihr, der Unternehmer ist, hat zwei Töpfesysteme eingerichtet, eines für seine privaten Finanzen, das zweite für die Geschäftskonten seiner Firma. Die Töpfe in seinem Unternehmen heißen etwas anders: Steuerrücklagen, Investitionen, Notgroschen und Bildungskonto für die Mitarbeiter.

Anna war sich sehr bewusst darüber, dass es das Ziel des Töpfesystems ist, dass sie ihr Verhalten in Bezug auf ihre Finanzen verändert, um andere Ergebnisse zu produzieren. Deshalb wählte sie die prozentuale Verteilung der Töpfe auch so, dass es ihr nicht ganz leichtfallen würde, die Vorgabe einzuhalten. Sie bemerkte dann schnell die ersten Auswirkungen: Sie ging seitdem viel seltener shoppen und entdeckte, dass dadurch ziemlich große Summen frei wurden, die sie vorher in Jacken, Schuhe, Handtaschen und Kleider investiert hatte, die sie dann im Alltag doch viel zu selten getragen hatte.

Lassen wir jetzt für eine Weile Anna aus den Augen und schauen wir uns genauer an, was es mit den einzelnen Töpfen auf sich hat: Wofür nutzen wir welchen Topf?

Topf 1: Leben – 60 Prozent

Es gibt ein Hauptkonto, das Girokonto, auf dem dein Einkommen eintrifft: 100 Prozent. Von diesem Konto ausgehend bezahlst du dein normales Leben: Miete, Essen, Trinken, Kleidung, Hobby, Sport, Urlaub an der Ostsee (also nicht der Malediven-Urlaub), Auto, Bahnticket, Fahrrad. Auch das Abbezahlen von Krediten gehört dazu, ebenso wie die Ausbildung der Kinder. Das Auto sollte übrigens nicht mehr als maximal zwei Monatsgehälter kosten. Wenn es mehr wert ist, sollte man es lieber verkaufen und durch ein billigeres ersetzen. Niemand sollte fünf oder gar zehn Monatsgehälter in sein Auto investieren. Das ist unnötiger Luxus, und das Geld fehlt dann an anderer Stelle, wie gleich deutlich werden wird, wenn ich die anderen Töpfe beschreibe.

Diese Lebenshaltungskosten sollten jedoch niemals 100 Prozent betragen, wie es anfangs bei Anna der Fall war. Wir brauchen nämlich noch viel mehr Geld als nur das Geld für unser tägliches Leben: Wir brauchen ungefähr 40 Prozent unseres Einkommens für andere Zwecke. Auf dem Leben-Konto belassen wir also nur maximal 60 Prozent. Mit 60 Prozent anzufangen ist kein schlechter Start, später kannst du diese Zahl eventuell weiter reduzieren, zum Beispiel bei einer Gehaltserhöhung oder wenn du durch besseres unternehmerisches Handeln mehr Einkommen zur Verfügung hast. Viele Menschen bräuchten tatsächlich viel weniger zum Leben, wenn sie ihre unnötigen Konsumausgaben reduzieren würden, und bald wirst du einen immer besseren Sinn für unnötige Ausgaben entwickeln.

Es lohnt sich, unnötige Konsumausgaben zu reduzieren.

Die Leitfrage, um bei diesem Topf auf 60 Prozent oder weniger zu kommen, lautet:

Ist das wirklich nötig?

Wer sich diese Frage ernsthaft stellt, braucht für den Leben-Topf oft nicht mehr 60 Prozent, sondern nur noch 40 oder 30 Prozent. Wenn du so etwas magst, kannst du dir diese Frage auf eine Karte im Visitenkartenformat schreiben und ins Portemonnaie legen. Sie fällt dir in die Hände, wenn du gerade im Supermarkt eine Wärmedecke kaufen willst, die auf einem Stapel zum Super-Sonderpreis angeboten wird und mit der du Gemütlichkeit und Wärme assoziierst. Mithilfe der Karte erinnerst du dich dann daran, dass du ja einen Partner hast, der dir viel schöner und kuscheliger abends im Bett die kalten Füße wärmen könnte, außerdem kommen dir Berichte von Fällen in Sinn, in denen solche Decken einen Wohnungsbrand ausgelöst haben. Ist das wirklich nötig?

Topf 2: Große Anschaffungen – 10 Prozent

Neben dem Girokonto für die Lebenshaltungskosten kommt nun das erste Unterkonto ins Spiel, zum Beispiel ein Sparkonto bei derselben Bank – für große Anschaffungen. Zu diesen Anschaffungen zählen die Dinge, die du aus deinem Leben-Topf auf dem Girokonto nicht bezahlen kannst und willst: ein neues Auto oder Fahrrad, ein neues Dach für dein Einfamilienhaus, eine größere Reparatur in deiner Wohnung, eine neue Küche, eine neue Waschmaschine. Gerade diese Anschaffungen sind häufig der Grund, warum Menschen in Konsumschulden geraten. Mit dem Große-Anschaffungen-Topf bist du für notwendige, meist überraschend eintretende Notsituationen gewappnet bzw. kannst mit Käufen, die nicht unbedingt notwendig, aber schön für dich sind, so lange warten, bis du sie aus diesem Topf bezahlen kannst.

Natürlich könntest du auch auf einer alten Fahrradgurke für 20 Euro durch die Stadt fahren, aber ein schnelles, leichtes Fahrrad für 1000 Euro ist eine schöne und auch sinnvolle Anschaffung, wenn du damit jeden Tag anderthalb Stunden lang unterwegs bist. Auf deinem Große-Anschaffungen-Konto ist nach ein paar Monaten oder einem Jahr sicher Geld dafür vorhanden. Warte einfach diesen Zeitpunkt ab. Bis dahin lernst du etwas anderes: dich zu gedulden und Wünsche aufzuschieben. Das ist eine gute Übung in unserer zu Maßlosigkeit und Sofortkäufen verleitenden Konsumgesellschaft.

Geduld ist besser als Konsumschulden.

Topf 3: Bildung und Spaß – 10 Prozent

Der Topf »Bildung und Spaß« beinhaltet alles, was wir für Bildung, also Fortbildungen und Seminare im weitesten Sinne, Onlinekurse, gute Bücher, Hörbücher und Coaching ausgeben. Man kann das auch auf zwei Töpfe aufteilen – einen für Bildung, einen anderen für Spaß. Dann hättest du fünf Unterkonten bzw. insgesamt sechs Töpfe. Aber vielleicht gehört für dich ja beides zusammen? Für mich ist das so: Bildung und Spaß sind für mich ein- und dasselbe. Ich habe so viel Spaß, wenn ich an einer Fortbildung teilnehme! Für dich kann das anders sein, und dann ist es sinnvoll, dafür zwei verschiedene Töpfe einzurichten.

Warum ist es wichtig, einen eigenen Topf für Bildung zu haben? Wenn wir mehr wert sein und dadurch mehr Geld verdienen wollen, müssen wir in uns selbst investieren. Wir werden durch Fortbildungen automatisch wohlhabender. Viele Menschen drehen jedoch jeden Cent um, wenn sie überlegen, ob sie an einem Seminar teilnehmen. Genauso bei Büchern: Ein Buch kostet selten mehr als ein gutes Abendessen. Doch plötzlich überlegen die Leute dreimal, ob sie das Geld und die Zeit investieren sollten. Ja, sollten sie! Und genau dafür ist der Bildungs-Topf da: Wenn er gut gefüllt ist, können auch frühere Bildungs-Geizhälse ganz in Ruhe überlegen, welche tolle Fortbildung sie nun machen wollen. Das Gefühl, sich dafür etwas aus den Rippen schneiden zu müssen, ist weg – was für ein gutes Gefühl, über genug Geld für Bildung zu verfügen!

Kommen wir nun zum Spaß, der mit diesem Konto seinen Platz in deinem Leben finden wird. Beim Spaß geht es darum, etwas Schönes zu machen, ohne darauf achten zu müssen, was es kostet. Wir lernen dabei, wie sich finanzielle Freiheit anfühlt. Spaß bedeutet, Dinge zu tun, die wir uns normalerweise nicht leisten würden. Das kann ein Wellnesstag im Luxusresort sein oder ein Essen in einem besonderen Restaurant, in dem wir normalerweise nicht essen würden. Es kann auch ein toller und gleichzeitig teurer Urlaub sein. Oder ein schickes Kleid, eine edle Handtasche, eine schöne Uhr, ein Auto ohne Dach, wenn du den Topf eine Weile gefüttert hast. Luxus gehört in den Spaß-Topf. Das muss natürlich für jeden individuell passen, sonst ist es kein Spaß mehr. Für die eine ist ein Restaurantbesuch für 70 Euro gerade noch ein Spaß, für den anderen ist der Besuch bei »Cirque du Soleil« mit Karten für 190 Euro pro Person für die fünfköpfige Familie schon kein Spaß mehr, sondern purer Stress.

Spaß bedeutet, Dinge zu tun, ohne aufs Geld zu schauen.

Jetzt fragst du dich vielleicht, wie das vereinbar ist mit der Grundfrage für alle Ausgaben, die ich im Zusammenhang mit dem Leben-Topf formuliert habe: Ist das wirklich nötig? Nun, ganz einfach: Im Bildung-und-Spaß-Topf gelten andere Regeln: Es ist nämlich wichtig, dass wir uns reich *fühlen*, und das proben wir mithilfe des Spaß-Topfes. Wenn wir uns etwas Außergewöhnliches gönnen, programmieren wir uns auf Reichtum. Unser Unterbewusstsein wird durch das Genießen aktiviert und es sucht nach Wegen, wie wir mehr von diesem Spaß und dieser Lust an finanzieller Fülle in unser Leben bringen können. Dieser Topf zeigt uns also, wie sich »wohlhabend« anfühlt. Hier wird deutlich, dass das Töpfemodell mehr ist als nur eine technische Aufteilung deiner Geldvorräte.

Topf 4: Spenden – 10 Prozent

Dieser Topf ist einer meiner Lieblingstöpfe. Deshalb widme ich ihm – oder besser gesagt dem, wofür das Geld aus diesem Topf gedacht ist – den fünften Teil dieses Buches. Mein Ansatz ist, sein Geld zu einem gewissen Teil auch einzusetzen, um soziale und ökologische Verantwortung zu übernehmen. Und das heißt für die meisten Menschen ausschließlich oder neben einer ehrenamtlichen Arbeit, dass sie spenden. Wenn du übrigens selbstständig bist, kannst du als Unternehmen spenden, bevor du Steuern auf deinen Gewinn zahlst. Dadurch kannst du mehr Geld spenden.

Es gibt eine einfache Grundregel, die uns helfen kann, freigiebig zu spenden und uns darüber zu freuen:

Geld ist Energie, und wann immer wir etwas geben, bekommen wir etwas zurück. Seltener direkt, häufig auf anderen Wegen.

Spenden ist das größte Geheimnis wohlhabender Menschen. Es kommen Möglichkeiten in unser Leben, die wir vorher nie hatten. Es muss nicht immer Geld sein, das wir zurückbekommen. Es kann sein, dass wir etwas in anderer Form erhalten: Die unerwartete Hilfe von einem bisher Unbekannten zur richtigen Zeit. Eine »zufällige« Gelegenheit für ein Treffen mit einem Menschen, der später der wichtigste Auftraggeber der eigenen Firma wird. Was ist alles eine Spende? Spenden sind nicht nur die klassischen Spenden an eine wohltätige Organisation, sondern es können auch Spenden an einzelne Menschen in deiner Umgebung sein: »Gilt es auch als Spende, wenn ich ein Familienmitglied unterstütze, das nicht genug Geld hat?«, werde ich manchmal gefragt. Das entscheidende Kriterium ist, wie es sich für dich anfühlt. Wenn diese Person zum Beispiel sehr krank ist oder unverschuldet in eine existenzielle Notsituation geraten ist, warum sollte man dies nicht als Spende ansehen? Auch eine Unternehmerin, die jemanden aus guten Gründen kostenlos an ihrem Seminar teilnehmen lässt, spendet damit etwas.

Topf 5: Sparen – 10 Prozent oder mehr

Nun kommen wir zu einem weiteren meiner Lieblingstöpfe, den wir für die Geldvermehrung ganz konkret nutzen werden: den Spar-Topf. Er ist der Topf für deine finanzielle Unabhängigkeit. Damit werden Investments zur Geldvermehrung getätigt, zum Beispiel Rentenversicherungen, Lebensversicherungen und Immobilieninvestments. In meinem System ist das Ziel, ein regelmäßiges Einkommen aus der Börse zu generieren, aber auch Immobilien, die dir Mieteinnahmen einbringen, können für dich eine Möglichkeit des Investierens aus dem Spar-Topf sein.

Mit diesem Spar-Topf fangen wir also an, Einkommen aus Kapital zu generieren. Mit einem Dauerauftrag für diesen Topf richtest du dein Mindset auf Vermögensaufbau aus. Du nutzt den Spar-Topf nur, um dein Vermögen aufzubauen und zu diesem Zweck zu investieren, zum Beispiel in Aktien. Aus der Rendite generierst du immer mehr ein Einkommen, das mit der Zeit dein bisheriges Einkommen ersetzt. Für was geben wir nicht alles Geld aus, während wir uns selbst nicht oder nur schlecht bezahlen? Um das zu ändern, nimmst du nichts aus diesem Topf heraus, sondern tust nur hinein, bis du von den Zinsen leben kannst. Dann bist du irgendwann finanziell unabhängig.

Das ist der Topf für deine finanzielle Unabhängigkeit.

Wenn das schnell gehen soll, tu mehr rein, 30 oder 40 Prozent, dann bist du schneller finanziell frei. Dieser Topf sollte nämlich auch möglichst schnell voller werden. Es kommt sonst immer etwas dazwischen. Du musst dich selbst also zuerst bezahlen. Ganz wichtig ist, dabei zu bedenken: Ein höheres Einkommen macht nicht automatisch finanziell frei. Die meisten, die viel Geld haben, geben auch viel Geld aus. Dann bleibt fürs Sparen nichts übrig und damit auch nichts, um sich ein finanziell unabhängiges Leben aufzubauen. Es geht also auch um Selbstbegrenzung, auf die ich später noch ausführlicher eingehen werde. Wenn du dem Universum oder Mutter Natur oder wie du es nennen magst nicht beweist, dass du mit 1000 der 2000 Euro netto umgehen kannst, indem du einen Teil sparst, dann wirst du auch nicht mehr Geld generieren.

Der Spar-Topf unterteilt sich nochmals, sodass sich drei Untertöpfe ergeben:

- einer für Investments, wie ich es eben beschrieben habe,
- einer für Notgroschen (zwei bis drei Monatsgehälter) und
- einer als Ruhig-schlafen-Konto mit sechs bis 18 Netto-Monatsgehältern bei Angestellten bzw. zwölf bis 24 Netto-Monatsgehältern bei Selbstständigen.

Anna macht das übrigens sehr gut, sie kann uns deshalb als Vorbild dienen: Sie spart einen Teil ihres Einkommens, sie zahlt also jeden Monat Geld auf dieses Konto ein, zahlt sich aber nie etwas aus. Sie hat sich zum Beispiel niemals Geld aus diesem Topf genommen, um sich neue Kleidung zu kaufen. Auch als sie ein neues Auto gebraucht hat, ist Anna erst mal ein Jahr lang nur Fahrrad gefahren, hat ab und zu ein Taxi oder Carsharing-Autos genutzt. Einmal ging ihre Waschmaschine kaputt, daraufhin hat sie eine Weile bei ihrer Nachbarin Wäsche gewaschen.

Anna befüllt ihren Spar-Topf inzwischen mit mehr als 15 Prozent ihres Einkommens von monatlich 2.000 Euro netto. Sie spart also rund 300 Euro monatlich, denn sie hat verstanden, dass sie sofort damit beginnen muss und dass sie enorm profitiert, wenn sie möglichst viel in diesen Topf einzahlt. Sie hat den Topf wie vorgeschlagen unterteilt: Das Notgroschen-Konto ist ein Tagesgeldkonto, an das sie im Notfall sofort rankommt. Inzwischen sind dort drei Monatsgehälter geparkt, 6000 Euro, die sie gleich zu Beginn dort angesammelt hat. So weiß sie, dass sie in jeder Situation aus der Stärke heraus agieren kann. Wenn sie zum Beispiel ein Gehaltsgespräch mit ihrem Chef führt, kann sie selbstbewusster verhandeln, weil sie sich nicht abhängig fühlen muss.

Wer unabhängig ist, kann aus der Stärke heraus agieren.

Seit Kurzem spart sie weitere 10 Prozent ihres Einkommens für einen Ruhig-schlafen-Vorrat an. Ihr Ziel sind neun Monatsgehälter, sodass dann rund 18.000 Euro auf ihrem Tagesgeldkonto liegen. Diese 18.000 Euro wird sie nicht investieren, sondern sie lässt sie auf dem Konto liegen, im Notfall sofort verfügbar. Damit schläft sie nun mit einem vorher nicht gekannten Sicherheitsgefühl. Bei einer Krankheit, in einem Notfall, in einer finanziellen Krise wird sie ungefähr ein Jahr davon leben können, wenn sie sich einschränkt: 18.000 Euro, die ihr ermöglichen, bedächtig und nicht aus Panik heraus wichtige Schritte zu veranlassen, um sich neu auszurichten, um die Krise ohne Geldsorgen zu überstehen und dabei weder in die Schuldenfalle zu geraten noch ihre finanzielle Souveränität zu verlieren. Sie wird ihre Rechnungen bezahlen können, muss keine demütigenden Bittgespräche mit dem Vermieter ihrer schönen Wohnung oder der Bank führen oder gar ausziehen. Sie wird weiter ihrer chronisch kranken Schwester finanziell aushelfen können. Was für eine Sicherheit, was für eine Verantwortung und Fürsorge, die sie da für sich selbst und sogar für andere übernimmt! Anna ist daran gewachsen, man sieht es ihr an, sie wirkt viel selbstbewusster und klarer, wie sie da vor mir steht und von ihren gut gefüllten Konten erzählt.

Das dritte Drittel in ihrem Spar-Topf, also 5 Prozent, nutzt sie, um ihr Vermögen weiter aufzubauen. Anna macht das ungewöhnlich konsequent – deshalb erzähle ich hier auch so gern von ihr. Es ist nämlich bemerkenswert, wie viele Menschen das nicht tun. Jahrzehntelang glauben sie, wenn sie irgendwann mal genug verdienen, würden sie anfangen, Geld beiseitezulegen – nur eben gerade jetzt noch nicht. Das ist auch kein Wunder, wenn man sich das klassische Leben ansieht: Nach dem Schulabschluss kommt das Studium, die Ausbildung, man zieht zu Hause aus, dann kommt das erste Auto, die erste Wohnung, der erste Freund. Dann bindet man sich fester, heiratet eventuell, vielleicht bekommt man Kinder, kauft eine Wohnung oder ein Haus, und wir alle kennen das: Fürs Sparen bleibt leider nichts übrig.

Das Sparen auf »später« zu schieben ist Selbstbetrug.

Auch hier gilt wieder: Wir lernen nirgends einen guten Umgang mit Geld. Deshalb bezahlen die meisten sich selbst nicht. Doch alle, die glauben, dass sie »später« sparen, machen sich nur etwas vor und bringen sich um ihre eigene Zukunft. Deswegen ist der Spar-Topf so wichtig. Du solltest wie Anna konsequent mindestens 10 Prozent oder möglichst mehr dort einzahlen, denn damit bezahlst du dich selbst. Konsequent.

Anna hatte übrigens nach einiger Zeit mit dem Töpfesystem eine kräftige Gehaltserhöhung bekommen. Erst träumte sie von schicken neuen Möbeln für ihre Wohnung, aber nach einer Weile ließ sie von dieser Idee ab. Stattdessen gab sie genauso viel Geld aus wie bisher. Dadurch konnte sie ihren Spar-Topf auf die 15 Prozent ausweiten, von denen ich vorhin erzählt habe. Und ihr Weihnachtsgeld? Das überweist sie immer gleich auf ihr Ruhig-schlafen-Konto, denn da dauert es noch eine Weile, bis sie ihr Ziel von sechs Monatsgehältern erreicht hat.

An dieser Stelle ein genereller Hinweis zum Thema Gehaltserhöhung und Bonus: Spare mindestens 50 Prozent des zusätzlichen Geldes. Denn das ist Geld, das du nicht einkalkuliert hast. Du musst es also nicht verbrauchen.

Was ist mit Schulden? Ich bin sehr dafür, die Hälfte des Sparanteils für die Tilgung der Schulden zu nutzen und die andere Hälfte für den Spar-Topf. Sonst bekommen Menschen mit Schulden irgendwann ein Motivationsproblem. Du solltest parallel zum Schuldenabbau mit dem Spar-Topf ins Investieren kommen. Sonst hast du in zwei Jahren zwar endlich eine schwarze Null auf dem Konto, aber kein Vermögen aufgebaut. Zahle lieber über mehrere Jahre hinweg deine Schulden ab und baue dafür schon ein Vermögen auf. Auf einen guten Umgang mit Schulden gehe ich an späterer Stelle noch ausführlicher ein.

Mit dem Töpfesystem programmierst du dich auf finanzielle Fülle

Wo steht Anna heute? Anna hat im Umgang mit Geld viel dazugelernt. Sie hat erfahren, dass sie große Summen in ihrem Töpfesystem auf die Unterkonten verteilen kann, ohne dass sie sich dramatisch in ihrem Lebensstil einschränken muss: »Merkwürdig, ich habe nicht das Gefühl, weniger Geld zur Verfügung zu haben als vorher. Es ist, als ob mir das Töpfesystem dabei hilft, mehr Geld zu haben. Wofür habe ich das vorher nur alles ausgegeben? Ich fühle mich viel souveräner und erwachsener im Umgang mit meinen Finanzen. Und das Notgroschen-Konto und das Ruhig-schlafen-Konto geben mir ein sensationell gutes Gefühl von Sicherheit. Ich stehe drüber, weil ich ein Polster habe.«

Wer ein Polster hat, sieht vieles gelassener.

Man sieht ihr ihre neue Souveränität an. Ich finde, sie ist in den zwei Jahren gereift. Sie wirkt verantwortungsvoller, weniger mädchenhaft-unbekümmert, und als wir in lockerer Runde zusammenstehen, beobachte ich, dass sie – im Vergleich zu damals – von den anderen ernster genommen wird. Ich freue mich. Das Töpfesystem funktioniert. Und es wirkt.

Nun ist ein guter Zeitpunkt, um die Auswirkungen und den tieferen Sinn des Töpfesystems zusammenzufassen: Zuerst einmal kannst du damit verschiedene neue Fähigkeiten für ein gutes Geldverhalten einüben. Denn um andere Ergebnisse bei deinen Finanzen zu erzielen, musst du dein Verhalten ändern. Deshalb solltest du die prozentuale Verteilung der Töpfe auch so wählen, dass du dich strecken musst. Auf diese Weise kommst du nicht in die Situation, sagen zu müssen: »Verdammt, meine Kosten sind so aus dem Ruder gelaufen, dass immer noch nichts übrig bleibt.« Ich bin heute felsenfest davon überzeugt: Wenn du es nicht schaffst, mit 2000 Euro netto gut umzugehen und dein Leben ohne Schulden und mit einem finanziellen Polster zu gestalten, dann wird dein Geld auch nicht mehr werden. In dem Moment, in dem du dir selbst und dem Leben beweist, dass du mit Geld umgehen kannst, bekommst du auch mehr. Erst dann.

Es geht auch darum, dass du dich auf Reichtum fokussierst und programmierst: Du hast ein anderes Lebensgefühl, eines, in dem Fülle herrscht, wenn du jeden Monat 10 oder 15 Prozent sparst, denn es sammelt sich in diesem Topf recht schnell eine gute Summe an. Genauso verhält es sich mit dem Spenden-Topf: Was für ein Gefühl der Fülle, wenn du freigiebig und großzügig diese Summen spenden kannst und weißt, dass du damit Menschen hilfst und zu einem guten Zweck etwas beiträgst! Und die kaputte Waschmaschine? Die bringt dich nicht aus der Ruhe, weil du auch dafür vorgesorgt hast. Souverän legst du die 1000 Euro für das neue Modell bei der Dame im Waschmaschinengeschäft auf den Verkaufstresen. Mit der Zeit passt du deine Gefühle und Gedanken an dein gutes Geldverhalten an. Und dann siehst du immer mehr Auswirkungen in deinem Alltag: Du hast dich auf finanziellen Erfolg programmiert.

Programmiere dich auf Reichtum!

Während du all dies tust und deine Erfahrungen mit dem neuen System machst, lernst du sensationell viel über dich selbst und deinen Umgang mit Geld. Du beobachtest dich und ziehst deine

Schlüsse. Wie konsequent bist du beim Töpfesystem und überhaupt in deinem Leben? Sagst du zum Beispiel: »Ach sch… drauf, das passt schon irgendwie«? Nimmst du es auch sonst mit Geld nicht so genau und lässt dir dadurch viel entgehen? Sagst du auch an anderen Stellen im Leben »Kommt nicht so drauf an« und nimmst dich damit selbst nicht ernst? Bist du generell ehrlich zu dir selbst oder betrügst du dich bei dem, was du dir vorgenommen hast? Bist du diszipliniert? Und wie steht es um dein Durchhaltevermögen?

Oder bist du zum Beispiel geizig beim Spenden? Vielleicht denkst du insgeheim: »Der Philipp sagt, ich soll auch fürs Spenden 10 Prozent einplanen. Naja, bei den anderen Töpfen mache ich das so einigermaßen, aber beim Spenden kommt es wohl nicht so darauf an. Diesen Monat lasse ich diesen Topf mal aus, und nächsten Monat auch noch. Es ist ja bald Weihnachten und ich brauche das Geld für Geschenke.« Wie freigiebig bist du sonst in deinem Leben? Nimmst du immer nur oder gibst du auch? Nutzt du andere sogar aus? Kennst du überhaupt das Glück und die Freude, die aus dem Geben entstehen?

Kurz gesagt:

Wenn du deine Handlungen im Zusammenhang mit deinen Finanzen reflektierst, entwickelst du auch deine Persönlichkeit weiter.

Andersherum gilt natürlich auch:

Durch die Weiterentwicklung deiner Persönlichkeit verändert sich dein Geldverhalten.

Das Töpfesystem hilft dir dabei. Damit allein ist es natürlich nicht getan. Es gibt noch viel mehr, was du für ein gutes Geldverhalten tun kannst. Sehen wir uns in den folgenden Kapiteln genauer an, wie du mit verschiedenen Verhaltensweisen Wohlstand aufbauen, Schulden abbauen und zukünftig vermeiden sowie mit einem maßvollen Konsumverhalten immer mehr Geld in dein Leben holen kannst, ohne dabei gierig, geizig oder verbissen zu werden.

7. Auf dem Weg zum Wohlstand – Einkommen erhöhen durch gutes Geldverhalten

In meinem Seminar saß mal ein Ehepaar, und als wir uns gerade mit dem Thema Geldverhalten beschäftigten, habe ich die beiden gefragt: »Wer hat bei euch das Bargeld dabei?« Der Mann, Ende 40, lächelte breit, schaute mir irgendwie herausfordernd in die Augen und legte mit großer Geste einen Haufen 50-Euro-Scheine auf den Tisch, auch ein paar Zwanziger und einen Hunderter. Neben ihm saß seine Frau. Sie blickte die ganze Zeit auf die Tischfläche vor ihr und sah etwas betreten aus. Bei ihr lag nichts. Ich habe sie nur freundlich angelächelt.

In dem Moment raffte sie sich auf, setzte sich gerade hin und sagte dann wie aus der Pistole geschossen: »Er hat unser Geld.«

»Ah, *er* hat *unser* Geld.«

Zuerst dachte ich: klassische Aufteilung der Rollen.

»Äh nein«, legte sie nach. »Er hat sein Geld und mein Geld.«

Ich stutzte.

»Interessant! Sie hat eine finanzielle Aufteilung, von der er nichts weiß. Inoffizielle Gütertrennung.«

90 Leute im Seminarraum lachten. Er zog eine ziemliche Flappe.

Ich ließ die beiden dann in Ruhe, denn es ging ja nur um das Beispiel. Doch was sagen ihre Antworten wohl darüber aus, wie die beiden mit Geld umgehen? Ich hatte nur eine einzige Frage gestellt und den beiden zugehört. Und doch hatten sie mir in dem Moment ihre gesamte Haltung zum Thema Geld offenbart. Man kann fragen: Übernimmt man in einer Ehe Verantwortung für die eigenen Finanzen? Wie stark orientiert sich ein Partner generell am anderen, anstatt die volle Verantwortung fürs eigene Leben und die

Beziehung zu übernehmen? Rechnen die Ehepartner heimlich getrennt und der jeweils andere weiß nichts davon? Warum rechnen sie getrennt? Ist einer vielleicht schon auf dem Absprung aus der Ehe? Will der eine, in diesem Beispiel der Mann, überhaupt, dass der andere genauso viel Verantwortung für Geldfragen übernimmt, oder ist er ganz froh, dass er die Finanzen allein im Griff hat? Kommunizieren die beiden auf Augenhöhe, wenn sie über Geldfragen reden? Sind sie überhaupt auf Augenhöhe in ihrer Beziehung?

Wie stehst du zu Geld? Das Bargeld in deiner Tasche

Ich möchte dir jetzt einige Fragen stellen. Die Antworten darauf verraten dir etwas über deine Einstellung zum Geld: Wenn du draußen unterwegs bist, hast du dann Bargeld dabei? Hast du vielleicht sogar mehr als 500 Euro in der Tasche? Oder mehr als 1000 oder 2000 Euro? Oder hast du gar kein Bargeld, weil du alles mit deiner Kredit- oder Girokarte bezahlst? Ich höre in meinen Seminaren Antworten wie »Bestimmte Sachen bezahle ich immer mit Kreditkarte«, »Bargeld gebe ich beim Bäcker oder wenn ich essen gehe«, »Ich habe nur ein paar 10-Euro-Scheine und etwas Hartgeld im Portemonnaie, dann kann mir nicht viel geklaut werden« oder »Ich vermeide alles Papier, wo es nur geht, also auch Papiergeld«.

Hast du eine Idee, warum wir hier über Bargeld in der Tasche sprechen? Nun, alles, was wir im Zusammenhang mit Geld tun, zeigt uns, wie wir beim Thema Geld ticken. Wenn du dir selbst zuhörst, wie du über Geld sprichst, weißt du, wie du über Geld denkst. Wenn du auf dein Konto schaust, verraten dir deine Gefühle, was Geld für dich bedeutet. Und an deinem Verhalten im Zusammenhang mit Bargeld kannst du wiederum erkennen, wie du mit Geld umgehst. Ich stelle dir nun verschiedene Geld-Typen vor, die ich im Laufe der Jahre in meinen Seminaren entdeckt habe. Du kannst dann entscheiden, zu welchem Typ du gehörst, und deine Schlüsse daraus ziehen.

Finde heraus, wie du beim Thema Geld tickst.

Der Safe-Typ: Safe-Typen haben ihr Geld im Safe anstatt in der Tasche, wenn sie unterwegs sind. Sie fühlen sich sicher, wenn sie wissen, dass ihr Geld im Safe liegt. Das ist für sie ein gutes Gefühl. Auf der anderen Seite haben sie Angst, beklaut zu werden.

Als ich einmal an einer Tankstelle mein Bündel 50- und 100-Euro-Scheine aus der Tasche zog, sagte hinter mir jemand mit strenger Lehrerstimme: »Haben Sie keine Angst, dass Ihnen das geklaut wird?« Ich drehte mich um und blickte in das schmale Gesicht einer ungefähr 50-jährigen Frau. Dunkle kurze Haare, Blazer und Jeans, Absatzschuhe.

»Wer soll mir das klauen? Greifen Sie mir etwa von hinten in die Hosentasche?«

Sie starrte mich kurz entsetzt an. Dann mussten wir beide lachen.

In meinem Seminar saß mal eine andere interessante Variante der Safe-Fraktion, eine Schweizerin namens Livia. Ich räumte gerade mein Geld aus der Hosentasche, um zu zeigen, wie viel ich immer bar dabeihabe, und bat die Teilnehmenden, dies auch zu tun. Livia langte in ihren Blazer. Vor ihr auf dem Tisch lagen schon einige Häufchen mit Schweizer Franken und Euro. Aber es ging weiter. Als Nächstes kramte sie in ihrem Rucksack und holte einen weiteren Packen heraus. Inzwischen war Stille im Raum. Jetzt kam ihr Gürtel dran, dann ihr BH, danach ihre Stiefel. Wir staunten alle nicht schlecht.

»Ja, Philipp, wir Schweizer gehen auf Nummer sicher«, sagte sie mit ihrem langsamen Schweizer Dialekt.

Wir haben alle herzlich gelacht. Doch so lustig das war, der Kern bleibt: Menschen, die ihr Geld im Safe oder im Stiefel aufbewahren, sind wohl misstrauisch gegenüber anderen. Der Grund ist meiner Erfahrung nach oft, dass sie sich nicht wohlfühlen mit ihrem Geld. Manche Leute meinen, Geld wäre schmutzig. Das kann dazu führen, dass das Geld weder lange bei ihnen bleibt noch mehr wird. Und auch ein zweiter Punkt trifft bei dieser Fraktion häufig zu: Es ist nicht nur so, dass sie fürchten, sie könnten beklaut werden. Sie haben häufig auch keine Lust, auf ihr Geld aufzupassen, oder sie haben Angst, es zu verlieren.

Safe-Typen fühlen sich mit ihrem Geld unwohl.

Der Karten-Typ: Diese Leute bezahlen fast alles bis auf Kleinstbeträge mit ihrer Karte. Gehörst du dazu? Wie viel Geld gibst du aus? Kannst du gut haushalten? Es ist bekannt, dass Menschen mit Giro-

oder Kreditkarte vier bis fünfmal schneller und mehr Geld ausgeben, als wenn sie mit Bargeld bezahlen. Warum ist das so? Ganz einfach deshalb, weil man kein so gutes Gefühl für die Ausgaben hat, wenn man mit Karte zahlt, statt einen Schein über den Tresen zu reichen. Der Geldschein zeigt uns genau, wie viel wir gerade ausgeben: Wir holen das Portemonnaie aus der Tasche, ziehen einen passenden Schein hervor, prüfen, ob es auch wirklich ein Fünfziger und kein Zehner ist, reichen ihn der Dame an der Kasse, sehen ihn in der Kasse verschwinden, bekommen Wechselgeld heraus. Beim Bezahlen mit der Girokarte sehen wir nur im letzten Moment des Bezahlvorgangs kurz eine Zahl auf dem Display und die Abbuchung läuft unbemerkt im Hintergrund. Erst viel später, wenn überhaupt, wenn wir unser Konto überprüfen, sehen wir den Betrag noch mal und fragen uns dann vielleicht: War das wirklich nötig?

Wer mit Karte zahlt, gibt mehr aus.

Wie ist das bei dir? Machst du dir bewusst, wie viel – meist sehr, sehr hart verdientes – Geld du da gerade ausgibst, indem du deine PIN-Nummer eintippst, vielleicht für eine neue Hose, die du gar nicht brauchst, weil du bereits sieben andere im Schrank hängen hast?

Der Ehepaar-Typ: Dann gibt es noch den im Eingangsbeispiel geschilderten Typ: »Er hat unser Geld.« Was soll ich dazu sagen? Liebe Ehefrauen, liebe Ehemänner, ihr könnt niemals reich werden, wenn ihr euch nicht selbst um eure Finanzen kümmert. Hört auf, die Verantwortung für euer Geld an den Partner zu delegieren! Der kann nämlich auch irgendwann ausfallen oder ganz weg sein – schwer krank, getrennt, gestorben. Oder er hat zwar die Verantwortung für das Geld, geht aber nicht gut mit dem Geld um. Willst du dein Geld jemand anderem überlassen, obwohl du zum Beispiel mithilfe dieses Buches längst weißt, wie man sich viel besser und geldfördernder verhält? Du hast – egal, ob Mann oder Frau – keine Chance, wohlhabend zu werden, wenn du keine Verantwortung für dein Geld übernimmst.

Der Bargeld-Typ: Die letzte Fraktion ist besonders interessant für uns: Der Bargeld-Typ hat mehr als 500 oder 1000 Euro Bargeld in der Tasche. Was ist das für ein Typ Mensch, der so viel Geld bei sich trägt? Ich bin so ein Bargeld-Typ. Ich habe immer viel Geld, sowohl in der Tasche als auch auf dem Konto. Wenn wir viel Geld liquide haben, können wir Chancen ergreifen. Wenn zum Beispiel etwas besonders günstig angeboten wird, was ich ohnehin kaufen will, dann will ich es kaufen können. Für mich steht das viele Geld in der Tasche für eine Möglichkeit. Ausreichende Liquidität ist ein Geheimnis wohlhabender Menschen. Zudem kannst du dich damit wohlhabend fühlen. Wer mit 1000 Euro in der Tasche herumläuft, kann spüren und einüben, wie es sich anfühlt, viel Geld zur freien Verfügung zu haben. Er kann aber auch bemerken, dass er die Möglichkeiten nicht nutzen muss: Die Frage »Ist das wirklich nötig?« kann man leichter und freier verneinen, wenn man die Möglichkeiten hat. Leichter, als wenn man mit dem Gefühl herumläuft, von Dingen umgeben zu sein, die man sich nicht leisten kann.

Wer viel Geld bei sich trägt, kann Chancen ergreifen.

Werde ein Bargeld-Typ!

Probier es einfach mal aus: Nimm 1000 Euro oder 500 Euro oder auch 100 Euro Bargeld. Trage es bei dir, wenn du rausgehst. Es kommt nicht so sehr darauf an, wie viel es ist, es soll nur deutlich mehr Geld sein, als sonst für dich üblich ist. Es soll dich fordern, du musst dich strecken und deine Komfortzone verlassen.

Und nun beginne, dich damit wohlzufühlen. Das Geld wird zu dir kommen, ich verspreche es dir. Und sobald du das bemerkst, finde sofort heraus, was du mit dem Geld sinnvollerweise machen willst. Was ist dein persönlicher Sinn, den du mithilfe dieses Geldes voranbringen willst?

Einmal bekam ich eine E-Mail von einem jungen Seminarteilnehmer, nachdem ich die eben beschriebene Übung als Hausaufgabe in meinem Seminar gestellt hatte. Er war gerade mal 20 Jahre alt und schrieb mir, dass er neben dem Studium kellnert. Er hat meine Hausaufgabe vorbildlich umgesetzt: Beim Kellnern hatte er 200 Euro in der Tasche.

»Weißt du was, Philipp«, las ich in seiner E-Mail, »ich habe gleich an diesem ersten Abend das doppelte Trinkgeld bekommen! Ein paar Tage später hatte ich 400 Euro in der Tasche und habe noch mehr Trinkgeld bekommen. Es funktioniert!«

Ich habe mich riesig gefreut. Und ich las weiter: »Als ich genug zusammenhatte, habe ich mir einen Audi R8 Spyder ausgeliehen und eine Probefahrt gemacht. Das war geil, Superauto! Läuft!«

Ich merkte beim Lesen, wie sich mein Magen zusammenzog. Alle Freude, die ich eben noch beim Überfliegen der E-Mail empfunden hatte, war verpufft. Eine Enttäuschung machte sich in mir breit, als ob mir jemand die Energie aus den Muskeln zöge, und auch Ärger stieg jetzt in mir auf. Ich hätte ihn am liebsten geschüttelt und ihm zugerufen: »Junge, hast du nichts Besseres mit deinem Geld vor, als an ein teures Auto zu denken? Du musst noch viel lernen über Wohlstand, Lebenssinn und verantwortungsvolles Geldverhalten. So wird das Geld jedenfalls nicht bei dir bleiben, weil du das, was du mehr verdienst, für absolut unnötige Konsumartikel und anderen Schnickschnack ausgeben wirst. Finde erst dein persönliches Warum, dann können wir in ein paar Jahren nochmal über Geld und Wohlstand reden.« Scheinbar hatte er die wichtigste Botschaft hinter den Geldregeln noch nicht verstanden: dass wir Geld mit einem persönlichen Sinn verknüpfen müssen.

Wir müssen Geld mit Sinn verknüpfen.

Für alle anderen, die mit ihrem Geld etwas Sinnvolles anfangen wollen, habe ich weitere Vorschläge für gutes Geldverhalten. Schauen wir uns zuerst einmal Ansätze an, die dabei helfen, im Job zu mehr Geld zu kommen. Ich verspreche dir, da ist bei jedem und jeder noch ungenutzter Spielraum. Die ersten Vorschläge betreffen vor allem Angestellte, danach geht es um Unternehmerregeln, von denen wiederum auch Angestellte viel lernen können. Das Unternehmertum sorgt dafür, dass man sich direkter und an vielen Stellen im Job mit gutem Geldverhalten auseinandersetzen muss. Aber auch Angestellte haben genug Möglichkeiten.

Die Trennung zwischen Angestellten und Unternehmern ist sowieso unscharf. Ein Beispiel ist das Thema Loyalität: Für Angestellte ist die Loyalität gegenüber den Vorgesetzten wichtig, bei Unternehmern entspricht das der Loyalität gegenüber Kunden. Dann gibt es noch Prinzipien wie »in sich selbst investieren« oder »verhandeln«

sowie »überzeugen und begeistern«, die immer und für alle gelten. Such dir einfach das heraus, was dir am meisten zusagt oder was dir als Herausforderung erscheint, wo du also ein Entwicklungspotenzial spürst.

Freiwillig melden und engagierter arbeiten

Wenn dein Chef wieder mal eine Aufgabe zu vergeben hat, auf die niemand Lust hat, meldest du dich und sagst mit deinem schönsten Lächeln: »Das mache ich gern.« Und dann machst du das auch wirklich! Dein Chef wird am Anfang denken: »Der hat einen Knall!« Oder er grübelt: »Was führt der im Schilde?« Egal, du machst das einfach. Du bist morgens der Erste und abends der Letzte. Zugegeben, das ist nicht bei jedem Arbeitgeber sinnvoll, es geht einfach darum, dass du generell ein bisschen mehr machst. Wenn du im Schnitt acht Stunden am Tag arbeitest, arbeitest du in Zukunft achteinhalb. Du musst auch nicht groß darüber reden, das sollen lieber die anderen übernehmen. »Hey, der Müller, der hat einen Knall, habt ihr schon mitgekriegt, der bleibt jetzt immer eine halbe Stunde länger!« Es ist viel besser, wenn ein anderer dem Chef davon erzählt, als wenn du es selbst tun würdest. Also: Arbeite mehr. Übertreibe es nicht, aber ein paar Überstunden sollten drin sein. Das ist mein erster Vorschlag, um langfristig mehr Geld zu verdienen. Es bereitet die weiteren Entwicklungen vor.

Loyal sein

Ein weiterer Vorschlag kommt aus meiner Chef-Perspektive. Denn es gibt eine Sache, die ich als Chef niemals verzeihe, und das ist illoyales Verhalten. Ich habe für meine Mitarbeiter immer den Kopf hingehalten, wenn irgendwas schiefgelaufen ist. Kein Problem, ich stehe absolut hinter ihnen. Aber wenn ich erlebe, dass jemand mir gegenüber nicht loyal ist, in welcher Form auch immer, kann er direkt seine Sachen packen. Da gibt es keine zweite Chance.

Loyalität heißt übrigens nicht, zu allem Ja und Amen zu sagen. Es geht mir darum, dass niemand hinter seinem Rücken schlechtgemacht wird. Dieses Schlechtreden passiert leichter, als wir denken: Auf dem Flur wird schnell mal getratscht über den Chef oder die lieben Kollegen. »Was hat *der* denn wieder gemacht? Das ist ja unmöglich!«, »Oh nein, wie kann man nur, das gibt's doch nicht!« Wie oft erwischst du dich selbst dabei?

»Was hat das bloß mit Geld zu tun?«, denkst du nun vielleicht. Beim Thema »Respekt« im nächsten Teil des Buches werden wir ausführlich darauf zurückkommen. Hier nur so viel: Wenn das nächste Mal deine Kollegen auf dem Gang wieder anfangen, über den Dicken, über den Faulen, über den Stinkenden zu reden, drehst du dich um, sagst nichts, denkst dir aber: »Ihr seid keinen Deut besser. Die Person, über die ihr gerade lästert, stinkt vielleicht, aber ihr erst recht.« Loyalität ist auf Dauer eine der bestbezahlten Eigenschaften im Unternehmen. Dazu gehört auch ganz direkt die nächste Regel.

Loyalität ist eine der bestbezahlten Eigenschaften.

Wertschätzen

Begegne anderen mit Wertschätzung! Ich meine damit eine grundsätzlich wertschätzende Haltung bei deiner Arbeit und im Umgang mit Kollegen und Vorgesetzten. Man kann sich öfter mal bedanken: »Danke, dass du gestern eingesprungen bist, als ich wegmusste wegen meiner Tochter. Das hat mir sehr geholfen«, oder auch: »Vielen Dank für deinen Kommentar gestern, da war ich gleich viel weniger gestresst.« Oder man kann eine positive Eigenschaft direkt benennen: »Toll, dass du immer so gut zuhörst, bevor du einen Rat gibst!«

Es geht dabei sicher nicht darum, sich einzuschleimen. Das Ziel ist vielmehr, dass du deine Wertschätzung so vermittelst, dass die anderen sie auch spüren. Mehr nicht. Du kannst eine andere Meinung haben und andere kritisieren. Aber eben offen, nicht hintenrum. Und wertschätzend und respektvoll, auch wenn du auf der Sach- oder auf der Beziehungsebene noch so sehr anderer Meinung bist: »Ich habe gemerkt, dass ich da grundsätzlich anderer Meinung bin. Ich finde, Sie sollten meine Kollegin unbedingt sehr ernst nehmen, wenn sie sagt, sie schafft die Aufgaben einfach nicht mehr.«

Wir werden uns in späteren Kapiteln diesem wichtigen Thema noch viel ausführlicher widmen, denn beim Wertschätzen geben wir uns selbst, anderen und anderem einen hohen Wert. Wir entwickeln uns und haben dann einen Sinn für Wert und Selbstwert. Es liegt wohl auf der Hand, dass das wiederum sehr viel mit Geld zu tun hat.

Bezahlung verhandeln

Die ersten drei Punkte waren in gewisser Weise Vorarbeiten für das, was jetzt kommt. Ein amerikanischer Präsident sagte mal den klugen Satz: »Frag dich nicht, was dein Land für dich tun kann, sondern frag dich, was du für dein Land tun kannst.« Nachdem du die bisherigen Vorschläge einige Zeit, mindestens sechs, besser zwölf Monate befolgt hast, gehst du zu deinem Chef oder Personalleiter und bittest um ein Personalgespräch. Wenn du selbstständig bist, hast du – entweder selbst oder mithilfe deiner Mitarbeiter – dieselben Vorschläge gegenüber deinen Kunden umgesetzt. Jetzt gehst du zu deinem Auftraggeber und bittest um ein Gespräch.

Ein einziges Gespräch bringt mehr Geld auf dein Konto.

Dieses Gespräch – gleich, ob mit dem Chef oder dem Auftraggeber – ist der entscheidende Moment, der ganz konkret zu mehr Geld auf deinem Konto führen kann. Du stellst darin nur eine einzige Frage. Um es konkreter zu machen, spiele ich das am Beispiel eines Angestellten und mit einer großen Zahl durch. Du solltest das natürlich auf deine Situation anpassen. Ich denke immer groß, deswegen die große Lohnerhöhung im Beispiel. Die Frage lautet:

»Lieber Chef, was muss ich für unsere Firma tun, um in zwölf Monaten 10.000 Euro mehr zu verdienen? Welchen Wert muss ich schaffen, damit Sie sagen, ich bin 10.000 Euro mehr Gehalt wert?«

Ich frage übrigens manchmal bei Vorträgen oder in meinen Seminaren, wer unter den Teilnehmenden mit Personalverantwortung jemals diese Frage von einem seiner Mitarbeiter gestellt bekommen hat. Fast nie geht da eine Hand hoch.

Möglicherweise antwortet der Chef: »Och, das weiß ich nicht.«

Darauf kannst du erwidern: »Ich habe natürlich Verständnis, dass

Sie das nicht sofort beantworten können. Die Frage ist vermutlich auch nicht ganz gewöhnlich. Deshalb lassen Sie uns Folgendes vereinbaren: Wir treffen uns nächste Woche zu einem zweiten Gespräch und dann sagen Sie mir bitte, was ich tun kann und was ich lernen muss, sodass Sie ruhigen Gewissens mein Gehalt um 10.000 Euro erhöhen können.«

Und wenn du eine Woche später merkst, dass dein Chef nicht mit dir über die Brücke geht, dann kannst du ganz entspannt daran denken, dass es nie eine bessere Zeit gab, um als qualifizierte Arbeitskraft den Arbeitgeber zu wechseln. Das Zauberwort an dieser Stelle lautet Initiativbewerbung. Das ist mit den heutigen technischen Möglichkeiten kein großer Aufwand. Einmal den Lebenslauf aktualisieren, ein Foto machen lassen sowie ein personalisiertes Anschreiben mit einem sympathischen Bezug entwerfen und schon geht es los.

Warum solltest du mehr Geld erhalten?

Zum Thema Bezahlung habe ich noch eine kleine Übung für dich, die du am besten sofort machst: Nimm ein Blatt Papier und schreibe auf, warum du am Ende des Jahres eine Einkommenserhöhung haben wirst:

- Was tust du in deinem Unternehmen, um mehr Einkommen zu produzieren?
- Was willst du für dein Unternehmen in Zukunft tun?

Bring das sehr überzeugend rüber. Und stell dir diese Fragen immer mal wieder in deinem Arbeitsleben.

Ich möchte dir erzählen, wie meine Frau mit genau diesen Regeln ihr Einkommen in sechs Jahren verdoppelt hat. Als ich meine Frau kennenlernte, hat sie 50.000 Euro verdient, was mit gut 30 Jahren sicherlich nicht schlecht ist. Fünf Jahre später hat sie dann knapp 100.000 Euro verdient. Wir haben ihr Einkommen also um 100 Prozent gesteigert, nur mit diesen Regeln, nur mit den richtigen Fragen, nur mit ihrer Bereitschaft, für die Firma mehr zu tun als bisher und richtig Gas zu geben.

Eine solche Gehaltssteigerung ist eindrucksvoll, insbesondere für

Frauen, die nach wie vor weniger verdienen als Männer mit der gleichen Qualifikation. Die sogenannte Gender-Pay-Gap, die Einkommenslücke zwischen Männern und Frauen, beschreibt den Unterschied bezogen auf das Entgelt pro Zeiteinheit bei vergleichbarer Tätigkeit. Vergleicht man den Durchschnittsverdienst aller Arbeitnehmerinnen und Arbeitnehmer in Deutschland, so verdienen Frauen immer noch rund 20 Prozent weniger als Männer. Frauen werden in unserer Gesellschaft nicht gleich hoch wertgeschätzt wie Männer, trotz gleicher oder manchmal besserer Leistungen. Das soll jetzt keine Entmutigung sein, im Gegenteil: Du, liebe Leserin, kannst es schaffen, diesem Gender-Pay-Gap ein Schnippchen zu schlagen. Mithilfe meiner Vorschläge geht das noch leichter. Ich stelle mir vor, die Situation könnte sogar den weiblichen Ehrgeiz anstacheln, etwa so: »Das wäre doch gelacht, wenn ich es nicht schaffe, mehr zu verdienen als mein Kollege!«

Schlag dem Gender-Pay-Gap ein Schnippchen!

Unternehmerin, Unternehmer werden

Erinnerst du dich noch an den Beginn des Buches? Ich habe erzählt, dass ich nur Geld und Familie kann. Ganz so krass ist es wohl nicht. Ich kann schon noch das eine oder andere mehr. Zum Beispiel Unternehmertum. Unternehmerisches Denken, Fühlen und Handeln ist eine der besten Möglichkeiten, mehr Geld zu generieren. Deshalb werde ich hier auf Vorschläge eingehen, die sich aus dem Unternehmertum ableiten lassen. Ich kann mir denken, dass das, was ich jetzt sage, für einige Lesende, die angestellt arbeiten, sehr hart klingt, so wie vor Kurzem für einen Mann Mitte 30, der auf mich zukam und fragte: »Philipp, ich möchte Multimillionär werden. Wie schaffe ich das?«

Ich habe ihn gefragt, was er momentan beruflich macht. Er arbeitete in einem Versicherungsunternehmen als Controller. Wir unterhielten uns über seine bisherigen Erfahrungen mit Geld und dann antwortete ich auf seine Frage: »Wenn du ganz weit kommen willst mit Geld, hast du als Angestellter keine Chance. Schon rein statistisch ist die Wahrscheinlichkeit extrem gering.«

Er hat ziemlich betreten dreingeschaut, aber ich glaube, er hat es verstanden. Ich habe dann noch ein wenig mehr erzählt über den Unterschied zwischen Angestellten und Unternehmern in Bezug auf Geld. Denn was ich hier behaupte, hat gute Gründe. Vor allem geht es mir dabei um den Unterschied beim Mindset. Wir haben als Unternehmer ein ganz anderes, sozusagen geldfreundlicheres Mindset als Angestellte. Unternehmerin, Unternehmer sein hilft enorm dabei, gut mit Geld umzugehen. Alle möglichen Eigenschaften eines guten Unternehmers lassen sich auf Geld anwenden: Heraus kommen wichtige Aspekte guten Geldverhaltens, die sich dann genauso auch Angestellte zu Herzen nehmen können. Fangen wir mal mit einem sehr umfassenden Thema an: Nutzen für andere stiften.

Unternehmer haben ein geldfreundliches Mindset.

Nutzen stiften und alles mit voller Kraft tun

Gute und langfristig erfolgreiche Unternehmer fragen sich nicht, wie sie sich noch ein paar Euro mehr in ihre Tasche stecken können, sondern sie fragen sich, wie sie mehr Nutzen für ihre Kunden und Mitarbeiter stiften können. So können auch Angestellte denken. Der Nutzen für Kunden, Mitarbeiter, Kollegen sollte auch hier im Vordergrund stehen. Um alles mit voller Kraft zu tun, hilft das, was ich zu Beginn schon erwähnt habe: freiwillig melden!

Wenn wir diese Nutzenorientierung voll leben, kommen auf einmal Menschen zu uns, weil sie merken, dass sie hier sehr viel bekommen. Das lässt sich in jeder Branche beobachten. Es gibt immer einen, der verdient in seiner Branche besonders viel Geld, weil er viel Nutzen stiftet. Nehmen wir mal das Beispiel Handwerk: Stell dir vor, du sanierst deine Wohnung und der Handwerker kommt. Es gibt Handwerker, bei denen ist man heilfroh, wenn sie wieder weg sind, weil man Angst hat, dass sie das ganze Haus auseinandernehmen. Was macht ein guter Handwerker hingegen als Erstes? Er schaut sich den Boden an, rollt ein Vlies aus, deckt alle Bereiche mit Folie ab, und zwar so, dass kein einziges Möbelstück und kein Zentimeter Boden mehr ungeschützt sind. Bei diesem Handwerker denkt man: »Wow, wie gut ist das denn? Der soll am liebsten mein

Haushandwerker werden und für immer bleiben, zumindest engagiere ich ihn ab jetzt immer wieder.«

Bei diesem Handwerker läuft das Geschäft. Weil er mitdenkt, weil er an seine Kunden denkt, weil er seine Sache richtig gut machen will. Weil er mit voller Kraft für seine Kunden da ist.

Wenn ein Unternehmer oder eine Unternehmerin diese Haltung vorlebt, wirkt sich das nicht nur auf die Kunden und den Umsatz aus, sondern es kommen dann auch andere Mitarbeiter ins Unternehmen. Ich weiß zum Beispiel genau, dass mein Team alles für die Company tun würde. Diese Menschen findet man als Unternehmer, wenn man es entsprechend vorlebt. Wir müssen jeden Monat Absagen schreiben. Aber wie viele Unternehmer erzählen mir, dass sie nicht die richtigen Leute finden?

Mitarbeiter einstellen, delegieren, Geschäftsfelder hinzufügen

Eine wichtige Frage in jedem Unternehmen lautet außerdem: Was ist unser Kern-Business? Und was ist *mein* Kern-Business in diesem Kern-Business? Ich hinterfrage mich jeden Tag in meiner Akademie: »Was von dem ganzen Krempel und Kleinkram, den ich hier gerade tue, kann ich an einen Mitarbeiter in meinem Team abgeben?«

Was ist mein Kern-Business?

Unternehmer haben meist schon mal von der Regel gehört: »Nicht *in* der Firma arbeiten, sondern *an* der Firma.« Klar, mit einem, zwei oder fünf Angestellten kann man in seiner Firma auch operatives Geschäft machen, aber spätestens ab zehn Mitarbeitern sollte man nichts mehr mit dem operativen Business zu tun haben. Gar nichts mehr. Dann geht es nur noch darum, das Unternehmen weiterzuentwickeln. Was ist in meiner Akademie mein Hauptjob? Auf der Bühne, also vor den Seminarteilnehmenden stehen. Und nicht mal dabei bin ich der Einzige. Inzwischen übernehmen Kevin und Henning viele Slots auch in den Seminaren. Alles andere, was ich nicht unbedingt selbst tun muss, delegiere ich an andere. Dafür muss man natürlich Mitarbeiter einstellen oder man holt die passenden Geschäftspartner in sein Team. Manche wollen lieber teure Personalkosten einsparen. Das ist der falsche Ansatz, wenn du weiterkommen und wachsen willst, mit deinem Unternehmen und deinem Geld.

Wenn man die Frage »Was ist unser Kern-Business?« geklärt hat, kann man darüber nachdenken, was man vielleicht ergänzen könnte. Das können zum Beispiel weitere Dienstleistungen sein, die man gar nicht selbst machen muss. Beispiel Zahnarztpraxis: Vor zehn Jahren habe ich in einem meiner früheren Unternehmen Zahnarztpraxen beim Thema Geldanlagen und Versicherungen betreut. Als ich einmal mit einem der Zahnärzte zusammensaß, habe ich ihn gefragt: »Sag mal, machst du wirklich immer noch Prophylaxe?«

»Ja«, sagt er, »damit kann man gutes Geld verdienen.«

Ich rutsche auf meinem Stuhl herum.

»Du machst das tatsächlich selbst, diese professionelle Zahnreinigung?«

»Ja, ja«, sagt er, »ist total super, ich kriege 80 Euro für eine halbe Stunde.«

Ich schüttele den Kopf.

»Du bist Zahnarzt mit einer Praxis und drei Helferinnen, und du arbeitest für 80 Euro die halbe Stunde?«

Das Gespräch ist schon einige Jahre her, mittlerweile läuft das in ganz Deutschland mit Prophylaxehelfern, das macht heute kein Zahnarzt mehr selbst. Also: Such dir Geschäftsfelder, die zwar zu deinem Business gehören, die jedoch Dritte erledigen können.

Um Hilfe bitten

Wie oft ist dir das schon passiert: Du rufst irgendwo an, weil du unzufrieden bist, und wirst nicht für voll genommen? Eine ganz einfache unternehmerische Regel lautet: Nimm Beschwerden deiner Kunden ernst, denn so kannst du sie lebenslang an dich binden. Ich liebe solche Telefonate! Jeder Einzelne unserer Kunden, der irgendwie unzufrieden ist – und das sind sehr wenige in meiner heutigen Akademie –, wird von mir angerufen, und ich bitte ihn: »Bitte sag mir ganz ehrlich, was wir falsch gemacht haben.«

Lieber Kunde, wo sollen wir besser werden?

Und dann sage ich ihm – und ich meine das auch so: »Du bist mir wichtig als Mensch, du bist mir wichtig als Kunde und Mitglied der Akademie. Ich will von dir lernen. Ich finde es in Ordnung, wenn du uns nicht mehr magst, ich finde es in Ordnung, wenn du unser Produkt zurückgibst. Ich finde es in Ordnung, wenn du unsere Leistung stornierst, aber gib mir bitte noch eine Chance, indem du mir sagst, wo wir besser werden sollen. Darum bitte ich dich.«

Kein Kunde sagt da Nein. Das ist überall so. Wenn du also etwas verkaufen willst, dann bitte deine Kunden doch um ihre Hilfe. Und im Fall einer Beschwerde bittest du den Kunden eben darum, dir zu sagen, warum er jetzt nicht mehr dein Kunde sein will.

Netzwerke knüpfen

Wenn ich auf einer Veranstaltung bin, weil ich vielleicht einen Vortrag halte, dann mache ich, abgesehen vom Vortrag selbst, auf dieser Veranstaltung nichts anderes, als die wichtigsten Leute im Saal kennenzulernen. Das geht mittlerweile einfacher, weil mich viele schon kennen. Aber auch früher habe ich immer versucht, diese für mein Unternehmen wichtigen Kontakte zu bekommen und zu pflegen. Es ist schwer zu erklären, man muss es erleben: Beziehungen sind das A und O für gute Entwicklungen beim Thema Geld. Aber das ist tatsächlich nicht so leicht zu vermitteln. Denn Beziehungen können gut oder schlecht für die eigenen Finanzen sein. Je nachdem, mit wem wir es zu tun haben, können uns diese Beziehungen dabei helfen, arm oder reich zu werden.

Beziehungen sind das A und O beim Thema Geld.

Umgeben wir uns mit Leuten, die auf »reiche Protzer« schimpfen, wird das eher dazu führen, dass wir es nicht attraktiv finden, über viel Geld zu verfügen. Schließlich wollen wir nicht, dass die Leute um uns herum, vielleicht Freunde oder die eigene Familie, uns als Protzer sehen. Dann bleiben wir lieber arm und gehören weiter dazu. Hast du dagegen mit Leuten zu tun, die wohlhabend sind und mit ihrem Geld verantwortungsvoll umgehen, so wird das auch auf deine Finanzen einen positiven Einfluss haben.

Positionierung schärfen und begeistern

Oft schlage ich die Hände über dem Kopf zusammen, wenn ich jemanden frage, was er beruflich macht bzw. was seine Firma anbietet. Da kommen manchmal Ausführungen über zehn Minuten! Jeder Mensch, der sein Angebot, seine Dienstleistung, sein Produkt verkaufen will, braucht eine 30-Sekunden-Rede, einen sogenannten Elevator-Pitch. Wenn ich jemandem zuhöre, muss das, was er oder sie erzählt, kurz und knackig sein, und ich muss ganz wild darauf sein, denjenigen näher kennenzulernen und mehr über sein Business zu erfahren, möglicherweise sogar darauf, da etwas zu kaufen. Ich muss begeistert sein. Die Positionierung muss knallen. Eine klare und begeisternde Positionierung kann finanziell hochattraktive Türen für Angestellte wie Selbstständige öffnen.

Dazu müssen wir allerdings erst einmal lernen, andere zu begeistern und zu überzeugen. Das kommt auch nicht von ungefähr. Viele tun sich sehr schwer damit, über ihr eigenes Business in höchsten Tönen zu sprechen, andere mitzureißen und für ihre Sache zu begeistern. Den meisten fällt es leichter, als Mitarbeiter in einer Firma Werbung für diese Firma zu machen. Auch das ist gut. Die nächste Stufe ist jedoch, andere für die *eigene* Sache zu begeistern. Die Grundlage ist unserer Psyche: Wenn wir nicht zu uns stehen, können wir auch nicht begeistert über uns und das reden, was wir tun. Es ist also auch eine Frage des Selbstwerts. Aber nicht nur.

Es geht auch um handfeste Kompetenzen, wie zum Beispiel die Redekompetenz. Daran denkt man nicht sofort bei Geld, aber es gehört auf den zweiten Blick ganz offensichtlich dazu. Es gibt Menschen, die können nicht vor zehn Leuten aufstehen und begeistert für ihre Idee Werbung machen. Sie haben sogar eine Heidenangst davor. Denn sie haben es nie gelernt. Doch um finanziell frei zu werden, müssen wir uns selbst und andere begeistern können und ihnen gerne etwas verkaufen.

Ein Ausstiegsszenario kennen

Ich habe mehrere erfolgreiche Unternehmen aufgebaut, und das Modell dahinter war immer das gleiche, denn ich habe eine Sache verstanden: Unternehmer verdienen mehr Geld, wenn sie ihr Business verkaufen, als wenn sie es betreiben. Das macht da draußen fast jeder falsch. Je nach Branche bekommt man das Drei- bis 15-Fache für sein Unternehmen beim Verkauf, also den drei- bis 15-fachen Jahresgewinn auf einmal. So habe ich Unternehmen verkauft oder auch verschmolzen. Das geht dann, wenn man zuerst ein funktionierendes Geschäftsmodell produziert. Man kann sich das bei den Großen abschauen: Starbucks, McDonald's, Subway. Einmal baut man den Laden auf, macht ihn produktiv, steckt sein Know-how rein und sorgt dafür, dass er Gewinn abwirft. Und jetzt beginnt man, diesen Laden zu duplizieren. Stichworte sind Standardisierung, Automation, Franchise oder Lizenzierung.

Unternehmer verdienen mehr, wenn sie ihr Business verkaufen.

Wenn ich ein Unternehmen gründe, schreibe ich in meinen Businessplan neben den anderen Themen wie »Was will ich tun?«, »Warum?«, »Mit welchem Einsatz?«, »Mit welchen Leuten?«, »Mit wie viel Geld?« auch ein Ausstiegsszenario: »Was ist mein persönlicher Ausstieg?« Es gibt einen Plan dafür, der ist längst fertig. Auch in meiner Akademie ist der Ausstieg schon geplant. Nicht für morgen, aber für später. Die Regel für den Wert eines Unternehmens lautet: Dein Unternehmen ist nur so viel wert, wie es wert ist, wenn du nicht da bist.

Wenn ein Unternehmer seine Firma verkaufen will, lautet meine erste Frage immer: »Du bist jetzt zwei Wochen im Urlaub, was passiert mit deiner Company?«

»Ich habe da so einen Kompagnon, oder mein Junior, oder meine Chefsekretärin …«

Zweite Frage: »Was passiert, wenn du vier Wochen nicht da bist?«

»Kriegen wir hin, knatscht ein bisschen, aber geht.«

»Okay, und was passiert, wenn du drei Monate nicht da bist?«

Diese Frage kann sich jede Unternehmerin, jeder Unternehmer jetzt selbst stellen:

Was passiert in meiner Company, wenn ich drei Monate lang nicht den Schlüssel in die Bürotür stecke?

99 Prozent aller deutschen Unternehmer sagen dann: »Dann ist mein Laden pleite oder es geht uns zumindest ziemlich schlecht.«

Und daraufhin sage ich: »Deine Firma ist verdammt noch mal nichts wert. Gar nichts.«

Prozesse beschreiben

Das Thema »Prozesse beschreiben« klingt nicht gerade sexy. Aber es ist wichtig. Jedes Unternehmen sollte ein Handbuch haben, in dem jedes Tätigkeitsfeld der Mitarbeiter exakt definiert ist: Was ist zu tun? Wie ist es zu tun? Was ist nicht zu tun?

Jedes Unternehmen mit einem Qualitätssiegel muss seine Prozesse auf diese Art beschreiben. Das ist keine Fleißübung, sondern hat einen enorm wichtigen Hintergrund. Es geht um die Mitarbeiter, und es geht um dich als Unternehmerin, Unternehmer. Wenn nämlich morgen dein Mitarbeiter zu dir sagt: »Ich habe keinen Bock mehr auf dich!«, dann nimmst du das Handbuch und stellst es bei einem anderen Mitarbeiter auf den Tisch. Dann lernt und macht dieser Mitarbeiter eben die Aufgaben, die der andere vorher gemacht hat. Du bist weder abhängig von einem Mitarbeiter noch musst du die Arbeit selbst erledigen.

Aber nicht nur Mitarbeiter können plötzlich gehen, sondern auch du selbst kannst in eine Situation kommen, in der du nicht arbeiten kannst oder willst. Was passiert mit deinem Unternehmen, wenn du mal anderthalb Jahre ausfällst, wegen einer schweren Krankheit oder weil du dich intensiv um einen Angehörigen kümmern willst? Auch dafür musst du systematisieren und definieren, was jeder im Unternehmen können und tun soll, damit der Laden läuft – auch ohne dich. All das gilt besonders, wenn die Firma wachsen soll.

Entscheidungen treffen, weglassen, fokussieren

Es passiert etwas Verrücktes, wenn wir den Mut haben, klare Entscheidungen zu treffen: Dann kommt plötzlich Neues, Besseres in unser Leben. Nehmen wir mal ein Beispiel aus dem privaten Bereich: Angenommen, jemand lebt in einer Ehe, die schon lange zu Ende ist, obwohl der Ring noch am Finger steckt. Dann sitzt derjenige zu Hause und weiß seit Jahren, dass es Zeit ist, reinen Tisch zu machen: Eigentlich müsste er entweder einen Zettel auf den Tisch legen und zu seinem Schatz sagen: »Das sind die fünf Punkte, die wir klären müssen«, oder er müsste sogar einen Schlussstrich ziehen, falls er schon alles versucht hat.

Entscheidungen bringen Besseres in unser Leben.

Ich saß letzte Woche im Taxi, und hätte ich gestanden, wäre ich umgefallen: Der Taxifahrer, ein Afghane Mitte 40, hat wortwörtlich zu mir gesagt: »Ich liebe Ihr Land, ich arbeite gern als Taxifahrer, das einzige Problem in meinem Leben ist meine Ehe.«

»Warum?«

Daraufhin hat er geantwortet: »Ich hätte so gern eine Deutsche geheiratet.«

Ich wusste nicht, was ich sagen sollte.

In solch einer Situation, in der es um eine große Entscheidung für oder gegen eine Partnerschaft geht, gilt: Solange du diese Tür nicht zumachst und gehst, findest du nicht die richtige Neue oder den richtigen Neuen. Du siehst diese Person dann vielleicht mal am Nachbartisch oder auf der Straße und denkst »Wow, sieht aber schnuckelig aus!«, aber dabei bleibt es dann auch.

Genau dasselbe gilt im Job: Die Leute kündigen ihren Job nicht, obwohl er gefühlt für sie längst zu Ende ist. Das ist wissenschaftlich nachgewiesen. Das Unternehmen Gallup erstellt jährlich den »Engagement Index«, Deutschlands renommierteste und umfangreichste Studie zur Arbeitsplatzqualität. Die Studie gibt Auskunft darüber, wie hoch der Grad der emotionalen Bindung von Mitarbeitern und damit das Engagement und die Motivation bei der Arbeit ist. Seit Jahren weitgehend unverändert kommt dabei heraus: Fast sechs Millionen Arbeitnehmer in Deutschland (16 Prozent) haben innerlich gekündigt. Die meisten Arbeitnehmer, genauer gesagt

69 Prozent, verrichteten nur Dienst nach Vorschrift. Nur 15 Prozent haben eine hohe emotionale Bindung an ihre Company und sind voll engagiert. Der volkswirtschaftliche Schaden wird auf jährlich 122 Milliarden Euro geschätzt.

Was sind das für erschreckende Zahlen? Mir läuft es kalt den Rücken runter, wenn ich mir das vorstelle: Acht oder neun Stunden täglich etwas tun, was man nicht mehr machen möchte, bei dem man längst innerlich ausgestiegen ist. Was für ein armes Leben! Wie soll man da wohlhabend werden?

Nun kannst du als Unternehmer überlegen, wie groß der Schaden in deinem eigenen Unternehmen ist. Oder auch – wenn du Mitarbeiter bist –, warum du in dem Unternehmen bleibst, obwohl du längst innerlich gekündigt hast, und damit dir selbst und dem Unternehmen Schaden zufügst.

Viele haben Angst, dass nichts Neues kommen könnte, und bleiben deshalb. Doch solange man seine Energie in etwas Altem bindet, passiert auch nichts Neues. Ich will hier niemanden motivieren, seinen Job ohne gründliches Abwägen und einen echten Grund hinzuschmeißen, wir sind alle erwachsene Menschen. Aber vielleicht sagt jemand: »Ich habe im letzten Jahr alles gegeben, was in mir steckt, und es kommt hier in diesem Unternehmen und mit diesen Leuten einfach nicht an.« Oder: »Ich mag das Produkt nicht mehr, das wir verkaufen.« »Ich mag meine Kollegen nicht.« »Ich werde nicht genug honoriert für meine Arbeit.« Dann kann es irgendwann Zeit sein, sich dagegen zu entscheiden, damit etwas Neues entstehen kann.

Solange du das Alte nicht loslässt, passiert nichts Neues.

Lernen

Wenn du mehr wert werden willst, musst du dafür etwas lernen. Das habe ich schon beim Bildungs-Topf erwähnt. Wir investieren in uns selbst, indem wir eine Fortbildung besuchen oder uns im Selbststudium, zum Beispiel mithilfe eines E-Learning-Kurses oder mit Büchern, fortbilden. Dadurch erhöhen wir unseren Wert. Auch frei reden lernen ist wichtig und eine sehr direkte Investition in sich selbst. Wer zum Beispiel in irgendeiner Form Führung übernehmen will, braucht die Kompetenzen Kommunikation, Reden und Mitarbeiterführung. Es gibt keine bessere Rendite, als wenn wir ständig in uns selbst investieren und dadurch wachsen. Wir werden dann fast automatisch wohlhabender. Wir können zum Beispiel »Verkaufen« lernen.

Hierbei ist es gleich, ob jemand angestellt oder selbstständig ist. Der Tipp »Investiere in dich selbst und in dein Wachstum« ist von allen Tipps, um mehr Geld zu bekommen, am schnellsten umsetzbar. Ich bin eine Zeit lang wie ein Junkie zu allen Lehrern auf dieser Welt gereist. Ich habe in mein Wachstum investiert. Es hat sich gelohnt. Das sage übrigens nicht nur ich, sondern auch einer der reichsten Menschen der Welt, Warren Buffett.

Nach der Forbes-Liste 2019 beträgt Warren Buffetts Vermögen rund 83 Milliarden US-Dollar und er steht damit auf Platz 3 der reichsten Menschen der Welt. Ein Mensch, der so viel Geld hat, macht vermutlich einige Dinge richtig und kann als Vorbild dienen. Warren Buffett erhält nur ein Jahresgehalt von 100.000 US-Dollar und gilt als bescheiden. Interessant ist aber vor allem: Er lebt nach der Grundregel »Höre nie auf zu lernen« und rät anderen: »Investiere so viel in dich selbst, wie du kannst, du bist bei Weitem dein wichtigster Vermögenswert. Du hast nur einen Geist und einen Körper. Und die müssen dein ganzes Leben lang halten.«*

Fokussierung auf Monetarisierung: Hoher Wert – fairer Preis

Bei dem Vorschlag, um den es hier gehen soll – Fokussierung auf Monetarisierung –, fällt mir sofort unsere Karatelehrerin ein. Ich kenne kein besseres Beispiel für das komplette Fehlen einer Monetarisierungsfokussierung.

Sie ist eine tolle und beeindruckende Persönlichkeit. Für mich und auch für meine Söhne ist sie ein absolutes Vorbild: Wie sie mit Menschen, in diesem Fall vor allem mit Kindern, umgeht, wie sie

* https://www.businessinsider.de/wirtschaft/finanzen/warren-buffet-investieren-tipp/ (Aufgerufen am 17.02.2020.)

sich bewegt, wie sie anderen Karate beibringt, ihre Geduld, die Fokussierung, die eigene Begeisterung für das, was sie vermittelt – das ist der Hammer.

Die Kinder sind ebenso begeistert dabei, Karate zu lernen, wie sie selbst begeistert von Karate ist. Die Eltern sind begeistert, dass ihre Kinder begeistert sind. Alle sind glücklich, weil die Kinder etwas sehr Sinnvolles und sehr Wichtiges lernen: Sie schulen ihren Körper und ihren Geist, sie lernen sich zu konzentrieren, sie entwickeln ein gutes Körpergefühl und sie stärken ihr Selbstbewusstsein, auch für brenzlige Situationen, die mal auftreten können im Leben. Wenn diese Kinder auf der Straße angegriffen werden, so sind sie gut gewappnet und können sich verteidigen. Außerdem werden Menschen, die ein solch gutes Selbstbewusstsein ausstrahlen, meist gar nicht erst angegriffen. Aber sicher kann man sich da natürlich nicht sein, es kann immer Situationen geben, die wir nicht beeinflussen können. Wir haben unser Schicksal nicht vollkommen in der Hand. Doch ich möchte hier auf etwas anderes hinaus. Was habe ich eben getan?

Ich habe einen ganzen Absatz lang über den Wert geschrieben, den diese Karatelehrerin meinen Söhnen, uns Eltern sowie anderen Kindern und Eltern bietet. Ist es nicht absolut sinnvoll und nutzenstiftend, was sie da tut? Ja, das ist es. Ich sehe aber ein großes Problem bei ihr. Sie vergisst nämlich eine Sache. Du weißt bestimmt schon, worauf ich hinauswill: Sie nimmt viel zu wenig Geld für ihre herausragende Leistung. Sie gibt sich nicht den Wert, den sie eigentlich wert ist. Sie fokussiert sich nicht auf Geld und die Monetarisierung des Wertes, den sie bietet. Sie vergisst, sich selbst etwas wert zu sein. Wenn sie sich den richtigen Wert geben würde, wäre sie längst finanziell frei, so gut, wie sie ist.

Der Fehler: zu wenig Geld für eine herausragende Leistung.

Wir brauchen nämlich viel Geld, um gut zu leben. Um uns eine alternative medizinische Behandlung leisten zu können, zum Beispiel bei einer chronischen Krankheit. Um unseren Kindern die Klassenfahrten bezahlen zu können. Um uns das schöne Wochenende mit dem Partner im Hotel zu leisten, das erste Mal nach vielen Jahren, in denen kein Platz für die Pflege der Beziehung war, weil die Kinder noch zu klein waren.

Deshalb möchte ich an dieser Stelle an alle appellieren, besonders an die Frauen, ihren Wert zu hinterfragen: Was bietest du anderen für einen Wert, wie viel Geld ist das wert? Wie kannst du diesen Wert zu Geld machen? Viele Tätigkeiten, die Frauen besonders gut können, wie zum Beispiel die enorm wichtige Arbeit in Kitas, in Grundschulen, in der Altenpflege, sind besonders schlecht bezahlt. Aber auch da ist Spielraum, wenn sich jemand zum Beispiel mit einer dieser Dienstleistungen selbstständig macht.

Und das ist das Ziel:

Du sollst gutes Geld für deine gute Arbeit bekommen.

Dafür musst du darüber nachdenken und Wege finden, wie du für den Wert deiner Arbeit den Gegenwert in Geld bekommst. Warum ein sparsames Leben, das unsere Karatelehrerin sicherlich führt, dafür nicht reicht, ist wohl inzwischen schon deutlich geworden. Wir müssen uns nur fragen, wie es im Alter, bei Krankheit und anderen Notsituationen mit unserem Geld aussehen wird.

Wenn du dir die Frage »Was bin ich wert und wie kann ich das in meinem Einkommen widerspiegeln?« immer wieder stellst, beginnst du, dich mehr auf Monetarisierung zu fokussieren.

Energie im Fluss: Alles kommt wieder zu uns zurück

Ich möchte noch etwas Grundsätzliches über Ethik und Moral sagen: Es gibt Menschen, die mithilfe von großen Versprechen, die vor allem über das Internet verbreitet werden, ihre Kunden über den Tisch ziehen. Ich habe kürzlich einen Redner erlebt, der auf der Bühne vor Hunderten von Zuhörern gefragt wurde, ob seine Vorschläge für Online-Marketing datenschutzkonform seien. Daraufhin hat er erwidert, er sei kein Jurist und ethisch wäre das nicht sein Problem, solange seine Kunden damit Umsatz machen würden. Ich saß im Publikum und habe gemerkt, dass es ihm völlig egal ist, ob er sich an gesellschaftliche Regeln hält oder seine Kunden mit lukrativen Tipps dazu anstiftet, die Privatsphäre anderer zu verletzen.

Ich bin fest davon überzeugt: Alles kommt wieder zu uns zurück. Das muss nicht unternehmerisch, das muss nicht finanziell sein, es kann auf völlig anderen Ebenen passieren. Ich glaube, wir bekommen es zurückgezahlt, wenn wir Menschen hintergehen, wenn wir betrügen, schummeln, lügen, flunkern, wissentlich Schaden anrichten oder mit überhöhten oder falschen Versprechen zu einem Kauf verlocken. Ich glaube sogar, es können schwere Schicksalsschläge passieren, weil jemand nicht wirklich bei sich ist und stattdessen Menschen hintergeht. Das lässt sich mit keiner noch so groß angelegten wissenschaftlichen Studie belegen. Es ist eher eine Beobachtung im Alltag und eine Glaubensfrage. Und eine Frage der eigenen ethisch-moralischen Werte, nach denen man leben will.

Ich jedenfalls achte ständig darauf, dass ich niemanden schädige, sondern bestmöglichen Nutzen stifte. Ich bin natürlich kein Supermensch, mache Fehler und habe Schwächen, aber ich versuche zumindest, mich so gut wie möglich meinem Ideal anzunähern. Ich denke daran, es ist mir wichtig. Mir liegt viel daran, dass ich meine Sache gut und nutzenstiftend mache. An diesem Ideal sollte sich meiner Ansicht nach jeder orientieren.

Mach deine Sache so gut und nutzstiftend wie möglich.

Fragen wir uns immer wieder, wie wir gut, ethisch korrekt, sinn- und nutzenstiftend arbeiten und leben können. Das können wir auch messen: zum Teil an dem, was andere über uns sagen, auch an den Bewertungen im Internet und eben direkt am Einkommen. Nicht nur, aber auch. Man kann sich natürlich immer mal die eine oder andere negative Bewertung im Internet einhandeln, weil einem jemand aus unklaren Gründen eins auswischen will. Vielleicht aufgrund von Neid. Gerade anonyme Bewertungen kann man manchmal auch ignorieren. Aber wenn sie massenhaft auftauchen, dann stimmt etwas nicht. Die Karatelehrerin kann ihren Wert nicht am Einkommen messen, dafür aber an positiven Bewertungen im Internet und an den Mund-zu-Mund-Empfehlungen. Ich kann meinen Wert auf alle drei Arten messen: Internetbewertungen, Umsatz, Empfehlungen. Wenn jedoch der Umsatz hoch ist, die Bewertungen aber durchweg schlecht sind, dann läuft etwas schief. Dann solltest du etwas dafür tun, um weiter mit gutem Gefühl in den Spiegel schauen zu können.

Damit kommen wir zu einem Thema, das von Leuten, die schnell das große Geld machen wollen – koste es, was es wolle –, oft ignoriert wird. Doch dieses Thema gehört zu einem guten Umgang mit Geld dazu, und die Kompetenzen, die du dabei entwickelst, können darüber entscheiden, ob du langfristig wohlhabend wirst. Es geht ums Sparen.

8. Sparsam und schuldenfrei – die Abkürzung zur finanziellen Freiheit

In diesem Kapitel geht es ums Sparen. Wenn du das Wort nicht magst, weil es altmodisch klingt, kannst du stattdessen von bewusstem Konsum sprechen oder »sparen« durch »mich selbst als Erstes bezahlen« ersetzen. Es geht auch um Schuldenabbau. Sparen und Schulden abbauen gehören zumindest an zwei Enden zusammen: Schulden entstehen oft daraus, dass jemand nicht sparsam genug ist. Wenn wir kein Geld ansparen, werden wir irgendwann in eine Situation kommen, in der wir zusätzliches Geld brauchen, aber nicht haben, und schon sind wir in die Schuldenfalle getappt. Sparen und Schuldenabbau sollten idealerweise parallel stattfinden, sich also nicht gegenseitig ausschließen. Neben dem schrumpfenden Schuldenberg sollte schon ein Sparberg wachsen. Sparen und Schuldenabbau sind eine Grundlage dafür, ein gutes Geldverhalten zu entwickeln. Denn, wie schon erwähnt, solange wir nicht bewiesen haben, dass wir mit dem Geld umgehen können, das wir zur Verfügung haben, wird auch nicht mehr Geld kommen. Das kann ich zwar nicht wissenschaftlich belegen, aber ich beobachte es ständig und habe es auch im eigenen Leben erfahren.

Der Schuldenberg schrumpft, der Sparberg wächst.

Für das Sparen haben wir ein eigenes Konto im Töpfesystem. 10 bis 15 Prozent oder auch 20, 30 oder 60 Prozent des Nettoeinkommens können monatlich auf diesem Konto landen. Vielleicht kennst du den Satz: »Bei der nächsten Gehaltserhöhung beginne ich zu sparen.« Oder: »Wenn das Haus abgezahlt ist, kann ich etwas zur Seite legen.« In einer Konsumgesellschaft ist es normal, sich zu kaufen, was man gern haben möchte. Unser ganzes Wirtschaftssystem basiert darauf. Wirtschaftliches Wachstum ist wesentlich vom

Konsum der Menschen bestimmt. Solange das Geld dafür reicht, ist Konsum, also Kaufen, in Ordnung. Doch reicht das Geld wirklich, um sich einen größeren Flachbildschirm zu kaufen? Reicht es wirklich, um sich einen Audi A6 zu kaufen? Reicht es für den dreiwöchigen Urlaub auf Mauritius? Wofür und wie viel Geld wir ausgeben, ist keine leichte Entscheidung.

Die Grundidee des Sparens ist einfach und einleuchtend:

Beim Sparen gibt man weniger aus, als man verdient, und spart die Differenz, um sie geschickt und gewinnbringend anzulegen und irgendwann davon leben zu können.

Vielleicht hast du schon mal den Begriff »Frugalismus« gehört. Im Kern ist es das, was ich auch empfehle. Jedoch nicht nur. Monetarisierung ist ebenso wichtig. Fürs Erste ist es jedoch ein entscheidender Gedanke, dass Sparen eine Abkürzung zu finanzieller Unabhängigkeit ist. Denn durch konsequentes Nicht-Ausgeben von Geld können wir zunehmend große Geldsummen ansammeln, die wir wiederum durch kluges Reinvestieren vermehren können.

Wer seine Ausgaben geschickt optimiert, kann ein Drittel oder die Hälfte seines Einkommens oder sogar noch mehr sparen. So arbeitet dieses Geld für uns und erzeugt Einkünfte, zum Beispiel aus Verzinsung in einem Festgeldkonto, aus Mieteinnahmen, wenn man eine Immobilie zur Vermietung kauft, oder durch die Beteiligung an Unternehmensgewinnen durch Einnahmen aus Dividenden, also Gewinnausschüttungen der Unternehmen. Letzteres liegt dann nahe bei meinem System des Börsenhandelns, das eine hohe Rendite ermöglicht. Mit der Zeit kann man aus diesen zusätzlichen Einkünften ein regelmäßiges Einkommen generieren, das irgendwann den Großteil oder sogar alle Ausgaben deckt, sodass zum Beispiel im Alter, wenn man nicht mehr arbeiten möchte, genug Geld zum Leben da ist.

Eine grobe Faustregel für die finanzielle Unabhängigkeit geht vom 25-Fachen der jährlichen Ausgaben aus: Wer mit 2000 Euro im Monat auskommt, braucht im Jahr 24.000 Euro und muss somit 600.000 Euro sparen und investieren.

Deshalb lautet die erste Frage: Wie viel Prozent deines Einkommens kannst du sparen? Bei der Antwort gibt es allerdings ziemlich viel Spielraum. Wenn du momentan immer nur gerade so hinkommst mit deinem Geld, muss sich etwas ändern, damit in Zukunft auf jeden Fall etwas übrig bleibt. Du solltest dich also auf die Suche nach Sparpotenzialen machen. Das beginnt bei offensichtlich überflüssigen Konsumkäufen wie der fünften Handtasche und endet bei einem total minimalistischen Lebensstil, dem eben erwähnten Frugalismus, bei dem man nur noch ein Kleidungsstück pro Jahr neu kauft und das meiste repariert, von anderen übernimmt oder eben komplett darauf verzichtet.

Mach dich auf die Suche nach Sparpotenzialen!

Um weniger zu konsumieren und mehr zu sparen, musst du deine Persönlichkeit weiterentwickeln. Denn durch unnötigen Konsum versuchst du dir vermutlich einen tieferliegenden Wunsch zu erfüllen, indem du dich zum Beispiel belohnst, dir etwas Gutes tust, dich dadurch sicherer fühlst oder einfach Glücksgefühle erzeugst. Alle diese Effekte sind in der Regel nur kurzfristig befriedigend, weil sie ein Ersatz sind und deshalb nicht lange halten. Dann muss neuer Konsum her, um das Gefühl zu erneuern. Du kennst sicher diesen Kreislauf, von dem unsere gesamte Konsumgesellschaft angetrieben ist. Im nächsten Teil des Buches geht es um die gute Geldpersönlichkeit, da werden wir uns genauer ansehen, wie wir davon wegkommen.

Hier geht es erst einmal um gutes Geldverhalten, denn auch auf der Verhaltensebene können wir viel dafür tun, um weniger Geld auszugeben und mehr zu sparen.

Die 5-Euro-Sparkiste

Einer meiner Teilnehmenden hat mir bei unserem Jahrestreffen der Akademiemitglieder erzählt, dass er in den anderthalb Jahren, seit er in meinem Seminar war, ungefähr 2000 Euro allein dadurch angespart hat, dass er alle 5-Euro-Scheine, die er im Laufe des Tages beim Bezahlen einsammelt, am Abend in eine Sparkiste wirft. Seine Frau legt auch ab und zu die kleinen Scheine dort hinein, der Teenager-Sohn ebenso. Mit diesem Geld sind die drei zur Bank gegangen und haben es auf ihr Sparkonto eingezahlt. Er hat es dann gewinnbringend investiert. Nun hatte er auch etwas Glück, so hat er in den letzten sieben Monaten 20 Prozent Gewinn gemacht. Statt 2000 Euro hat er nun 2400 Euro auf dem Investmentkonto.

Jetzt kannst du dir vielleicht vorstellen, wie das weitergehen könnte, selbst bei einer nicht ganz so hohen Rendite. Zusammen mit den weiterhin eintreffenden 5-Euro-Scheinen und den 10 Prozent, die er vom Einkommen auf das Sparen-Konto überweist (4000 Euro pro Jahr), kann er in drei Jahren bei einer jährlichen Rendite von rund 15 Prozent schon auf knapp 18.700 Euro kommen. Zum Vergleich: Bei 0 Prozent Zinsen auf dem Sparkonto wären es nur 14.400 Euro. Im weiteren Verlauf ergeben sich dann folgende Zahlen:

- 5. Jahr: ca. 34.000 Euro
- 10. Jahr: rund 97.500 Euro
- 20. Jahr: knapp 485.000 Euro
- 25. Jahr: fast auf den Cent 1.000.000 Euro

Wir sehen also sehr deutlich: Sparen mit gewinnbringenden Geldanlagen rentiert sich enorm, schon nach wenigen Jahren. Auch bei anfangs relativ geringen Beträgen.

Weniger und bewussterer Konsum

Im Jahr 1900 besaßen Menschen in der westlichen Welt durchschnittlich ungefähr 400 Dinge. Heute sind es um die 10.000 Dinge. Was für eine Zahl! Bei jedem Umzug merken wir, wie viele Dinge wir haben, die – wenn die Schränke erst einmal leergeräumt sind – unzählige Kisten und Umzugswagen füllen. Es gibt eine attraktive Idee, die dabei helfen kann, bewusster zu konsumieren und sich all des Überflüssigen zu entledigen, das unsere Schränke, Kommoden, Regale, Wohnungen, Keller und Dachgeschosse füllt. Wie wäre es, nur die Dinge zu behalten, die wir auch verwenden, anstatt all die Dinge zusätzlich aufzuheben, die wir nur besitzen, nicht aber benutzen?

Technikgeräte, Kleidung, Essen, Kosmetik, Bücher, Einrichtungsgegenstände: Das meiste brauchen wir nur einige Zeit – wenn überhaupt – und dann wandert es zu der riesigen Menge an Dingen, die wir nicht nutzen, die eigentlich längst Müll sind. Müll, der unsere Umwelt schädigt. Müll, der entsorgt werden muss. Müll, der irgendwo landet, wo er nicht hingehört. Laut einer Studie von Greenpeace kaufen die Deutschen im Durchschnitt jährlich 60 neue Kleidungsstücke. Wenn wir nur das kaufen, was wir wirklich brauchen, also entweder häufig nutzen oder verbrauchen, wie Essen, und dann noch den Lebenszyklus der genutzten Gegenstände verlängern, schonen wir die Umwelt, sparen Ressourcen und natürlich riesige Summen Geld.

Die wichtigste Frage bei einem Kaufwunsch lautet also, wie bereits beschrieben: Ist das wirklich nötig? Brauche ich das wirklich? Was man nicht braucht, muss man nicht kaufen. Punkt. Wenn diese Frage nicht so leicht zu entscheiden ist, kann man sich weitere Fragen stellen, etwa, ob man schon etwas Ähnliches besitzt, das man auch benutzen könnte. Oder auch, wie oft man das, was man kaufen will, benutzen würde. Nutzt Frau ein Abendkleid zum Beispiel nur für ein oder zwei feierliche Anlässe im Jahr, könnte sie es sich ausleihen. Oft hilft die Vorstellung, dass das, was man kaufen möchte, zu Hause Platz wegnimmt. Dadurch vergeht die Lust am Kaufen meist sehr schnell.

Was man nicht braucht, muss man nicht kaufen.

Es gibt tatsächlich eine Menge Alternativen zum Kaufen, die uns aber gar nicht so bewusst sind, weil wir ans Neukaufen gewöhnt sind: Nutzen, was man schon hat, ist die einfachste Möglichkeit, nicht zu konsumieren. Reparieren, wenn etwas kaputt ist, ausleihen, tauschen oder gebraucht kaufen sind weitere Möglichkeiten jenseits des klassischen Konsums neuer Dinge. Tausch- oder Second-Hand-Plattformen wie eBay haben heute dem Konsum teurer, neuer Dinge eine bequeme und gute Alternative zur Seite gestellt. Mit eBay kann man sowohl als Käufer als auch als Verkäufer riesige Geldsummen sparen bzw. verdienen.

Eine weitere Hilfe für weniger Konsum ist zum Beispiel, die Gelegenheiten für Einkäufe zu reduzieren. Wenn wir nicht mehr durch die Innenstadt an den verlockenden Schaufenstern der Geschäfte vorbeischlendern oder gar nicht erst die Website aufrufen, auf der es das neue Gerät gibt, dann haben wir weniger Anlässe für

Konsumwünsche. Es kann auch eine Hilfe sein, vor jedem Kauf 24 Stunden zu warten. Der Konsumwunsch flaut oft erstaunlich schnell ab, so wie auch der Wunsch nach Süßigkeiten schnell wieder verflogen ist, wenn man ihn aufschiebt.

Du wirst sicher deine eigenen Strategien finden, die dir helfen, weniger Dinge zu kaufen, sodass du plötzlich genug Geld hast, das du Monat für Monat in deinen Spar-Topf einzahlen kannst – selbst wenn du vorher gedacht hast, kein Geld übrig zu haben.

Zum Abschluss noch ein Gedanke, der dir vielleicht in Zukunft hilft, das Thema Konsum mit anderen Augen zu betrachten: Alle Dinge, die wir in unserem Leben anschaffen, brauchen Aufmerksamkeit und Energie. Wenn du dir zum Beispiel ein Auto zulegst, muss dieses gewartet werden, es muss betankt, gewaschen und gepflegt werden und du musst dich um Versicherung und Steuern kümmern. Genauso ist es bei allen materiellen Dingen. Sie brauchen Pflege und eine gewisse Aufmerksamkeit.

Wir schaffen uns etwas an, verwenden es einige Male, und dann gerät es in den Hintergrund. Kennst du vielleicht auch das Gefühl, das dich dann von Zeit zu Zeit immer mal wieder beschleicht? Richtig, das schlechte Gewissen. Du hast Geld für etwas ausgegeben und nun denkst du, dass du das, was du gekauft hast, auch verwenden musst. Sonst hättest du das Geld schließlich sparen können. Ich kenne einige wohlhabende Menschen, die sich mittlerweile im Hamsterrad ihrer Spielzeuge befinden: Segelboot, Motorjacht, Flugzeug, Sportwagensammlung usw. Bitte tritt nicht in diese Falle und sei dir immer bewusst:

Vorsicht vor dem Hamsterrad der Spielzeuge!

Jede Anschaffung ist eine Verpflichtung. Auf jeden Fall eine materielle und sehr häufig auch eine energetische.

Monetarisierung beachten

Bei allem Sparen gilt jedoch: Sparen allein reicht nicht. Es ist nur *ein* Bestandteil, um Vermögen aufzubauen. Sparen allein macht uns nicht glücklich. Natürlich können wir die naturheilkundliche Behandlung weglassen, aber das kann zutiefst schmerzlich sein, wenn wir genau wissen, dass sie im Gegensatz zur Kassenleistung helfen würde. Natürlich können wir auch in den Waschsalon gehen, aber das kostet so viel Zeit und Mühe, und es kann sehr frustrierend sein, in dieser Umgebung zu sitzen.

Mindestens ebenso wichtig wie das Sparen ist der Fokus auf Monetarisierung. Erinnerst du dich noch an die Karatelehrerin, von der ich bereits erzählt habe? Sie macht großartige Arbeit und stiftet Sinn und Nutzen. Doch sie vergisst die Monetarisierung ihres Wertes, den sie anderen bietet. Auch du vergisst möglicherweise an einigen Stellen die Möglichkeiten der Monetarisierung, und ich kann nur immer neu und eindringlich appellieren, den Fokus auf Geld zu richten. Ich bezweifle, dass unsere Karatelehrerin finanziell frei ist. Bei ihren Preisen kann eigentlich nichts mehr übrig bleiben. Das Töpfesystem, das du vorhin kennengelernt hast und hoffentlich schon anwendest, kann sie jedenfalls mit ihrem Honorar nicht umsetzen.

So geht es vielen Selbstständigen, aber auch Angestellten. Sie sind froh, dass sie im Alltag über die Runden kommen, an später denken sie lieber gar nicht, denn dann müssten sie sich gefühlt noch mehr einschränken. Unter Selbstständigen und Freiberuflern hat jeder Vierte keine ausreichende private Altersvorsorge. Dennoch werden auch in Zukunft nur wenige in eine bessere Altersvorsorge investieren. Laut einer Analyse der Postbank* plant rund die Hälfte aller Selbstständigen und Freiberufler keinen Ausbau der privaten Altersvorsorge, nur jeder Fünfte hat überhaupt Pläne dazu und die restlichen haben sich noch nicht entschieden.

Sparen allein reicht nicht, wir müssen mehr tun.

Deshalb reicht es eben nicht, sparsam zu leben und mit dem wenigen Geld auszukommen, das man hat. Sparsam leben ist gut, doch es wird bei den meisten nicht reichen, um später von ihrem Geld zu leben. Wir müssen mehr dafür tun. Wir brauchen Geld. Genug Geld. In unserer Gesellschaft kommen wir ohne ein beträchtliches Maß an

* https://www.handwerksblatt.de/themen-specials/altersvorsorge-was-sich-fuer-handwerker-lohnt/vielen-selbststaendigen-droht-altersarmut (Aufgerufen am 17.02.2020.)

Geld nicht aus. Wir leben in einem kapitalistischen System, das unglaubliche Vorzüge hat und unsere Lebensqualität und unseren Wohlstand geschaffen hat. Auch wenn der Kapitalismus bei vielen keinen guten Ruf hat: Solange wir in diesem System leben, müssen wir akzeptieren, dass Geld eine entscheidende Rolle spielt, um gut leben zu können.

Doch was tun, wenn es nicht genug Möglichkeiten für Monetarisierung gibt, sodass du Schulden hast, und wenn es nichts zu sparen gibt, weil du diese Schulden abbezahlen musst? Ich muss dieses Thema ansprechen, auch wenn es hart ist und die Menschen ungern darüber reden. Sehen wir uns das Thema Schuldenabbau hier ganz genau an, denn es belastet viele Menschen enorm.

Schulden vermeiden

Ich möchte dir ein paar Regeln an die Hand geben, wie man mit dem Thema Schulden umgeht, was man tun könnte, was man lassen könnte und was sinnvoll ist. So viel sei schon mal verraten: Das Thema Schulden wird von fast allen Menschen in unserer Gesellschaft falsch gesehen. Ich treffe immer wieder Leute, die mir sagen, es gäbe »intelligente Schulden«. Das ist aus meiner Sicht nicht richtig.

Meine erste Regel lautet deshalb:

Mach niemals Konsumschulden!

Das ist eine ganz einfache Regel: Willst du ein iPhone, hast aber nicht das Geld für ein iPhone, dann kaufst du auch kein iPhone. Oder willst du einen Malediven-Urlaub machen? Für zwei Wochen und zwei Personen kostet das ungefähr 15.000 Euro und das Geld ist hinterher komplett weg, weil du noch nicht mal etwas gebraucht verkaufen kannst. Wenn du das Geld dafür nicht auf deinem Spaß-Konto im Töpfesystem hast, dann gibt es eben keinen Malediven-Urlaub. Ganz einfach. Und wenn das doch nicht so einfach ist, dann frage dich, wofür der Malediven-Urlaub bei dir steht: Vielleicht für einen großen Wunsch, sich endlich mal auszuruhen und zu erholen? Nun, das Erholen kannst du auch mit einem Sauna-Tag oder einem langen Spaziergang im Wald erreichen, vielleicht sogar besser, weil der ganze Stress, die lange Flugreise und die Zeitverschiebung wegfallen. Es bleibt also dabei: Mach niemals Konsumschulden.

Die zweite Regel betrifft den Autokauf. Wie schon erwähnt:

Ein Auto sollte nicht mehr als zwei Netto-Monatsgehälter kosten.

Wenn zwei Netto-Monatsgehälter ab heute die Vorgabe sind, müsstest du dein Auto dann verkaufen? Fast niemand braucht das Auto, das er aktuell besitzt, fast alle haben ein zu teures Auto. Als ich schon Millionär war, bin ich noch immer ein kleines Auto gefahren, obwohl ich Autos mag. Ein Auto sollte niemals ein Anlass für Schulden sein. Man kann heute mit Carsharing äußerst bequem in der Stadt unterwegs sein oder mit Fahrrad-, Bus- oder Taxifahrten die Kosten auf ein absolutes Minimum reduzieren und auf diese Art Schulden vermeiden, wenn das Geld gerade knapp ist.

Fast alle haben ein zu teures Auto.

Meine nächste Regel betrifft Immobilien. Immobilien sind des Deutschen liebstes Kind, so sagt man. Ich gebe dir eine Regel für Immobilien:

Wenn du nicht 30 Prozent des Kaufpreises sowie das Geld für die Nebenkosten für den Immobilienkauf hast, kaufst du keine Immobilie.

Selbstgenutzte Immobilien sind reiner Luxus, wir sollten dafür keine großen Schulden aufnehmen, die uns belasten. Wir als Familie leben zum Beispiel erst seit sieben Jahren in unserem eigenen Haus, vorher haben wir zur Miete gewohnt.

Warum aber dränge ich so darauf, Schulden um jeden Preis zu vermeiden? Sind sie nicht – zumindest kurzfristig – eine gute Möglichkeit, Engpässe zu überbrücken? Nein. Schulden machen Sklaven. Und jeder, der schon mal Schulden hatte, weiß genau, wovon ich rede. Ich weiß

Schulden machen Sklaven.

es auch. Ich selbst hatte Schulden, und meine Eltern hatten auch Schulden als Unternehmer. Schulden ziehen alles aus dir raus. Alles. Menschen werden krank wegen Schulden. Schulden sind eine absolute Katastrophe, weil sie uns unfrei machen. Durch Schulden fühlen wir uns arm. Wir haben ein Defizitgefühl, und das schadet uns massiv. Unser Geldverhalten, unser Gefühl, dass wir wohlhabend sein könnten, nimmt großen Schaden.

In sieben Schritten Schulden abbauen

Doch was tun, wenn die Schulden schon da sind? Dann muss man damit umgehen, anstatt den Kopf in den Sand zu stecken – was die meisten tun. Wenn du also Schulden hast, musst du dich ab sofort aktiv um deine Schulden kümmern. Ich schreibe hier bewusst »muss«, um noch deutlicher zu machen, dass es wichtig ist, die Schulden aktiv abzubauen, anstatt auf bessere Zeiten zu hoffen. Ich schlage dir folgende sieben Schritte für deinen Schuldenabbau vor:

Schritt 1: Schreibe dir als Erstes auf, welche Schulden du aktuell hast. Notiere jeden einzelnen Schuldenbetrag und um welche Schulden es sich handelt. Zum Beispiel: »Erstens, ich habe Schulden beim Mediamarkt in Höhe von 700 Euro. Zweitens, ich habe Schulden bei der Autowerkstatt in Höhe von 400 Euro. Drittens, ich habe Kreditkartenschulden über 950 Euro.«

Damit ist dein erster Schritt auf dem Weg zu einem Leben ohne Schulden getan. Fertig. War nicht so schlimm, oder?

Schritt 2: Im zweiten Schritt überlegst du dir, wie du diesen Betrag zurückzahlst. Dazu musst du erst herausfinden, welchen Mindestbetrag du monatlich zurückzahlen musst. Schau dazu in deinen Unterlagen nach. Zum Beispiel: »Für Mediamarkt 50 Euro, für die Autowerkstatt 40 Euro, für die Kreditkare 75 Euro.«

Schritt 3: Nun rechnest du dir aus, wie viele Monate du zurückzahlen musst. Dazu teilst du einfach die Gesamtsumme durch die monatliche Rate und kommst zum Beispiel beim Mediamarkt auf 14 Monate.

Du hast jetzt einen realistischen Überblick über deine Schulden, darüber, wie viel du zurückzahlen musst und wie lange das dauert. Es kann sein, dass der belastende Schuldenberg in deiner Vorstellung allein schon dadurch etwas geschrumpft ist, dass du ihn realistisch betrachtet hast.

Schritt 4: Überleg dir, wie viel Geld du überhaupt für die Schuldentilgung benutzen kannst. Das klingt vielleicht erst einmal ungewohnt, denn wir gehen andersherum vor, als es die meisten Menschen mit Schulden tun. Die meisten achten nur darauf, was sie zurückzahlen müssen. Das machen wir nicht, denn so denken arme Menschen. Wir gehen wie wohlhabende Menschen vor. Deshalb machen wir einen Plan, bei dem du 50 Prozent deines frei verfügbaren Kapitals zum Sparen nutzt und 50 Prozent zur Schuldentilgung.

Jetzt sagst du vermutlich: »Aber Philipp, ich muss doch erst meine Schulden tilgen!«

Ja, du musst deine Schulden tilgen, aber nicht nur. Du nimmst nur eine Hälfte, um deine Schulden zu tilgen. Die andere Hälfte brauchst du, um sofort zu beginnen, wohlhabend zu werden. Jetzt könntest du sagen: »Mist, habe ich nicht, ich brauche mehr als 50 Prozent, um die Schulden zu bezahlen.« Was kannst du jetzt tun? Heulen, Verdrängen, Psychopharmaka, Alkohol oder Frustessen? Das alles gilt bei mir nicht. Verhandeln finde ich gut.

Schritt 5: Nachdem du deinen Plan gemacht hast, handelst du im fünften Schritt mit deinem Gegenüber die Quote aus, die du bezahlen kannst. Mach das nicht beim Standard-Mediamarkt-Kredit von 300 Euro, da ist nichts zu verhandeln. Aber wenn es nennenswerte Schulden sind, wirst du feststellen, dass du wunderbar darüber verhandeln kannst. Wie verhandelst du Schulden?

Das ist sehr einfach. Du rufst deinen Gläubiger an und sagst Folgendes: »Ich weiß, dass ich Ihnen 25.000 Euro schulde, aber ich kann die nicht bezahlen.« Dann sagst du nichts mehr. Schweigen ist gut. Ich verspreche dir, jetzt kommt ein Angebot von der anderen Seite. Wer da länger schweigt, gewinnt. Das ist übrigens auch beim Verkaufen die wichtigste Regel: Angebot machen, klarer Preis, Klappe halten.

Beim Verhandeln gilt: Wer länger schweigt, gewinnt.

Aber zurück zum Schuldenverhandeln: Jetzt sagt dein Gegenüber irgendwas. Damit hast du schon eine Sache gewonnen: Du hast dein Gegenüber emotional gewonnen. Versetz dich mal in die Lage des anderen: Meist ist es so, dass die Person mit den Schulden sich nicht mehr meldet. Dann greift der

Gläubiger irgendwann zum Telefon, aber die Person geht nicht ran. Irgendwann hat sie eine neue Handynummer. Menschen, die Schulden haben, verdrücken sich, weil sie Angst haben und sich schämen.

Aber du machst das jetzt anders und nutzt dieses ungewöhnliche Verhalten für dich, indem du deinen Gläubiger anrufst und ihm die Wahrheit sagst: »Ich habe Schulden bei Ihnen. Und ich verspreche Ihnen, ich zahle meine Schulden zurück. Aber ich brauche ein bisschen mehr Zeit, ich kann sie im Moment nicht bezahlen.« Der andere merkt, dass du dich selbst meldest und ein Commitment machst. Er weiß, dass du es ernst meinst.

Das ist natürlich kein Lippenbekenntnis. Das ist dein Ernst. Du wirst diese Schulden zurückzahlen, nachdem ihr eine Vereinbarung getroffen habt, die du einhalten kannst.

Schritt 6: Nun zahlst du nach dem vereinbarten Plan die Schulden zurück, während du parallel die anderen 50 Prozent sparst. Zum eigentlichen Zurückzahlen von Schulden sage ich nur einen Satz: Wenn du Schulden nicht zurückzahlst, kommt auch das energetisch in deinem Leben wieder zurück. Also zahle jeden Cent deiner Schulden zurück. Jeden Cent. Punkt.

Schritt 7: Wenn du dann die Schulden los bist, stellst du einen schweren Rucksack neben dir ab und atmest tief durch. Dann kannst du erst mal feiern. Muss ja nicht viel Geld kosten. Schuldenfreiheit ist definitiv ein sensationell guter Grund zum Feiern!

Wer Geld verleiht, verlängert das Leiden

Abschließend möchte ich noch ein paar Worte sagen für den Fall, dass du auf der anderen Seite stehst, auf der Seite eines potenziellen Gläubigers. Zu dem, was du dann tun bzw. lassen solltest, habe ich inzwischen eine klare Meinung, auch wenn ich diese damals, als ich dringend Geld brauchte, sehr hart fand.

Vor vielen Jahren hatten meine Eltern in ihrem Unternehmen ziemlich hohe Schulden. So etwas kann passieren in einer Firma. Es hat uns alle sehr belastet. Anders gesagt: Wir haben gelitten. Ich wollte daran etwas ändern und bat meinen damaligen Mentor Sönke um eine sechsstellige Summe. Was hat er darauf erwidert?

»Philipp, du kriegst von mir kein Geld. Du weißt, dass ich dir locker das Geld leihen könnte. Aber ich würde damit dein Leiden nur verlängern. Ich weiß, wie leidvoll es ist, Schulden zu haben, aber erst, wenn ich dir kein Geld leihe, bist du gezwungen, es selbst zu beschaffen. Ich würde dir damit keinen Gefallen tun, glaub mir.«

Ich habe ihm damals gar nichts geglaubt. Ich habe geschäumt vor ohnmächtiger Wut und vor Verzweiflung. Aber was sollte ich tun? Er wollte nun mal nicht.

Meine Eltern haben es später selbst geschafft. Die Schulden waren zurückgezahlt. Und ich wusste dann auch, dass Sönke recht hatte, so bitter es damals auch war. Heute bin ich derselben Meinung: Jemandem Geld zu leihen, bedeutet, dazu beizutragen, dass sein Leiden verlängert wird. Ich empfehle heute, es nicht zu tun. So hart es klingt und so hart es ist – für den anderen und für dich, wenn du den anderen leiden sehen musst. Vielleicht ist es ein Freund, eine Freundin, vielleicht ein Familienangehöriger. Lass es sein. Verleih kein Geld. Das ist meine Empfehlung. Dann verschenk das Geld lieber.

Auch wenn es hart ist: Verleih kein Geld.

Wenn wir ein gutes Geldverhalten ausprobieren, haben wir die Grundlagen geschaffen, um eine gute Geldpersönlichkeit zu entwickeln. Im nächsten Teil geht es um deine Persönlichkeitsentwicklung. Nach den Basics folgt nun sozusagen die Kür.

III. Persönlichkeit führt, das Geld folgt: Warum Lottomillionäre ihr Geld wieder verlieren

9. Geld kommt selten allein – die gute Geldpersönlichkeit

»Erst die Persönlichkeitsentwicklung, dann das Geld« – der Satz wird uns durch diesen Teil des Buches und letztlich durch das ganze Buch begleiten. Er ist meine Hauptmotivation, das Buch zu schreiben. All diese Fragen gehören zum Thema Geld: Wie und wie viel Geld verdiene ich, gebe ich aus, spare und investiere ich? Welche Rendite erwarte ich? Wie ist meine Beziehung zu Geld? Wie denke und spreche ich über Geld? Welche Emotionen, welche Gefühle verbinde ich mit dem Thema Geld? Wir können das Geld nicht ohne solche Fragen betrachten.

Die vielen Widerstände, sich mit Geld zu beschäftigen

Ich vermittle nun seit vielen Jahren mit voller Kraft, wie man sich mit einem guten Geldverhalten zu einem wohlhabenden Menschen entwickelt. Dennoch: Ich sehe immer wieder Teilnehmende, die das Gelernte nicht umsetzen. Noch nicht einmal das Töpfesystem. Wenn wir in den wöchentlichen Webinaren nachfragen, wer das System umgesetzt hat, schweigen viele oder murmeln etwas wie »Hatte noch keine Zeit dafür« oder »Mach ich noch«, obwohl es einfach, mit wenig Arbeitsaufwand und ganz ohne Risiko umzusetzen ist. By the way: Hast du es schon umgesetzt?

Hast du das Töpfesystem schon umgesetzt?

Diese Umsetzungshemmung scheint nur auf den ersten Blick unverständlich. Wenn wir auf einer tieferen Ebene hinsehen, landen wir bei den inneren Widerständen.

Warum haben viele Menschen so starke Widerstände, sich mit ihren Finanzen zu beschäftigen? Diese Widerstände resultieren nach meinen Beobachtungen aus einer Mischung unhinterfragter Überzeugungen, negativer, oft ebenfalls kontraproduktiver Gefühle und generell einer nicht geldförderlichen inneren Ausrichtung. So müsste die begründete Angst »Ich werde im Alter nicht genug Geld haben« eigentlich dazu führen, dass man besser fürs Alter vorsorgt. Doch hier ist die Realität so unangenehm, dass viele diese Angst und damit die gesamte Thematik lieber ausblenden oder verdrängen. Viele Menschen haben bisher auch keine gute Beziehung zu Geld aufbauen können, deshalb wollen sie sich nicht mit Geldthemen beschäftigen. Die Widerstände resultieren auch aus einschränkenden Glaubenssätzen wie »Ich habe keine Chance« oder »Ich komme nie auf einen grünen Zweig«, aus schlechten Erfahrungen (»Ich habe Geld verloren, als ich in Aktien investiert habe«), aus Abneigung (»Geld ist schmutzig«) und aus ungünstigen Gewohnheiten (»Wenn ich Geld habe, gebe ich es aus«).

Viele assoziieren mit viel Geld das große Glück und empfinden ihren jetzigen Zustand als glücklos, was sie daran hindert, mit dem glücklich zu sein, was jetzt schon da ist – eine wichtige Grundlage für eine gute Geldpersönlichkeit. Es gibt genug Belege dafür, dass Geld nur begrenzt glücklich macht. Der britische Sozialpsychologe Michael Argyle von der Universität Oxford fand heraus, dass sich 67 Prozent von 100 befragten Multimillionären mit über 125 Millionen Dollar Vermögen als glücklich bezeichnen, aber auch 62 Prozent der Durchschnittsverdiener. Reiche Menschen fühlen sich also nur etwas glücklicher als weniger Reiche.

Geld macht nur begrenzt glücklich.

Denn das Verhältnis von Glück zu Geld ist nicht linear: Wer fünfmal so viel verdient ist nicht fünfmal so glücklich. Die inzwischen vielfach bestätigen Ergebnisse einer Studie der amerikanischen Psychologen Philip Brickman, Dan Coates und Ronnie Janoff-Bulman zeigen, dass 22 Lottogewinner nach einem Jahr nicht glücklicher als 22 Vergleichspersonen waren. Diese sogenannte hedonistische Anpassung ist seitdem vielfach bestätigt worden: Sowohl nach Erfolgserlebnissen als auch nach Schicksalsschlägen pendelt sich das Glücksgefühl nach einiger Zeit wieder auf Normalniveau ein. Negative wie positive Vorstellungen im Zusammenhang mit Geld sind eben Projektionen, da Geld neutral ist – darüber haben wir schon gesprochen. Sie resultieren aus dem, was jemand über Geld im Kopf und im Gefühl hat.

Andererseits sollten wir auch nicht herunterspielen, wie wichtig Geld ist. Manchmal höre ich: »Geld ist nicht wichtig« oder »Geld macht auch nicht glücklich«. Auch das kann eine Abwehrstrategie sein. Denn bei Armut oder Schulden sieht es noch mal anders aus als bei den eben zitierten Studien zum Zusammenhang von Glück und Geld. Natürlich ist Geld wichtig. Wir brauchen materiellen Wohlstand, um einigermaßen gut zu leben. Sonst sind wir tatsächlich weniger glücklich. Wenn Geld generell nicht wichtig wäre, würden wohl nicht die meisten Menschen jeden Tag acht bis zwölf Stunden für Geld arbeiten gehen.

Natürlich ist Geld wichtig.

Das ist nur auf den ersten Blick ein Widerspruch zu dem, was ich vorher geschrieben habe. Denn es geht nicht darum, Geld linear mit Glück zu verknüpfen. Also nicht: Je reicher, desto glücklicher. Aber wenn kein materieller Wohlstand da ist, ist es in meinen Augen absolut nachvollziehbar, dass man andauernd an das fehlende Geld denken muss. Man fokussiert sich auf einen Mangel und macht sich große Sorgen: Wie soll ich meine Miete bezahlen, meine Kinder ernähren oder das kaputte Auto reparieren? Sätze wie »Geld ist nicht wichtig« sind daher nichts anderes als Ausreden, die unser Handeln rechtfertigen sollen. Es geht also bei wenig Geld einerseits darum, den aktuellen Zustand anzunehmen, andererseits aber auch darum, sich zu einem neuen Zustand mit mehr Geld hinentwickeln zu wollen.

Über viel Geld zu verfügen, setzt persönliche Entwicklung voraus. Das wird deutlich, wenn man sich Menschen ansieht, die eher zufällig zu viel Geld gekommen sind. Ein erfolgreicher Profi-Fußballer hat auf einmal fünf Millionen Euro auf dem Konto, jedoch in den zurückliegenden Jahren vor allem Fußball gespielt und sich jenseits dessen nicht persönlich entwickelt. Der Fußballer, den ich im Kopf habe und persönlich kenne, hatte damals noch keine Beziehung zum Geld. Er hat dann in kürzester Zeit alles für unsinnige Sachen ausgegeben: Häuser, Autos, Feiern. Er war, ähnlich wie manche

Lottogewinner, das Geld bald wieder los. Seine Persönlichkeit passte noch nicht zu dem Geld, über das er plötzlich verfügte.

Persönlichkeitsentwicklung allein reicht wiederum auch nicht. Man muss zusätzlich wissen, wie Geld konkret geht. Ich hätte auch ein anderes Buch schreiben können: »20 Prozent Rendite pro Jahr« oder so etwas. Mache ich aber nicht. Weil man das wiederum nicht in einem Buch vermitteln kann. Dazu braucht man schon regelmäßiges Training. Aber das ist erst der zweite Schritt, und sogar der leichtere. Im ersten Schritt geht es um die persönliche Entwicklung.

Dabei gibt es zwei Veränderungsrichtungen, die beide funktionieren: Veränderung geht von innen nach außen, aber genauso auch von außen nach innen. Energetisch ist das nämlich vollkommen egal. Man kann innen Gedanken und Emotionen verändern, daraus folgt außen, dass sich wie von selbst das Verhalten ändert und dadurch andere Ergebnisse geschaffen werden. Diese Art, sich zu entwickeln, ist nicht leicht. Du brauchst dafür mehr als den bloßen Vorsatz, anders zu denken. Wie schon beschrieben, läuft unfassbar viel unbewusst ab, ungefähr 90 Prozent, und es gibt zigtausend Gedanken und Gefühle am Tag. Die bewusste Kontrolle der Gedanken ist extrem schwierig und wenig erfolgversprechend. Disziplin und Willenskraft werden nachweislich überschätzt. Ebenso schwer ist es, die eigenen Emotionen direkt, also mithilfe von Willenskraft und bewusster Kontrolle zu verändern.

Disziplin und Willenskraft werden überschätzt.

Wie eingangs erwähnt, hatte ich beim Schreiben dieses Buches Unterstützung von Ulrike Scheuermann, einer Expertin für Persönlichkeitsentwicklung. Gerade in diesem dritten Teil des Buches hat Ulrike meine Ausführungen mit ihrem psychologischen Erfahrungswissen bereichert. Ulrike arbeitet mit Ansätzen, bei denen man mit modernen psychologischen Methoden im Unterbewusstsein zum Beispiel die Auslöser für negative Emotionen im Zusammenhang mit Geld wie Ärger, Neid, Angst oder Gier neutralisieren kann, sodass sie keine Emotionen mehr auslösen. Das ist erfolgversprechender als die bewusste Kontrolle von Gedanken und Gefühlen. Wie das gehen kann, erfährst du etwas später, wenn wir uns ansehen, wie man die Auslöser für Geldblockaden finden und diese Blockaden lösen kann.

Der andere Weg persönlicher Veränderung beginnt im Außen, über das Verhalten: Du spendest, du zahlst Steuern, und zwar ehrlich. Du baust eine gute Beziehung zu Geld auf und sprichst gut über Geld. Was passiert? Wenn du dich so verhältst, verändern sich deine Gedanken und deine Emotionen. Es ist wie beim Lächeln: Wer lächelst, verändert seine Biochemie.

Es geht mir dabei allerdings nicht um positives Denken. Denn positives Denken kann krank machen, jedenfalls mich. Ich habe es ausprobiert. Morgens klingelt der Wecker und ich bin schlecht drauf, habe Rückenschmerzen. Ich denke »So ein Mist, mein Rücken tut weh, ich muss trotzdem aufstehen, wie blöd.« Aber dann fällt mir ein: »Jetzt soll ich positiv denken. Ach toll, der neue Tag beginnt …« Dabei kriegst du einen Knall, weil du jeden Gedanken umdrehst, der dir in den Sinn kommt. Das kann krank machen, weil du dadurch lernst, ständig deine Wahrnehmungen zu negieren und zu unterdrücken. Es kann sogar gefährlich werden, wenn du deine Wahrnehmung nicht ernst nimmst und vielleicht Anzeichen für eine Krankheit ignorierst und deshalb nicht zum Arzt gehst – schließlich versuchst du dir ja einzureden, dass du »gesund und glücklich« bist.

Die finanzielle Komfortzone

Schauen wir mal genauer hin, was uns alles hindert, uns beim Thema Geld weiterzuentwickeln. Viele Menschen haben starke Widerstände dagegen, ihre Komfortzone zu verlassen. Damit lässt sich gut begründen und verstehen, warum Menschen in einem Zustand verharren, den sie eigentlich verändern wollen. Denn außerhalb der Komfortzone fühlt man sich unsicher, wackelig, muss Dinge tun, die einem Angst machen, die Stress auslösen. In der Komfortzone tun wir die Dinge hingegen einfach, weil sie normal, vertraut und oft auch automatisiert sind, weil wir sie brauchen und weil sie uns befriedigen. Zum Beispiel: essen, trinken, schlafen. In dieser Zone befinden sich zudem all die Dinge, die wir uns im Laufe des Lebens angeeignet haben und deshalb gut können.

Nehmen wir mal als Beispiel einen Buchhalter. Er arbeitet jeden Tag seine Buchhaltung ab. Das hat er gelernt, das kann er gut. Das macht er, weil er diese Tätigkeit mag. Was ist für ihn das Schönste? Er antwortet, ohne nachzudenken: »Wenn die Konten aufgehen.« Warum? Da ist er mitten in der Komfortzone. Doch was passiert, wenn die Konten nicht aufgehen? Er verzieht das Gesicht und weiß genau: Da gerät er an den Rand der Komfortzone. Denn er merkt, dass er den Fehler nicht allein beheben kann. Er muss den Unternehmer anrufen, dessen Konten er gerade bearbeitet. Das ist allerdings nicht seine liebste Tätigkeit, weil er gern allein und in Ruhe arbeitet. Wenn er in seiner Komfortzone bleiben will, ruft er nicht an und lässt den Fehler in der Buchhaltung. Ruft er doch an, verlässt er damit ganz klar seine Komfortzone. Er streckt sich, er wächst.

Wer die Komfortzone verlässt, streckt sich und wächst.

Wir haben auch eine finanzielle Komfortzone. Das ist das, was für uns normal ist im Zusammenhang mit unseren Finanzen. Für den einen sind es die Schulden, daran ist er gewöhnt. Es gibt Leute, die sind immer mit 3000 Euro im Minus beim Dispokredit, egal, wie viel Geld sie gerade zur Verfügung haben. Oder mit 30.000 Euro. Für eine andere ist die Komfortzone die schwarze Null auf dem Konto. Wie Anna, von der ich vorhin im Zusammenhang mit dem Töpfesystem erzählt habe. Sie hatte zwar schon anfangs keine Schulden, aber auch nie etwas übrig auf ihrem Konto am Monatsende.

Deine finanzielle Komfortzone

Wie steht es um deine finanzielle Komfortzone? Frage dich:

- **Was gehört zu meiner finanziellen Komfortzone?**
- **Womit fühle ich mich bisher wohl und normal in Bezug auf Geld?**
- **Wo kann ich mich strecken? (Dazu gleich mehr.)**

Notiere das am besten schriftlich.

Wenn du dir deine Komfortzone bewusst gemacht hast, beginnst du, sie zu vergrößern. Der erste Schritt dazu kommt dir vielleicht seltsam vor: Die Komfortzone zu vergrößern heißt zunächst einmal, deine aktuelle Situation, den jetzigen Zustand zu akzeptieren. Es geht dir schon gut. Das ist der entscheidende Dreh! Lege nicht alles Gute in die Zukunft, dann kommst du nie dort an. Hier und jetzt geht es dir schon gut. Erst dann kommst du weiter. Also, zur Wiederholung:

Die Komfortzone zu verlassen heißt, den Ist-Zustand akzeptieren.

Du hast vermutlich erwartet, dass ich dir nahelege, ein Jahresziel mit einer immensen Geldsumme zu nennen. Das passiert häufig in Geldseminaren. Vielleicht hast du auch schon mal eines besucht. Da machst du dir einen Plan, wie du finanziell frei wirst. Du schreibst dir auf: »Ich habe in fünf Jahren eine Million.« »Alter«, sagt dein Sitznachbar, während er auf dein Blatt mit der Zahl schielt. »Mach doch ein ordentliches Ziel: 3 Millionen. 5 Millionen. Unter 10 Millionen bist du eigentlich pleite. Haus in München, Haus am Meer und ein eigener Learjet müssen schon drin sein.«

Okay, du klemmst noch eine Null auf deinem Zettel hinter deine Million. 10 Millionen. Hochmotiviert gehst du nach Hause. 30 Tage später ziehst du Zwischenbilanz. Was ist passiert? Nichts. Weil diese Seminare Humbug sind. Sie sind sogar gefährlich. Vorher hattest du wenigstens kein Ziel. Da war noch alles in Ordnung, wenn du in den Spiegel geschaut hast. Aber jetzt: Nach dem Seminar bist du motiviert, wie unter Drogen. Aber das ist extrinsische Motivation. Geld-Motivationsseminare bringen nichts. Weil den Teilnehmenden suggeriert wird, sie müssten nur in das Seminar gehen, dann schafften sie es. Nein. So läuft es nicht.

Du musst zuerst einmal annehmen, was ist. Wenn du finanziell noch am Anfang stehst, dann ist das okay. Dir geht es trotzdem gut. Mach dein Glück nicht von der Geldmenge auf deinem Konto abhängig. Wenn du Schulden hast, ist auch das okay. Du lebst damit. Du bist trotzdem ein wertvoller Mensch. Wenn du akzeptierst, was ist, und wenn es dir

Nimm erst mal an, was ist.

dabei gut geht, dann bist du innerlich reif dafür, dass sich das Äußere zum noch Besseren ändert. Hast du es gemerkt? Ich habe nicht geschrieben »zum Besseren ändert« sondern »zum noch Besseren ändert«.

Ob du 3000 Euro monatlich verdienst oder 300.000 Euro macht keinen Unterschied. Null. Du stehst in deinem Leben heute finanziell an der richtigen Stelle. Denn du hast heute eine Einstellung zu Geld. Diese hängt zusammen mit Verhaltensmustern, Sprache, Emotionen und Gefühlen, die dich dorthin gebracht haben, wo du heute mit deinem Geld stehst. Das ist eine enorm wichtige Erkenntnis, die nach meiner Erfahrung die meisten Menschen ablehnen. Ich höre auf meinen Vorträgen, in meinen Seminaren oder in Interviews unendlich viele Gründe, warum jemand nicht dort ist, wo er eigentlich sein sollte: »Also Philipp, ganz im Ernst, du hast Glück gehabt. Du kommst aus einem Unternehmerhaushalt. Du hast als Kind schon Monopoly gespielt.« »Du bist ein Mann, ich bin eine Frau.« »Ich bin zu alt, um noch vom Zinseszinseffekt zu profitieren.« »Ich bin zu jung, ich habe noch kein Vermögen, das ich anlegen könnte.« »Ich kann nicht rechnen.« »Ich bin zu dumm.« »Mein Chef gibt mir keine Gehaltserhöhung.« »Die Kunden kaufen nicht von mir.« »Ich habe eine Abteilungsleiterin, die mobbt mich, weil sie zu Hause einen Ehemann hat, der ihr die Hölle heißmacht, und deswegen kriege ich es bei der Arbeit ab.«

Dann denke ich: »Wenn das der Grund ist, dann ändere das, nimm es nicht als Ausrede, um in deiner Komfortzone zu bleiben!« Du kannst einen Schritt weitergehen, mitten rein in die Ängste, die auftauchen, wenn man seine Komfortzone erweitert. Die Themen, die dann an die Oberfläche kommen, sind oft heftig. Sie sind definitiv nicht mit Motivationssprüchen zu lösen à la »Du kannst alles erreichen, wenn du es nur wirklich willst«. Das hören die Menschen gern, weil es auf einen kindlichen Wunsch antwortet: dass einem alle Wünsche erfüllt werden. So ist das Leben aber nicht. Zum Glück, denn sonst hätten wir keine Entwicklungsanlässe mehr und würden in unserem Wachstum einfach stehen bleiben.

Mit Motivationssprüchen kommt man nicht weiter.

Eine Teilnehmerin meines Seminars hatte einen Entwicklungsanlass, den sie selbst sehr klar erkannte und der sie bei der Entwicklung ihrer Geldpersönlichkeit vorerst blockierte. In einer Seminarpause kam sie zu mir und sagte: »Philipp, ich kann nicht reich und wohlhabend werden«.

Ich höre, wie ihre Stimme zittert.

»Warum denn das?«

»Wenn ich richtig reich werde, werden meine Kinder entführt«.

Ich sehe, wie ihr Tränen in den Augen stehen.

Wir unterhalten uns ein wenig. Sie hat im Fernsehen immer wieder gesehen, dass die Kinder reicher Eltern entführt werden, mehr noch in anderen Ländern als bei uns. Daraus hat sie diesen Glaubenssatz entwickelt. Mit solch einem Glaubenssatz ist keine Entwicklung beim Thema Geld möglich. Man kann schlicht nicht wohlhabend werden, wenn man damit die Vorstellung verbindet, dass man dann seine Kinder verliert. Das geht nicht. Also muss sie sich erst mit dieser Angst auseinandersetzen, sonst kommt sie mit ihrem Geld nicht weiter. Damit ist sie mit einem Mal weit jenseits ihrer Komfortzone und mit sehr existenziellen Themen beschäftigt, an die man normalerweise nicht ran will. Die Vorstellung, die eigenen Kindern könnten entführt werden, kann unglaubliche Angst auslösen. Wie will man solch eine Angst mit einem Motivationsspruch regeln?

Es geht hier also um die Persönlichkeit, die du werden kannst, um damit wohlhabend zu werden. Es geht nicht ohne diese Persönlichkeit. Das Millionärsseminar kannst du vergessen. Die Börsenstrategie allein auch. Du musst zuerst als Persönlichkeit reifen und bereit dafür sein, Geld selbst zu produzieren. Das bedeutet, verstehen, verinnerlichen und mit dem Gefühl leben, dass du Geld produzieren kannst. Dann ist es möglich. Erst dann. Es wird sonst nichts. Das klingt leicht und ist doch nicht leicht.

Ohne gereifte Persönlichkeit geht es nicht.

Schauen wir uns mal genauer an, welche Arten von Blockaden und einschränkenden Glaubenssätzen auf der einen Seite hemmen – und welche Methoden und welche günstigen Haltungen und Einstellungen auf der anderen Seite helfen können auf dem Weg zu einer guten Geldpersönlichkeit.

Ist der Schüler bereit, kommt der Lehrer

Jeden Monat erlebe ich mit meinem Team ähnliche Situationen im Seminarraum. Eine ist mir besonders präsent: In einer der vorderen Reihen, rechts am Fenster, sitzen ein junger und ein älterer Teilnehmer nebeneinander. Der junge Teilnehmer ist geschätzte 27 Jahre, er ist sportlich gekleidet, ein stiller Typ, der aufmerksam zuhört, sich aber nicht mit Wortbeiträgen beteiligt. Der andere neben ihm ist Mitte 60, er wirkt souverän in Gelddingen, aber auch etwas sorgenvoll. Ich erzähle gerade etwas über den Zinseszinseffekt und seine enormen Auswirkungen im Lauf der Jahre. Da sehe ich, wie der Jüngere regelrecht aufblüht, er lehnt sich lässig nach hinten und ich sehe ihm an, was er denkt. Es ist das, was viele in seinem Alter beim Thema Zinseszinseffekt denken. Ich frage ihn direkt und seine Antwort passt zu meiner Vermutung:

»Ich habe einfach einen Riesenvorteil, weil ich noch so jung bin«, sagt er. »Der Zinseszinseffekt arbeitet noch lange für mich.«

Der ältere Teilnehmer neben ihm ist jetzt auch ganz wach. Er sieht den Jüngeren an und sagt witzelnd und zugleich mit betont mitleidigem Unterton: »Schön, dass du noch viele Jahre Zeit hast. Pech nur, dass du kein Geld zum Investieren hast.«

Das ist ein Schwarz-Weiß-Beispiel. Aber nicht gerade selten. Ist es nicht allzu oft so, dass wir andere und anderes für unsere Erfolge und Misserfolge verantwortlich machen und die Gründe nicht in unserem eigenen Verantwortungsbereich suchen? Der Junge kann natürlich leicht sagen: Der Zinseszinseffekt arbeitet für mich. Er kann sich auf diesem Wissen ausruhen. Denn er gibt die Verantwortung an den äußeren Faktor »Alter« ab. Und das ist die Gefahr. Eventuell verschläft er nämlich deshalb seine Chancen, weil er seine Sparrate viel zu niedrig lässt und sein Geld doch lieber für die trendige Einrichtung seiner neuen Wohnung oder ein schickes Auto ausgibt. Da kann man schnell Zehntausende Euro loswerden. Die fehlen dann, um den Zinseszinseffekt so schön zu nutzen, wie ich es im Seminar zeige.

Der Ältere dagegen könnte verzagen, sich ärgern oder darüber schimpfen, dass er mit 65 schon so alt ist, dass das ganze Sparen eh nicht mehr viel bringt. »Was habe ich davon, wenn ich jetzt noch Geld anlege, das ich doch schon bald brauchen werde zum Leben?

So ein Mist! Hätte ich doch früher begonnen. Jetzt bringt es doch nichts mehr. Da kann ich mein Geld auch gleich ausgeben.«

Der Ältere hat recht: Da er nicht mehr so viele Jahre hat, wird der Zinseszinseffekt nicht mehr so viel für ihn bewirken wie für seinen Sitznachbarn. Dafür hat er jedoch viel mehr Geld zum Investieren.

Wir sind zu alt oder zu jung, wir sind ein Mann oder eine Frau, wir leben am falschen Ort, wir haben die falsche Ausbildung, unser Chef behandelt uns nicht fair, wir sind nicht gut am Computer mit dieser modernen Software oder unser Kundenpotenzial ist zu gering. Ich habe es schon gesagt: Ich bin fest davon überzeugt, dass die Ergebnisse jedes Menschen das Resultat seiner Glaubenssätze, Emotionen und Verhaltensweisen sind. Damit will ich nicht stigmatisieren und auch nicht dem Einzelnen die Schuld zuschieben. Es geht mir nur um die Erkenntnis. Wir dürfen Verantwortung übernehmen für das, was wir heute sind. Dann müssen wir nicht mehr in der Opferrolle verharren, weil wir dann nicht mehr den unveränderlichen Umständen die Schuld geben müssen. Wir können eine andere Haltung entwickeln, die durchaus das Bisherige annimmt, aber dann weitergeht. Wir können immer neue Möglichkeiten finden, uns trotz widriger Umstände weiterzuentwickeln.

Wir müssen nicht in der Opferrolle verharren.

»Schuld« dagegen sind wir nicht an dem, wo wir heute stehen. Es gibt alle möglichen Ursachen, warum unser Leben heute so ist, wie es ist. Es hat einen Grund, dass manche Leute heute arm sind, während ich wohlhabend bin. Das kann der familiäre Hintergrund sein. Das kann ein bestimmtes Umfeld sein – vielleicht ein geldfeindliches Umfeld, in dem Geld als schmutzig und schlecht angesehen wird. Es kann auch die Familientradition sein. Es kann auch Glück oder Pech sein – nicht alles hängt von einem selbst ab. Wohl aber, wie man mit allen diesen Ursachen und glücklichen oder unglücklichen Umständen umgeht.

Auf diesen Gründen sollte man sich also nicht ausruhen, denn das würde bedeuten, die Verantwortung für die heutige Lebenssituation an andere abzugeben. So denken und verhalten sich Kinder: »Mama, der Peter ist schuld, dass ich so spät nach Hause komme. Der wollte, dass ich noch …« Gut, bei diesem einfachen Beispiel kann man sagen: »Kind, schau das nächste Mal auf deine schöne neue Armbanduhr und komm zu der Zeit heim, die wir verabredet haben.« Beim Thema Geld ist die Sache meistens komplizierter. Wer zum Beispiel in einer Familie groß geworden ist, in der Geld »schmutzig« war und der Glaubenssatz vorherrschte: »Die Reichen sind doch alle Protzer, da wollen wir nicht dazugehören«, der hat diese Haltung, die er in den prägenden Jahren seiner Kindheit erfahren hat, tief verinnerlicht. Es ist nicht leicht, diese Haltung zu verändern und wirklich anders zu *fühlen*. Aber es geht.

»Wenn der Tag nicht dein Freund war, war er dein Lehrer«, schreibt Ulrike Scheuermann in ihren Büchern »Innerlich frei« und »Self Care« und bringt damit auf den Punkt, was ich hier sagen möchte: Der Tag als Lehrer – wer es so betrachtet, hat ein riesiges Potenzial an Möglichkeiten und Gelegenheiten, sich innerlich weiterzuentwickeln, auch wenn manches erst mal ungelegen kommt. In dem Moment, in dem wir akzeptieren und es ganz konkret erfahren, dass wir unser Schicksal zu einem viel größeren Teil, als wir dachten, selbst in der Hand haben, werden die richtigen Menschen und Gelegenheiten in unser Leben treten – und wir werden sie auch sehen. Situationen, Gelegenheiten, Ereignisse, Menschen: Sie alle können unsere Lehrmeister sein, die genau zum richtigen Zeitpunkt auftauchen, auch wenn sie uns nicht immer gelegen kommen. Durch diese Haltung können wir ungelegene und unangenehme Situationen als Entwicklungsimpulse sehen. Es geht immer darum, dass du bereit wirst, die Anlässe zu nutzen. Wenn du dich bereithältst, kommst du voran.

Alles, was uns begegnet, ist ein Lehrmeister.

Ist der Schüler bereit, kommt der Lehrer.

Die Auslöser für Geldblockaden finden und lösen

Diese sich überall bietenden Entwicklungsanlässe können uns erst einmal massiv blockieren. Es wird schwierig, sonst wäre es keine Lernaufgabe. Wenn jemand den Glaubenssatz im Kopf hat »Ich komme nie auf einen grünen Zweig«, geht dieser Glaubenssatz nicht einfach weg, indem man sich ab jetzt vorsagt: »Ich schaffe alles, was ich will.« Ich weiß, dass es tief liegende Blockaden gibt, die im Laufe unseres Lebens entstanden sind und bis heute wirken. Doch es gibt Wege, Blockaden nachhaltig und von Grund auf zu lösen und immer freier zu werden, das zu tun, was man tun will. Erst recht heute, denn es stehen uns sehr gute Methoden zur Verfügung, die schnell und nachhaltig wirken. Eine dieser Methoden, die Ulrike in ihrer psychologischen Arbeit nutzt, lernst du hier kennen, weil auch ich damit sehr gute Erfahrungen mache und von vielen anderen weiß, wie gut die Methode wirkt. Ulrike arbeitet in ihren Coachingprogrammen, Seminaren und Weiterbildungen mit Logosynthese. Dieser Ansatz steht als Beispiel dafür, wie Veränderung heute schnell, nachhaltig und hochwirksam möglich ist. Ulrike erklärt das folgendermaßen:

Exkurs von Ulrike Scheuermann: Was ist Logosynthese®?

Logosynthese ist ein System für persönliche Entwicklung mit einer energiepsychologischen Methode, die enorme Erfolge nachhaltig und in kurzer Zeit bringt. Es geht darum, alle möglichen Arten von Blockaden zu lösen, indem man die *Auslöser* für die Blockaden neutralisiert. Die Methode wurde von dem Psychologen und Psychotherapeuten Dr. Willem Lammers entwickelt. Sie ist bodenständig und kommt ohne Glaubenssysteme aus. Wie ist der Wirkmechanismus?

Bei Logosynthese findet man den Auslöser für eine Belastung und neutralisiert ihn anschließend mithilfe bestimmter Sätze, die im Unterbewusstsein wirken. Auslöser sind belastende Erinnerungen, Glaubenssätze und negative Zukunftsvorstellungen, die sich auf uns in der Gegenwart auswirken: Eine pessimistische Zukunftsvorstellung etwa kann Angst auslösen, zum Beispiel die bildhafte Vorstellung, dass der Schuldenberg ständig weiterwächst. Dieser Auslöser wird in drei Sätze integriert, die man ausspricht. Die Wirkkraft der Worte befreit dann im Unbewussten die im Auslöser gebundene Energie. Der bisherige Auslöser ist neutralisiert und löst nun keine Reaktion mehr aus.

Die Anwendung der Methode setzt voraus, dass man sich professionell begleiten lässt. Insbesondere für tiefergehende Prozesse ist eine professionelle Begleitung mit viel Erfahrung notwendig. Gründlich erlernt, funktioniert Logosynthese jedoch auch als Selbstcoachingmethode.

Du merkst, der Ansatzpunkt ist ein anderer, als wenn das Symptom im Vordergrund steht und behandelt oder bekämpft wird – so wie meist in Coaching- und Therapieansätzen. Meist ist es doch so: Du hast Kopfschmerzen? Nimm eine Kopfschmerztablette, um das Symptom zu bekämpfen. Dann ist vorerst das Symptom weg. Bis die Kopfschmerzen – das Symptom – möglicherweise stärker sind als die Tablettenwirkung und dir zeigen, dass der Auslöser für die Kopfschmerzen weiterhin da ist.

Genauso ist das zum Beispiel bei Angst vor der Börse, einem Symptom. Was machen die meisten Menschen? Sie vermeiden die Angst, indem sie alles an einen Finanzberater abgeben, in Wertpapiere oder Immobilien investieren oder am liebsten gar nichts tun und das Geld auf dem Girokonto oder Sparkonto liegen lassen. Der Auslöser für die Angst vor der Börse besteht aber weiterhin, und wenn man sich nicht mit dem Auslöser beschäftigt, bleibt man hinter seinen Möglichkeiten für eine hohe Rendite und auch für seine persönliche Entwicklung zurück.

Es reicht nicht, nur das Symptom zu bekämpfen.

Was könnte in diesem Fall der Auslöser sein? Vielleicht ein Glaubenssatz, den man über »die Börse« verinnerlicht hat: »Börse ist nur was für Profis, sonst ist das Geld von einem Tag auf den andern weg.« Diesen Glaubenssatz würde man nun mithilfe von Logosynthese neutralisieren, sodass er keine Angst mehr auslösen kann.

Ebenso kann man mit Logosynthese belastende Erinnerungen neutralisieren. Ulrike erzählte mir mal – selbstverständlich komplett anonymisiert – von einem ihrer Klienten, bei dem es um eine Geld-Thematik ging. Er hatte sich als Kind für seinen Vater geschämt, der das verdiente Geld immer wieder beim Glücksspiel verlor und seine Familie damit in große Schwierigkeiten brachte. Sein Klassenkamerad machte sich vor der ganzen Klasse darüber lustig. Er erinnerte sich, wie die Scham sein Gesicht brennen ließ, und diese Scham war bis heute noch präsent und verhinderte, dass er sich gern mit Geld beschäftigte. Er setzte zudem den Aktienhandel mit diesem Glücksspiel des Vaters gleich. Da liegt es nahe, dass er die Börse mied, aktivierte sie doch sämtliche schwierigen Gefühle aus seiner Kindheit in Bezug auf Geld. Mit Logosynthese konnte er die Erinnerungen an die Situation mit dem Klassenkameraden neutralisieren, sodass sie keine Schamgefühle mehr auslösten. Börse wurde für ihn in der Folge das, was sie ist: eine Möglichkeit, durch geschicktes Investieren mit hoher Rendite ein zunehmend höheres Einkommen zu generieren.

Wie viel ist dir deine Persönlichkeitsentwicklung wert?

Damit sind wir bei dem riesigen Potenzial, das sich eröffnet, wenn wir für persönliche Entwicklung bereit sind und dazu auch noch gute Methoden nutzen können. Geld ist ein großartiger Lehrmeister, denn wir wissen ja schon: Das Geld selbst ist neutral und lediglich Energie, die auf die eine oder andere Art eingesetzt werden kann. Beim Töpfesystem habe ich es schon mal erwähnt: Wir können unser Verhalten und unsere Einstellung gegenüber Geld nutzen, um uns persönlich zu entwickeln. Alles, was beim Thema Geld in unserem Leben passiert, kann ein Anlass sein. Angst und sein Gegenspieler in Gelddingen, die Gier, kann man wunderbar ergründen und im besten Fall lösen. Geiz und Neid sind weitere Themen, die man im Zusammenhang mit Geld oft sehr gut bei sich selbst ergründen kann, um dann darüber hinauszugehen. Dankbarkeit, Selbstrespekt und Selbstwert, und schließlich sogar ganz allgemein die Beziehungsgestaltung zu anderen Menschen, sind Themen, bei denen man sich im Zusammenhang mit Geld weiterentwickeln kann.

Wie immer bei persönlicher Entwicklung wird eine Veränderung nicht von heute auf morgen passieren. Eher können wir von einem Prozess ausgehen, der Monate – wenn ein Thema sich leicht verarbeiten lässt und vielleicht schon länger im Unterbewusstsein vorbereitet war – bis Jahre dauern kann. Dieser Prozess wird nie abgeschlossen sein, und das ist gut so. Auch bei mir ist die Entwicklung meiner Geldpersönlichkeit nicht abgeschlossen, wenngleich ich glaube, dass ich in dem Bereich schon ziemlich weit bin. Mit neuen Erfahrungen tauchen immer neue Themen auf. Es bleibt spannend, zum Glück. Wer wäre ich, wenn ich davon ausgehen würde, irgendwann »fertig« zu sein?

Die Entwicklung ist nie abgeschlossen.

Was brauchen wir für diese Entwicklung? Professionelle Hilfe, zum Beispiel durch ein psychologisches Coaching oder eine längerfristige Begleitung mit einer Mischung aus Seminaren, Gruppen- und Einzelcoaching zur Persönlichkeitsentwicklung, kann uns dabei sicher sehr helfen. Sich diese Hilfe zu holen, ist auch eine Frage des Respekts, nämlich des Selbstrespekts und des Selbstwerts: Viele investieren lieber in eine Ausbildung mit einem Zertifikat, das sie bei ihrer nächsten Bewerbung für einen neuen Job vorzeigen können. Doch bist du es dir auch wert, in dich selbst, also in deine Persönlichkeitsentwicklung, Geld zu investieren? Wie viel Geld bist du bereit für deinen persönlichen Wachstumsprozess auszugeben? Und wie hoch ist deine Bereitschaft, dafür in anderen Bereichen etwas wegzulassen? Auch die Frage, wann es genug ist mit Konsum, Habenwollen, Etwas-Brauchen, ist wichtig. Wann sagst du: »Es reicht«, weil du merkst, dass du genug hast? Darum geht es im nächsten Kapitel.

10. Es soll dir gut gehen, das reicht – das Genug-Gefühl

Ein Seminarteilnehmer nahm mich vor ein paar Jahren in einer Pause zur Seite und erzählte mir, dass etwas mit seinem neunjährigen Sohn passiert sei, was ihn sehr gefreut habe. Er saß abends im Wohnzimmer an seinem Laptop und sein Sohn kam zu ihm.

»Papa, was machst du da eigentlich?«

»Ich analysiere die Börse. Ich möchte an der Börse ein bisschen mehr Geld verdienen.«

»Warum?«

»Dadurch kann ich weniger arbeiten und mehr Zeit mit dir verbringen. Nicht erst in zehn Jahren.«

Ein paar Tage später fahren die beiden zum Fußballtraining und er sagt zu seinem Sohn: »Mama hat mir erzählt, du wünschst dir einen Fußball zum Geburtstag. Was hast du dir denn für ein Modell ausgesucht? Welche Farbe, welche Größe?«

Er guckt in den Rückspiegel und sieht die Augen seines Sohnes. Der Junge sagt: »Papa, ich hab mir das überlegt, ich wünsche mir keinen Fußball. Ich wünsche mir Aktien. Denn wenn ich einmal groß bin, möchte ich viel Zeit für meine Kinder haben.«

Es geht um die wirklich wichtigen Dinge im Leben.

Mir schossen sofort die Tränen in die Augen. Vor Freude. Ich war sehr berührt, denn ich habe auch Kinder. Genau das ist es, was ich mir wünsche: dass Leute, am besten auch schon Kinder, verstehen, was der Sinn von Geld ist. Es geht nicht um den Fußball, die Handtasche oder den Sportwagen, wenn wir ein Vermögen aufbauen wollen. Es geht um die wirklich wichtigen Dinge im Leben, die wir mithilfe von Geld und einem Vermögen einfach besser leben können.

Ich war auch deshalb so berührt, weil ich erkannt habe, wie leicht dieser Junge eine Haltung zu Konsum entwickelt hat, die ich »Genug-Gefühl« nenne. Sein Vater hatte verstanden und in seine Haltung integriert, dass er mit genug Geld mehr Zeit für seinen Sohn hat. Der Sohn hat das ebenfalls verstanden und auf seine Wünsche übertragen. Er hat erkannt, dass er auf etwas verzichten kann, um dadurch etwas Wichtigeres als einen Fußball zu erhalten: Zeit mit seinem Papa.

Kinder lernen und entwickeln vieles viel leichter, wofür wir Erwachsene Jahre mühsamer Arbeit brauchen. Sie atmen es sozusagen mit der Luft ein, die sie umgibt. Sie nehmen das, was wir entwickeln, in sich auf und es ist für sie selbstverständlich da. Deshalb ist die persönliche Entwicklung von uns Eltern oder Erziehungsbeauftragten auch so wichtig. Wir entwickeln uns mit unserer Persönlichkeit und die Kinder profitieren davon.

Doch nicht immer geht das so leicht wie bei diesem Vater und seinem Sohn. Denn oft stehen uns auch falsche Vorstellungen im Weg. Oftmals sind das Vorstellungen, die in unserer Gesellschaft kursieren, vermittelt durch Medien, Bücher, Ratgeber. Sie setzen uns einen Floh ins Ohr, und wenn Leute sich daran halten, sind sie auf einem Holzweg und kommen nicht weiter. So wie eine weitere Seminarteilnehmerin von mir.

Warum wir nicht reich werden, wenn wir uns Geld wünschen

Eine Teilnehmerin kam direkt nach einer Seminareinheit, in der es um ein gutes Geld-Mindset ging, auf mich zu. Sie hielt den Kopf etwas nach vorn gebeugt und schaute mich schräg von unten an. Ich bin mit 1,95 Metern ziemlich groß, weshalb viele zu mir hochsehen müssen, wenn sie vor mir stehen, aber in diesem Fall schien die Körperhaltung eine Art von Entmutigung auszudrücken. Vielleicht bedrückte diese Frau etwas oder sie suchte Halt, Orientierung? Mal sehen.

»Philipp, dein Seminar ist ja wirklich großartig!«

Okay, das höre ich oft. Ich bin gespannt, was danach kommt.

»Ich habe da mal eine Frage.«

Aha, jetzt kommt das Eigentliche. Ich gucke freundlich und hoffentlich ermutigend.

»Kennst du dich aus mit dem Wünschen? Also Resonanzgesetz und so? Dass es in Erfüllung geht, wenn man sich etwas vom Universum wünscht?«

»Ja, diesen Ansatz kenne ich. Kann funktionieren.«

Jetzt kommt sie in Schwung: »Genau, das denke ich auch. Ich habe alle möglichen Bücher darüber gelesen und ich glaube fest daran, dass man durch Wünschen eine neue Realität erschaffen kann. Also müsste das doch auch mit dem Thema Geld funktionieren.«

»Tut es aber nicht?«, frage ich vorsichtig.

»Nein! Ich wünsche mir seit Jahren, dass das Geld endlich reicht. Dass finanzielle Fülle da ist. Ich habe Plakate mit Collagen in meiner Wohnung, auf denen ich genau das Leben mit viel Geld abgebildet habe, das ich mir vorstelle. Ich sage mir jeden Morgen: ›Ich bin reich, Geld ist in Fülle vorhanden, mir mangelt es an nichts.‹ Aber ich habe immer noch Schulden und knapse mit dem wenigen Geld herum, das ich habe. Es ist wirklich ein Elend, seit Jahren. Dabei wünsche ich mir nichts sehnlicher, als endlich meine Schulden los zu sein und finanziell frei zu leben. Was mache ich bloß falsch?«

»Das kann ich natürlich nur vermuten. Aber ich habe eine Idee dazu, schau mal, ob sie für dich passt.«

Sie sieht mich sehr gespannt an, also erzähle ich, was ich denke.

»Du sagst, dass dein Leben ein Elend ist mit dem knappen Geld. Genau das ist das Problem. Du wünscht dir mehr Geldfülle für die Zukunft. Aber in der Gegenwart fühlst du dich im Mangel. Alles Positive findet erst in deiner Zukunft statt. So kann es nichts werden.«

Sie schaut ratlos. »Aber ich habe wirklich seit Jahren zu wenig Geld. Es reicht hier und da nicht.«

»Du musst dich erst innerlich reich fühlen. Hier und heute bist du schon in Fülle. Dann erst kann auch mehr Geld zu dir kommen.«

Jetzt sehe ich rote Flecken an ihrem Hals. Ich merke, sie ist aufgebracht.

»Ich kann nicht mal einen Urlaub machen oder mir neue Klamotten oder mal eine Handtasche kaufen oder Essen gehen. Wie soll ich mich da reich fühlen?«

Ich bin jetzt auch nicht mehr so ruhig wie bisher.

»Na, dann würde ich mal sagen, dein Problem ist die Wertschätzung. Hast du eine Wohnung?«

»Ja, klar.«

»Und wann warst du das letzte Mal beim Arzt?«

»Vor ein paar Wochen, da war ich bei meiner Hausärztin für den Gesundheitscheck. Alles ist in Ordnung. Wieso fragst du?«

»Okay, dann hast du gleich drei Gründe, dich reich und in Fülle zu fühlen.«

Ihr Blick lässt vermuten, dass sie nicht versteht und auf die Lösung eines Rätsels wartet.

Ich fange an aufzuzählen: »Du hast eine Wohnung. Das ist schon mal sehr gut und ein Grund, sich jeden Tag zu freuen und dankbar zu sein. Was für ein Glück, eine eigene Wohnung zu haben und nicht auf der Straße zu leben! Außerdem lebst du in einem Land, in dem du selbstverständlich Zugang zu den Leistungen eines ziemlich gut funktionierenden Gesundheitssystems hast. Glückwunsch – damit bist du im Vergleich zu Milliarden Menschen auf der Erde ganz weit vorn. Und du bist offensichtlich gesund. Was ist das für ein Riesenglück, für das du ebenfalls jeden Tag dankbar sein könntest! Was für ein Reichtum, gesund zu sein! Darum beneiden dich unzählige Menschen.«

»Aber was hat das mit Geld zu tun? Ich habe diese Schulden, die mich sehr belasten, eigentlich denke ich jeden Tag daran.«

»Ja, Schulden sind sehr belastend, das weiß ich. Aber du fokussierst dich darauf, auch jetzt in unserem Gespräch, und du siehst nicht, wie viel unglaublich Gutes in deinem Leben ist. Du hast es gut, dir geht es gut. Genieße das und sei dankbar dafür, jeden Tag. Das Geld ist bei denjenigen, die sich schon reich fühlen. Und dafür hast du mehr als genug Gründe. Nur so funktioniert das Resonanzgesetz. Wenn du dich heute arm fühlst und die Geldfülle in die Zukunft projizierst, indem du sie dir dort wünschst, dann wird das nichts mit dem Wünschen und auch nichts mit der Schuldenfreiheit. Du ziehst nur immer mehr Mangel an.«

Siehst du das Gute in deinem Leben?

Sie klingt jetzt etwas trotzig: »Wer bekommt das denn hin? Das will ich mal sehen.«

Damit geht sie zu den anderen Seminarteilnehmenden ans Buffet. Ich merke, wie ihre pessimistische, anklagende Stimmung bei mir noch nachhängt. Ich gehe auch in die Pause, und während ich noch ein wenig in Gedanken bin, fällt mir ein, dass sie sich auch nicht für das Gespräch mit mir bedankt hat. Im Seminar sind fast 100 Teilnehmende und sie hat in der Pause eine persönliche Coachingsession von mir bekommen. Nur für sie. Einfach so. Ich überlege weiter: Irgendwoher hat sie doch die Seminargebühr, sonst wäre sie nicht hier. Vielleicht hat sie ihr jemand geschenkt? Oder sie hat doch noch ein Geldpolster? Schon wieder ein Grund für Dankbarkeit und damit für ein Füllegefühl.

Damit lege ich die Gedanken an sie endgültig zur Seite und genieße in vollen Zügen das Pausenbuffet, das wirklich sensationell gut ist, mit vielen gesunden Salaten, Vorspeisen, Desserts und mindestens vier Hauptgerichten. Für jeden Geschmack ist etwas dabei. Ich bin sehr dankbar, dass das Hotelteam so gut für uns sorgt. Was haben wir es doch gut hier!

Diesem Erlebnis ist eigentlich kaum noch etwas hinzufügen. Nur so viel, quasi als Resümee:

Solange wir uns im Mangel fühlen und die Fülle in die Zukunft projizieren, kann das Wünschen und Manifestieren nicht funktionieren.

Wir sind nicht in der Schwingung, die das Geld anzieht. Wir ziehen Mangel an, weil wir uns im Mangel fühlen. Da können wir uns noch so viel Foto-Collagen basteln und tolle Visionsbilder entwickeln. Wenn das alles in der Zukunft platziert ist, können wir es gleich lassen.

Andersherum ziehen wir Fülle an, wenn wir uns in Fülle fühlen. Nun, das ist natürlich leicht gesagt, aber schwer getan. Wenn man gerade die Stromrechnung nicht bezahlen kann, wie soll man sich da in Fülle fühlen? Kann man sich reich fühlen, obwohl es einem doch so schmerzhaft an Geld mangelt? Ich meine, ja. Und ich weiß das aus eigener Erfahrung. Ich war nicht immer so wohlhabend wie heute. Dass die Firma meiner Eltern in meiner Kindheit hohe Schulden hatte, habe

Wir ziehen Fülle an, wenn wir uns in der Fülle fühlen.

ich schon erzählt. Aber es gibt immer, wirklich immer, genug Bereiche, in denen wir Fülle und Dankbarkeit fühlen können. Die Frau im Seminar hätte schon allein jeden Tag dem Himmel oder dem Schicksal auf Knien danken können, dass sie so gesund ist, dass kein Gesundheitscheck bisher einen Befund ergeben hat. In ein paar Minuten hatte ich für sie noch mehr Anlässe für tiefe Freude und Dankbarkeit entdeckt: ihre Wohnung, das Seminar, der Zugang zu Ärzten. Anlässe, die sie aber nicht sehen wollte. Sie war fokussiert auf den Mangel.

Viele Dinge, die du heute brauchst, brauchst du nicht mehr, wenn du genug Geld auf dem Konto hast. Das merkt man leider oft erst, wenn genug Geld da ist. Es ist damit eine Erfahrung, die viele bisher nicht machen konnten. Sie fühlen sich im Mangel, obwohl vielleicht genug da ist. Sehen wir uns deshalb mal genauer an, was wir tun können, um uns reich zu fühlen, obwohl nicht genug Geld da ist. Wie können wir Dankbarkeit, Selbstbegrenzung und Respekt üben, um das Füllegefühl schon vorher, vor dem guten Kontostand zu erleben? Wie können wir es uns nicht nur als Mantra vorbeten, sondern wirklich fühlen: »Ich bin versorgt, ich bin glücklich«?

Wir brauchen die Handtasche nicht

Dazu möchte ich von mir erzählen, denn ich bin ja in der glücklichen Lage, in einem sehr stabilen Genug-Gefühl zu leben. Mir – oder auch meiner Frau – ist vieles zu teuer. Sie fragt ohnehin sehr oft: »Ist das wirklich nötig?«, und wir sagen beide: »Nein.« Einmal jedoch war ich mit ihr an einem Samstagnachmittag in der Fußgängerzone unterwegs und ich wollte ihr gern etwas schenken.

Ich sehe in einem Schaufenster eine Menge Handtaschen. Ich weiß, dass viele Frauen Handtaschen mögen, deshalb kommt mir eine Idee: »Schatz, ich möchte mir mit dir diese Taschen in dem Gucci-Laden ansehen.«

»Wenn du unbedingt willst«, sagt sie, etwas widerwillig. Ich glaube, sie wollte lieber die Herbstsonne auf dem Gesicht genießen, während wir weiter durch die Straße schlendern. Nun, wir gehen trotzdem in den Laden und sehen uns um. Ich will gerade eine Tasche aus dem Regal nehmen, da kommt die Verkäuferin auf mich zugesprungen, erstaunlich flink auf ihren Stöckelschuhen, und stoppt gerade noch vor mir:

»Entschuldigen Sie bitte. Wir präsentieren Ihnen diese Tasche.«

»Aha.«

Sie entfaltet mit eleganter Geste einen weißen Seidenhandschuh, greift vorsichtig nach der Tasche im Regal und lässt sie vor unseren Augen schweben, während wir wie hypnotisiert auf die seidenbehandschuhte Tasche starren.

Meine Frau zerreißt die feierliche Stille mit einem banalen Satz: »Was kostet denn die Tasche?«

»2900 Euro.« Die Verkäuferin lächelt siegesgewiss.

Meine Frau dreht auf dem Absatz um und verlässt den Laden.

Ich stehe immer noch der Verkäuferin mit dem weißen Handschuh gegenüber, die ihre Hand jetzt fester um die Tasche klammert.

Sie fragt: »Und jetzt?«

Ich antworte: »Ganz einfach, jetzt kaufen wir keine Tasche.«

Ich stürme meiner Frau hinterher, aus dem Laden, auf die Straße, fasse sie um die Taille und bin einfach nur froh darüber, nichts gekauft zu haben. Wir schlendern lachend und gemächlich weiter durch die Fußgängerzone und genießen die Sonne auf unseren Gesichtern. Wir hatten unseren Spaß. Ganz ohne irgendwas zu kaufen.

Wir hatten Spaß, ganz ohne zu kaufen.

Früher hatte ich Angst, dass mich eine Frau wegen meines Geldes heiratet. Aber meine Frau würde mit mir in einem Zelt wohnen. Das war für mich eine wichtige Erkenntnis – und meine Frau hilft mir auch heute noch, Sachen wegzulassen. Wann immer ich mal mit ihr über eine größere Anschaffung rede, sagt sie zu mir: »Du Schatz, brauchen wir das wirklich?«

Als ich mal ein Fünf-Sterne-Hotel gebucht habe, sagte sie zu mir: »Was willst du denn da?«

»Na, schönen Urlaub machen.«

Sie aber schüttelte den Kopf, und wir fuhren dann nicht in dieses Hotel. Wir fahren überhaupt seit Jahren nicht mehr in Fünf-Sterne-Hotels. Da dürfen die Kinder nämlich nicht schreien, sie sollen sich am besten wie Siebzigjährige verhalten. In einem Drei- oder Vier-Sterne-Hotel dagegen darf sich ein Kind an den Pool stellen, reinpinkeln und hinterherspringen.

Wir haben inzwischen ein schönes Haus am Stadtrand in einem grünen Gürtel mit Blick auf eine Pferdeweide. Das Haus hat ungefähr 250 Quadratmeter Wohnfläche. Welche vierköpfige Familie braucht schon mehr? Na gut, auch der Dachboden ist fertig ausgebaut, aber er steht leer. Wenn du mit deinem Durchschnittseinkommen zu mir ins Haus kommen würdest, würdest du vielleicht sagen: »Cool, Alarmanlage, Bewässerungsanlage, Zentralstaubsauger.« Wenn jemand zu mir kommt, der ein ähnlich großes Vermögen hat wie ich, was sagt der zu mir?

»Alter, du lebst wie ein Penner!«

Als unser Sohn gerade auf der Welt war und der zweite unterwegs, sagte ein Kumpel zu mir: »Ey, Philipp, ihr habt nur ein Auto, jetzt frisst dich doch dein Geiz auf.«

Ich erwiderte ziemlich cool, finde ich: »Ey, du hast einen an der Birne. Meine Frau ist zu Hause, ich bin zu Hause und wenn wir unterwegs sind, sind wir zusammen unterwegs. Ein Kind ist da und ein Kind ist im Bauch. Punkt.«

Ich musste zu dieser Zeit tatsächlich immer wieder Leuten erklären – reichen und armen –, warum es möglich ist, auch wenn man wohlhabend ist, nur ein Auto zu haben!

Zu diesem Kumpel sagte ich dann noch: »Weißt du was, ich bin nicht geizig und ich bin auch nicht bekloppt. Ich finde das nur ökologisch betrachtet völlig daneben, einen Fuhrpark zu haben, den man nicht unbedingt braucht. Wenn ich die meiste Zeit mit meiner Frau verbringe, ab und zu mal einkaufen fahre, ist das kein Problem. Wenn wir doch mal getrennt unterwegs sind, dann nimmt einer das Auto und der andere das Fahrrad. Oder man fährt zusammen, oder man organisiert es.«

Ich setzte noch mal nach, weil mir plötzlich immer mehr dazu einfiel: »Außerdem bin ich wohlhabend geworden, weil ich meine Finanzen im Griff habe, und wenn es noch einen weiteren Grund gibt, dann wohl gerade, weil ich *nicht* geizig bin.«

Geiz ist dumm – Verschwendung auch.

Geiz ist aus meiner Sicht dumm, schon allein, weil geizige Menschen auch nicht spenden. Doch Geld zum Fenster rauswerfen, es für Dinge ausgeben, die unnütz sind, oder gar noch Kredite für unnütze Dinge aufnehmen, das ist ebenfalls dumm. Da sollte man lieber etwas anderes tun, in das man gar nicht genug Energie investieren kann: dankbar sein.

Dankbarkeit

Abends liegen meine Frau und ich häufig im Bett und danken für das, was wir haben. Wir machen ein Dankbarkeitstandem. Wir erzählen uns mindestens drei Sachen, die am Tag richtig gut, schön, beeindruckend, liebevoll, besonders, überraschend waren. So etwas wie: »Danke, dass wir unsere Kinder haben, die gesund sind. Danke, dass wir gesund sind. Dass wir so viel Geld haben, dass es wahrscheinlich weder wir noch unsere Kinder in ihrem Leben ausgeben werden. Danke, dass wir nette Menschen um uns haben.« Das sind immer sehr schöne Momente für uns, und ich fühle ganz deutlich, wie beschenkt und innerlich reich und erfüllt wir sind.

Ein besonders schöner Dankbarkeitsanlass ist für uns das, was wir an uns gegenseitig toll finden. Auch das sagen wir uns. Das Bett ist dafür natürlich keine Voraussetzung. Ich kann dieses Dankesagen nur empfehlen, egal, ob du den Dank an deine Partnerin, deinen Partner oder einen Freund, eine Freundin, ein Kind oder ein anderes Familienmitglied, eine Kollegin, einen Kollegen, Mitarbeiter, Kunden oder Vorgesetzten richtest. Du kannst auch auf einem Spaziergang Danke sagen. Oder du erzählst einem Freund im Café, was du schon seit Jahren an ihm schätzt und wofür du ihm dankbar bist. Das kann alles Mögliche sein: dass er immer so interessiert nachfragt, dass ihr so gut zusammen lachen könnt. Bedanke dich für die Freundschaft.

Wofür habe ich heute schon Danke gesagt? Zum Beispiel dafür, dass ich dieses Buch schreiben und veröffentlichen darf. Wie mich das ehrt, zu Leserinnen und Lesern zu sprechen, die meine Gedanken lesen und vielleicht an der einen oder anderen Stelle aufmerken, nachdenklich werden, sich selbst überprüfen in Bezug auf ihr Geldverhalten. Ich bin dankbar, wenn ich mir vorstelle, dass andere etwas von mir lernen können und ich die wunderbare Möglichkeit habe, mittels dieses Buches viele, vielleicht sogar sehr viele Menschen zu erreichen. Das ist ein Geschenk. Dankbarkeit bereichert mein Leben im wahrsten Sinne des Wortes. Ich bin zum Beispiel dankbar für die Menschen, die mich täglich umgeben und mich bei meinem Tun und Wirken unterstützen.

Dankbarkeit ist etwas, was dein Leben unglaublich bereichern kann. Welch ein Wortspiel! Wir Menschen in der westlichen Welt haben unglaublich viele Gründe, dankbar zu sein: Viele sind gesund, viele haben einen tollen Menschen an ihrer Seite und vielleicht auch Kinder. Wir haben ein Dach über dem Kopf, wir haben mehr als genug zu essen, wir haben Freunde, wir haben Zugang zu Bildung, wir dürfen unsere Meinung äußern und leben in Sicherheit. Insbesondere, wenn wir uns zahlreiche andere Regionen auf der Erde ansehen, wird uns das immer wieder deutlich. Viele fokussieren sich jedoch auf die Probleme, anstatt die unglaublichen Möglichkeiten der heutigen Zeit zu sehen. Dabei ist mir sehr bewusst, dass es viele große Herausforderungen gibt, vor denen wir stehen. Ich bin nicht blind, aber wir müssen uns nicht darauf fokussieren. Zum zehnten Mal am Tag Nachrichten zu lesen, Radio zu hören und Fernsehen zu sehen, bringt dich nicht weiter.

Dankbarkeit bereichert das Leben.

Mal angenommen, es gäbe sonst nichts aus diesem Buch, was du in deinen Alltag mitnehmen und umsetzen würdest, außer dem Rat, dankbar zu sein. Ich wage zu behaupten, dass diese Dankbarkeit und das, was du dafür tust, dich schon zu einem reichen, erfüllten Leben führen wird. Dem Partner im Bett Danke zu sagen, ist natürlich nur ein Weg. Du kannst Dankbarkeitsanlässe auf verschiedene Weise sammeln: Viele machen das in einem Tagebuch, oder du zählst die Anlässe im Laufe des Tages im Geiste auf. Wichtig ist, dass du die Dankbarkeit wirklich fühlst und nicht nur darüber nachdenkst, redest oder schreibst. Fühle die Dankbarkeit, sie kann ruhig deinen ganzen Körper durchströmen.

Wir können darüber hinaus noch viel mehr tun, zum Beispiel den Selbstrespekt und Selbstwert erhöhen, respektvoll und liebevoll über Geld und andere sowie anderes sprechen und verschiedenste Facetten von Respekt zur Meisterschaft bringen. Doch bevor wir uns diese Themen näher ansehen, möchte ich noch ein paar Worte zu einem Glaubenssatz sagen, der sich hartnäckig in unserer Gesellschaft hält und der dich daran hindern kann, über mehr Geld in deinem Leben zu verfügen.

Geld verdirbt nicht den Charakter

Den Spruch »Geld verdirbt den Charakter« kennst du sicher. Ich kenne ihn seit meiner Kindheit. In der Schule, im Laden um die Ecke, später im Fernsehen, überall ist mir dieser Spruch begegnet. In meinem Elternhaus gab es den Spruch zum Glück nicht. Deshalb konnte ich wohl auch skeptisch bleiben, wenn ich ihn hörte. Zum Glück. Denn ich halte überhaupt nichts von diesem Spruch. Er stört mich sogar ziemlich, weil er verhindert, dass sich mehr Leute vorurteilsfrei mit ihren Finanzen beschäftigen und versuchen, etwas dafür zu tun, dass sie mehr Geld verdienen.

Andere sind da weniger skeptisch. Nach meiner Erfahrung glauben die meisten diesen Spruch, bewusst oder auch unbewusst. Leider. Sie denken zum Beispiel auch, dass bei Geld die Freundschaft aufhört. Wieder so ein Spruch: »Bei Geld hört die Freundschaft auf.« Auf Basis des YouGov Omnibus wurden 1339 Personen im Zeitraum vom 28. April bis 1. Mai 2015 repräsentativ befragt und dabei kam heraus, dass 73 Prozent der Deutschen der Meinung sind, dass dieses Sprichwort die Realität widerspiegelt.

Woher kommt es, dass wir diesen Sprüchen immer noch glauben? Ein Grund liegt meiner Meinung nach in der Weise, wie über Geld und den Umgang damit gesprochen wird: meistens negativ. Das beeinflusst natürlich unsere Sicht. Doch warum reden Menschen so über Geld? Skandale über Verfehlungen von Firmenchefs, aber vor allem von Politikern im Zusammenhang mit Geld sind ein beliebter Gesprächsstoff. Menschen stürzen sich genüsslich auf solche Skandale: »Ich hab's ja schon immer gewusst, die Politiker sind alle korrupt. Sie nutzen ihren Status und uns arme Steuerzahler aus, um noch mehr Geld zu hamstern.« Das bestätigt das, was man ohnehin schon immer gedacht hat, man hat einen Feind, die »bösen Reichen«. Ich denke sogar, dass die Verdrängung der eigenen Verfehlungen ein wichtiger Grund sein könnte, warum Berichte über Geldbetrügereien so beliebt sind und auf so viel Resonanz treffen. Man regt sich über andere auf, weil man davon ablenken will, dass man selbst auch nicht ganz einwandfrei handelt.

Geldskandale sind ein beliebter Gesprächsstoff.

Steuertricksereien etwa, auch illegale, sind ein regelrechter

Volkssport und gelten als Kavaliersdelikt. Auch eine schwarzarbeitende Putzfrau oder ein Handwerker, der für ein paar Euro bar auf die Hand die Wand im Wohnzimmer verputzt oder das Carport hinterm Haus baut, sind Steuerbetrug. Es sind keine Kavaliersdelikte, es sind genau die gleichen Betrügereien, über die man sich bei den Medienberichten aufregt. Ich frage in meinen Seminaren manchmal nach und erfahre: Fast jeder hat schon mal … Und fast jeder blickt dann etwas betreten, wenn ich meine Meinung dazu sage.

Wir sollten uns immer wieder vor Augen halten, dass wir nicht besser sind als andere, nur weil wir mehr Geld haben, und auch, dass viel Geld nur zum Teil unser eigenes Verdienst ist. Ich denke da auch an mich. Ich bin mir sehr bewusst über die guten Bedingungen, die ich hatte und habe. Ich habe zwar mein Geld aus eigener Kraft verdient und nicht von meinen Eltern geerbt. Dennoch ist mir klar, dass ich enorm günstige Voraussetzungen hatte, um an der Börse und als Unternehmer viel Geld zu verdienen. Ich bin in einem Unternehmerhaushalt aufgewachsen, wir haben früher tatsächlich viel Monopoly gespielt. Zudem bin ich ohnehin schon privilegiert, weil ich in einem der wohlhabendsten Länder der Erde, mit einer guten Schulbildung und guter Förderung durch meine Eltern aufgewachsen bin. Weiterhin, weil ich gesund bin, einen klaren Verstand habe und so weiter.

Selbst wenn ich weiß, dass ich als einzelner Mensch nicht repräsentativ bin, passe ich wohl dennoch als Gegenbeispiel zum Spruch »Geld verdirbt den Charakter«. Denn ich verfüge über viel Geld, lebe jedoch zugleich recht normal. Auch meine Familie, Freunde, Nachbarn, Mitarbeiter usw. finden weder, ich sei abgehoben, noch charakterlich durch das Geld verdorben. Ich bin anderen gegenüber nicht gleichgültig, sondern sehe hin, wenn es Menschen nicht gut geht, und bin auch berührt davon. Ich spende einen festen, großen Anteil meines Einkommens (dazu im fünften Teil mehr) und lebe bodenständig. Ich verhalte mich respektvoll gegenüber anderen und vermittle Respekt als hohen Wert in meinen Seminaren. Zumindest in meinem Fall stimmt dieser Spruch also offensichtlich nicht.

Ich bin fest davon überzeugt und habe die Erfahrung auch mit anderen Menschen mit viel Geld gemacht:

Geld verdirbt nicht den Charakter, sondern zeigt ihn.

Ein Mensch mit einem großen Herzen wird durch Geld ein noch viel größeres Herz haben, weil er noch mehr Gutes tun kann. Ein Mistkerl wird durch Geld ein noch größerer Mistkerl. Entscheidend ist dein Charakter.

Und dein Charakter ist von Natur aus gut und auf Geben ausgerichtet. »Geben macht glücklicher als Nehmen« ist nicht bloß ein Spruch, sondern eine gut belegte wissenschaftliche Erkenntnis. Eine altruistische Haltung ist in uns Menschen von klein auf angelegt. Schon Kinder in den ersten Lebensmonaten mögen diejenigen lieber, die anderen helfen. Doch ebenso wie eine altruistische Haltung kann auch eine egoistische anstecken. Etwas ältere Kinder, die schon mehr Erfahrungen mit anderen Kindern oder Erwachsenen gemacht haben und beobachten konnten, dass es egoistisches Verhalten gibt, zeigen die Vorliebe für eine altruistische Haltung schon nicht mehr so deutlich. Die Anlage wird durch die sozialen Erfahrungen überdeckt. Es geht also immer auch darum, mit wem wir uns umgeben und wie unsere Werte sind.

Dein Charakter ist von Natur aus gut.

Du entscheidest. Was ist dein Fokus? Damit gehen wir direkt zum nächsten Kapitel und einem meiner Lieblingsthemen im Zusammenhang mit Geld: Respekt.

11. Respekt – wie eine gute Beziehung zu uns selbst, zu anderen und zu Geld unseren Kontostand beeinflusst

Erinnerst du dich noch an mein Beispiel mit dem übergewichtigen Fitnesstrainer, Markus? Es ging mir dabei darum, dass jemand, der mir etwas beibringen will, mit gutem Beispiel vorangehen und zeigen sollte, dass er selbst umsetzt, was er vermittelt. Markus konnte das nicht. Er war so übergewichtig, dass ich ihm nicht glauben konnte, dass ich mit seiner Trainingsstrategie abnehmen würde. Doch jetzt kommt der eigentlich wichtigste Teil dieser Geschichte: Ich hatte verschiedene Varianten im Kopf, wie ich reagieren könnte. Variante eins – etwas augenzwinkernd gemeint: nie wieder in diesem Fitness-Studio auftauchen, meine Telefonnummer und meinen Namen ändern, umziehen.

Ehrlich gesagt habe ich über diese Variante nur kurz nachgedacht. Stattdessen habe ich Variante zwei umgesetzt. Nach der ersten Stunde habe ich zu Markus gesagt: »Markus, ich weiß aus meiner Lebenserfahrung heraus, dass jeder Mensch etwas in sich trägt, was sich kennenzulernen lohnt. Ein Talent, eine Begabung, etwas, weswegen ich dich kennenlernen möchte. Doch in deinem Fall ist es in meinen Augen nicht dein Fitness-Wissen. Ich hoffe, dass du akzeptieren kannst, dass du nicht mein Fitness-Coach wirst. Aber vielleicht werden wir Freunde oder wir lernen etwas voneinander.«

Jeder hat etwas, was sich kennenzulernen lohnt

Wie oft in deinem Leben wählst du Variante eins und wie oft Variante zwei? Das kann man sich im Alltag immer wieder fragen. Ich tue das auch. Variante zwei steht für das, was »wohlhabend sein« bedeutet:

> **Wohlhabend zu sein bedeutet, respektvoll gegenüber dir selbst und deinem Gegenüber zu sein.**

Es geht bei Respekt um das ehrliche Interesse an dir selbst und das ehrliche Interesse an deinem Gegenüber. Beides kam in dieser Absage an Markus und dem damit verbundenen Feedback zusammen. Ich war respektvoll gegenüber mir selbst, indem ich meiner Intuition gefolgt bin, ihn nicht als Fitness-Coach zu akzeptieren. Ich war respektvoll gegenüber ihm, indem ich den ehrlichen Wunsch hatte, herauszufinden, was dieser Mensch wirklich gut kann, was ich von ihm lernen könnte und was er von mir lernen könnte.

Zu Respekt gehört ehrliches Interesse.

Zu Respekt gehört auch Demut, ein aus der Mode gekommener Begriff. Ich sage zu meinen Teilnehmenden ziemlich nachdrücklich: »Du bist nicht besser, nur weil du mehr Geld hast.« Ich betone das, denn ich habe immer wieder Teilnehmende, deren tiefere Motivation es ist, sich über andere zu stellen und sich als jemand Besseres zu fühlen. Den Zahn versuche ich ihnen sofort zu ziehen. Dieses Sich-über-andere-Stellen beobachte ich häufig: Jemand wird reich und läuft plötzlich herum wie ein arroganter Gockel. Er – oder seltener auch sie – kauft sich zum Beispiel ein paar Statussymbole. In unserer Gesellschaft sind die Klassiker Auto, Haus, Kleidung, Uhr, neuerdings vielleicht auch Waschbrettbauch und Kugelbrüste. Dann setzt er diesen Blick auf, der sagt: »Ey Leute, mir gehört die Welt«, und denkt, er sei nun etwas Besseres.

Auch hier gilt: Geld verdirbt nicht den Charakter, es zeigt ihn. Dieser Mensch hat noch viel an sich zu arbeiten, denn mit dieser Haltung kommt er nicht weit. Langfristig werden ihm zum Beispiel echte Freunde fehlen, die ihm in einer persönlichen, gesundheitlichen oder auch finanziellen Krise helfen könnten. Vor Krisen ist niemand gefeit, auch nicht der reichste Mensch der Welt. Auch seine persönliche Entwicklung ist vermutlich etwas rückständig, weil er sich auf dem Reichsein und Sich-toll-Fühlen ausruht, was ihm ebenfalls in einer schwierigen emotionalen Lage auf die Füße fallen wird. Ich sage das nicht, um mich hämisch darüber zu freuen, dass jeder sein Fett abkriegt, sondern um zu vermitteln, dass man sich immer hinterfragen sollte, ob einem in seinem Höhenflug gerade etwas Wichtiges entgeht. Zum Beispiel, dass jemand zu wenig hat, während man selbst mehr als genug hat.

Leute, bleibt auf dem Boden!

Respekt durch gute Bezahlung

Wir haben vor zwei Jahren eine neue Haushälterin eingestellt. Sie war vorher Bäckereiverkäuferin und hat sich immer sehr herzlich um meine Frau und unsere beiden Jungs gekümmert, wenn sie bei ihr eingekauft haben.

Nach einiger Zeit habe ich zu meiner Frau gesagt: »Du erzählst doch immer mal von der Sabine beim Bäcker. Frag sie doch mal, ob sie bei uns arbeiten will. Lad sie doch mal zu uns ein.«

Meine Frau hat Sabine also gefragt, ob sie sich vorstellen könnte, für uns zu arbeiten. Daraufhin kam Sabine für ein Bewerbungsgespräch zu uns nach Hause. Als es um die Bezahlung ging, stellte ich ihr die Frage: »Sabine, was willst du verdienen?«

»Na ja, Philipp, beim Bäcker habe ich 8,84 Euro die Stunde bekommen, den Mindestlohn.«

»Weißt du, Sabine, wir kennen uns noch nicht lange, aber ich glaube, dass du hier einen richtig guten Job machen wirst. Ich schenke dir Vertrauen und wir geben dir von Anfang an einen Nettolohn von 11 Euro pro Stunde. Ich weiß, das ist immer noch nicht fair. Denn in einer Stadt mit hohen Lebenshaltungskosten kann niemand von 11 Euro Nettolohn leben. Aber ich möchte auch nicht, dass du denkst, nur weil ich ein dickes Portemonnaie habe, zahle ich dir gleich 17 Euro. Ich verspreche dir jedoch, wenn du für unseren Haushalt da bist und ihn so pflegst wie deinen zu Hause, dann wirst du irgendwann entsprechend verdienen.«

Sabine saß dann vor uns am Tisch und hatte Tränen in den Augen, weil sie nicht mehr 8,84 Euro verdient, sondern 11 Euro.

Dann sagte sie zu mir: »Philipp, wenn ich nicht mehr 8,84 Euro verdiene, sondern 11 Euro, könnte ich dann weniger als 40 Stunden arbeiten?«

Wir haben beide gleich gesagt: »Klar, wir brauchen dich nur 27 Stunden.«

Jetzt hatte sie mehr Zeit für ihre Kinder und auch mehr Zeit, um sich auszuruhen. Das brauchte sie nämlich dringend, seit vielen Jahren.

Wer andere respektiert, bezahlt sie fair.

Respekt hat also für mich mit fairer Bezahlung zu tun. Und natürlich auch damit, wie man mit Beschwerden, Kritik oder Unzufriedenheit von Kunden oder anderen Menschen umgeht. Dazu erzähle ich zwei gegensätzliche Beispiele aus dem Geschäftsleben. Wir haben in unserer Investment Akademie eine Zufriedenheitsgarantie für das Präsenzseminar. Das bedeutet, wenn jemand unsere Ausbildung bucht, kann er nach dem ersten Tag sagen, er will sein Geld zurück, zum Beispiel wenn er ein schlechtes Gefühl hat, wenn ihm etwas fehlt, wenn die Leistung für ihn nicht stimmt. Von rund 5000 Teilnehmenden sind bisher drei nach Hause gegangen. Bei den dreien habe ich persönlich angerufen und nach den Gründen gefragt. Auf diese Weise fühlt sich ein Kunde abgeholt.

Doch schauen wir uns mal an, wie das einige andere Unternehmen handhaben: Wir mussten mal zwei Monate auf die Internetverbindung eines großen Telefonkonzerns warten. Dadurch entstand ein wirtschaftlicher Schaden von 45.000 Euro, unter anderem, weil wir unsere Webinare nicht durchführen konnten. Wir haben Briefe mit Entschuldigungen erhalten und daraufhin böse Briefe zurückgeschrieben. Irgendwann war eine Karte im Briefkasten. Eine ausgedruckte Postkarte im normalen A6-Format, nicht händisch vom Vorstand unterschrieben, sondern aus dem Postkartenstapel für solche Fälle gezogen. Wie gesagt, es ging um 45.000 Euro. Auf der Karte stand gedruckt: »Es tut uns leid.«

Wie unser Selbstwert unser Einkommen bestimmt

Respekt gegenüber anderen ist immer die Kehrseite des Respekts gegenüber sich selbst: Wie respektvoll du mit deiner Mitarbeiterin, mit deinem Nachbarn, mit der Verkäuferin umgehst, ist der direkte Spiegel dessen, wie du mit dir selbst umgehst. Wie steht es also um deinen Selbstrespekt? Wie sprichst du mit dir, wenn du morgens in den Spiegel schaust? Wenn du deinen unperfekten, vielleicht ungünstig geformten Körper siehst? Wenn du dich für etwas schämst? Wenn du einen Fehler gemacht hast? Wie denkst du über deinen Charakter und deinen Wert? Bist du wertvoll, weil du viel Geld und ein schickes Auto hast? Bist du wertvoll, weil du einen guten Job hast und dort viel leistest, weil du sportlich bist und dich fit hältst? Bist du wertvoll, weil du eine tolle Frau und drei Kinder hast?

Bist du wertvoll?

Nimm mal an, all das wäre plötzlich weg. Es gibt eine Finanzkrise und du verlierst all dein Geld. Dein Arbeitgeber ist pleite und entlässt dich. Du wirst krank und kannst keinen Sport mehr machen, wirst dick und zu allem Überfluss trennt sich deine Frau von dir und nimmt die Kinder mit. Bist du jetzt immer noch wertvoll?

Ulrike schreibt in ihren Büchern über ein Selbstwertgefühl, das unabhängig von äußeren Bedingungen ist. Das Gegenstück bezeichnet sie als »kontingentes Selbstwertgefühl«: Man geht davon aus, dass man wertvoll ist, weil man reich, erfolgreich, gefragt, sportlich, gut aussehend ist. Diese Art des Selbstwertgefühls wird heute sehr gefördert, auch durch die Möglichkeiten, sich in den sozialen Medien besonders vorteilhaft darzustellen und den schönen Schein zu vermitteln.

Doch dieses Selbstwertgefühl ist fragil, es kann jederzeit wegbrechen, wenn die Bedingungen, an die es geknüpft ist, nicht mehr vorhanden sind. Wie eben beschrieben: Jemand kann nichts mehr leisten, verliert all sein Geld und seinen Status. Er ist dann plötzlich nicht nur finanziell und sozial, sondern auch mit seinem Selbstwert ganz unten. Eine solche Situation ist also gerade dann besonders schlimm, wenn man seinen Selbstwert an bestimmte Bedingungen geknüpft hat. Ulrike warnt sogar davor, sich zu stark auf das kontingente Selbstwertgefühl zu fokussieren. Denn nach dem Absturz nach unten, in diesem »Selbstwertkater«, wie sie es nennt, kann es sehr existenziell werden. Manche verlieren komplett ihren Lebenssinn. Sie fühlen sich wie ein Nichts.

Doch zum Glück gibt es noch ein anderes Selbstwertgefühl, das viel stabiler ist, weil es nicht an Bedingungen geknüpft ist: das »innenorientierte Selbstwertgefühl«. Man kann es aufbauen, indem man sich mehr darauf ausrichtet. Die Grundannahme lautet:

Ich bin wertvoll, weil ich existiere.

Kannst du dich wertvoll fühlen, einfach, weil du existierst? Ich empfehle dir, dieses innenorientierte Selbstwertgefühl aufzubauen. Konzentrier dich darauf, such nach dem an dir, was ohne Leistung, Geld, Status und Konsum wertvoll ist. Was lieben andere Menschen an dir? Warum mögen deine Freunde dich? Damit kannst du in jeder Lebenslage fühlen, dass du als Mensch wertvoll bist. So kannst du auf alles reagieren, was dir im Leben widerfährt. Auch auf Geldfragen. Wenn dir zum Beispiel jemand einen Job für den Mindestlohn andrehen will, kannst du fühlen, dass das nicht fair ist, und dir lieber einen anderen Arbeitgeber suchen.

Ich sehe es als großes Problem, dass viele Menschen ein zu geringes Selbstwertgefühl haben und sich deshalb unter Wert verkaufen. Ich habe bereits über den Gender-Pay-Gap geschrieben, die Lohnlücke zwischen Männern und Frauen. Es scheint so zu sein, dass Frauen sich als weniger wertvoll einschätzen im Vergleich zu Männern – und auch chronisch als weniger wert eingeschätzt werden. Beides zusammen führt neben weiteren Faktoren dazu, dass bei objektiv gleich guten Leistungen und Qualifikationen diese Lücke entsteht.

Verkauf dich nicht unter Wert!

Wie könnte eine selbstrespektvolle Haltung in Bezug auf Bezahlung aussehen? Ich empfehle dir einen Satz, den du sinngemäß im Kopf und im Gefühl haben könntest, wenn es um deine Bezahlung geht:

Was ich verdiene, ist verdient. Es steht mir zu.

Finde heraus, was der Wert deiner Arbeit übersetzt in Geld ist, und gehe von diesem Wert aus. Wer dich weiter unter deinem gefühlten Wert bezahlen will, hat dann Pech, denn du wirst einen Arbeitgeber oder Kunden finden, der seinen Respekt in Form von angemessener Bezahlung ausdrücken kann und will.

Der Selbstrespekt wirkt sich aber auch darauf aus, wie man andere bezahlt. Dabei kann ich eine Art Regel aufstellen, auch wenn es Ausnahmen gibt:

Arme Menschen fragen, was es kostet. Reiche Menschen fragen, was es ihnen bringt.

Auch hier geht es wieder um den Wert, den du dir gibst. Wenn du viel von etwas hast, wenn es dir also viel bringt, dann ist es nur logisch, auch viel dafür zu bezahlen. Wir hatten das Thema schon mal beim Investieren in die persönliche Entwicklung: Wenn wir den Gewinn für uns selbst hoch einschätzen, warum sollten wir dann nicht gutes Geld dafür bezahlen? Geld ist dazu da, um es für einen anderen Wert einzutauschen und die Energie im Fluss zu halten. Es geht dabei auch um die Beziehung, die man zum Geld hat: Will ich es halten? Kann ich mich nicht davon trennen? Bin ich geizig und will es nicht nutzen für einen guten Geldfluss? Oder bin ich freigiebig und sehe Geld als etwas, was mir hilft, meine Ziele zu verfolgen?

Du merkst vielleicht schon, ich will auf ein weiteres, wichtiges Thema hinaus: die Beziehung zum Geld. Wir brauchen überhaupt eine Beziehung zum Geld, und natürlich eine möglichst gute. Um diese zu entwickeln, können wir uns ansehen, wie wir sonst Beziehungen gestalten, und damit sind wir schon wieder bei unserer Persönlichkeit.

Eine gute Beziehung zu Geld aufbauen

Ich gehe fest davon aus, dass wir eine gute Beziehung zu Geld brauchen, damit das Geld gern zu uns kommt und auch gern bei uns bleibt. Wir müssen das Geld lieben.

»Alles klar, ich setze mich in mein Wohnzimmer und fange an, mein Geld zu lieben …« Herrlich! Hast du das schon mal probiert?

Es gibt tatsächlich Leute, die damit ihr Geld verdienen, dass sie mit ihren Teilnehmenden üben, ihr Geld täglich zu lieben. Diese gehen dann nach Hause, nehmen einen Geldschein, visualisieren ihn vor dem inneren Auge und denken dabei »Ich liebe dich, ich liebe dich, ich liebe dich«. Das machen sie jeden Tag fünfzigmal mit voller Intensität und Energie. Sind sie dann nach einer Woche geheilt von ihrer Geldabneigung? Lieben sie dann ihr Geld? Nein, so leicht geht es dann doch nicht.

Ich sage dennoch, du sollst dein Geld lieben, wenn du wohlhabend werden willst. Jetzt fragst du dich vielleicht: »Aber wie fange ich an, das Geld lieb zu haben, wenn das Geld doch nicht nett zu mir ist? Wie baue ich eine gute Beziehung zu meinem Geld auf, wenn es mich ständig ignoriert und mir schlaflose Nächte und sogar Minus auf meinem Konto beschert?« Das ist so ähnlich, als würdest du sagen: »Wenn meine Frau nett zu mir ist, dann habe ich sie auch richtig lieb. Aber nur, wenn sie nett zu mir ist.« Du merkst schon, das funktioniert nicht so richtig.

Wie lernst du, dein Geld zu lieben?

Wie kannst du also lernen, dein Geld zu lieben? Dafür kannst du zuerst mal einen Test machen, um herauszufinden, wo deine Geldblockaden liegen, die du lösen solltest:

Selbsttest: Liebst du dein Geld?

Nimm deinen größten Geldschein in die Hand. Egal, welcher es ist. Und nun überlege: Wie kannst du diesem Geldschein deine Liebe zeigen? Das kann Verschiedenes sein und hängt sicher davon ab, wie du sonst deine Liebe zeigst. Alles ist möglich: liebkosen, streicheln, schmusen, küssen, anlächeln, ihm ein Kompliment machen, ihm eine persönliche Geschichte erzählen, warum du ihn liebst, mit ihm ins Bett gehen. Glaube mir, ich habe schon sehr vieles gehört, was meine Teilnehmenden nach dieser Anleitung mit ihren Geldscheinen gemacht haben.

Und? Was hast du gemacht? Hast du dem Geldschein angemessen deine Liebe gezeigt? Falls nein:

- Warum nicht?

- Fandest du das lächerlich, kamst du dir blöd vor und dachtest: »Was für ein alberner Quatsch, den der Philipp da vorschlägt!«?
- Oder war der Schein für dich dreckig, eklig, eine gefährliche Bakterienschleuder?
- Welches Bild von Geld hast du also im Kopf?

Möglicherweise läufst du durchs Leben und kreierst ständig Beweise, dass Geldscheine einfach Papierlappen sind. Dass man zu Geld keine emotionale Beziehung braucht. Dass Geld dreckig, eklig, gefährlich ist. Natürlich unbewusst, was umso stärker wirkt. Da liegt einiges an persönlicher Entwicklung vor dir. Wenn du nicht geküsst hast, gibt es jetzt zwei Therapiesessionen per Buch.

Erste Session: Du bist bewaffnet mit sehr, sehr viel Bargeld. Du gehst einkaufen und packst deinen Wagen am Samstag um halb elf im Supermarkt so richtig schön voll. Zu dieser Zeit sind viele Leute im Laden unterwegs und die Schlangen an der Kasse sind länger. Dort an der Kasse absolvierst du eine Trainingseinheit mit der Kassiererin. Du packst alles aufs Band. Dann redest du beim Bezahlen mit der freundlichen Dame an der Kasse. Beziehungsweise mit deinem Geldschein, den du jetzt aus der Hosentasche ziehst. Du sagst zu diesem Geldschein schön laut, sodass es jeder, inklusive der Wartenden in der Schlange, hört: »Mensch, es war so schön mit dir, du toller Schein. Komm doch mal wieder vorbei und bring doch gleich deine Brüder und Schwestern mit.« Dann liebkost oder küsst du den Schein und reichst ihn der erstaunten Kassiererin, vor den Augen aller Wartenden.

Deinem Geld deine Liebe zu zeigen ist wichtig.

Das Liebkosen in irgendeiner Form ist wichtig: streicheln, lieb anlächeln, küssen. Du weißt schon, ich habe oben ein paar Möglichkeiten beschrieben.

In meiner Finanzausbildung war mal ein Paar, richtige ITler, Eins-null-Typen, wie ich sie im Spaß immer nenne. Diese beiden haben nach einem Jahr Akademietraining geschrieben: »Das Küssen des Geldes hat unser Leben revolutioniert.«

Zweite Session: Du gehst zur Bank und lässt dir eine große Plastiktüte mit Geldscheinen geben. Zu Hause überraschst du deinen

Partner. Ein gutes Essen, Wein, irgendwann geht ihr ins Schlafzimmer. Dort ist das Bett vorbereitet, und zwar mit vielen Geldscheinen.

Die beiden ITler haben auch diese zweite Session gemacht. Sie haben uns sogar Fotos geschickt, ohne Personen, von dem mit Geldscheinen dekorierten Bett.

Von einer »Therapie« kann man bei diesen beiden Sessions natürlich nur mit einem Augenzwinkern sprechen. Es kann sein, dass du dir schrecklich lächerlich vorkommst, sowohl an der Kasse als auch im Bett mit den vielen Scheinen. Es kann sein, dass du dich ekelst und deinen Ekel nicht überwinden kannst. Es kann sein, dass dein Partner dich für verrückt hält und sich trennen will. All diese Reaktionen kommen dir nun aber sehr gelegen, denn du weißt ja schon, dass sie tieferliegende Gründe haben können und dass du diese Hintergründe ansehen und die Auslöser, zum Beispiel für den Ekel, neutralisieren kannst.

Es gibt natürlich noch einiges, was wir jenseits der beiden Therapiesessions für unsere gute Beziehung zu Geld tun können. Wie bei allem anderen im Leben auch musst du etwas dafür tun, damit du etwas bekommst. Du bekommst Geld nicht umsonst. Erinnere dich noch mal an das, was ich früher schon geschrieben habe: Du bezahlst immer einen Preis dafür, es gibt kein passives Einkommen. Also, wie baust du eine gute Beziehung zu deinem Geld auf?

Es ist ähnlich wie der Aufbau einer Beziehung zu einem anderen Menschen. Bei einem guten Freund habe ich einen sehr kniffeligen Beziehungsaufbau beobachten können und wir haben oft darüber geredet. Dieser Freund ist um die 40, geschieden. Vor einiger Zeit hat er eine Frau kennengelernt. Sie hat zwei Kinder. Natürlich trafen sich die beiden erst einmal lange ohne die Kinder, da sie feinfühlig und rücksichtsvoll sind. Schließlich wäre es nicht schön für die Kinder, wenn die Mutter halbjährlich einen neuen Papa vorstellen würde. Nach fünf, sechs Monaten haben die beiden dann gemerkt, dass es bei ihnen etwas Ernsteres ist. Die Frau sagte: »Ich glaube, es wird Zeit, dass wir mal alle zusammenwürfeln. Die Kinder sollen dich kennenlernen.«

Sie vereinbarten ein Date gemeinsam mit den beiden Töchtern, zwei Teenager, 14 und 15 Jahre alt und mitten in der Pubertät. Jetzt denkst du dir vermutlich: »Na, viel Spaß!« Genau. Versetz dich mal in seine Lage. Er trifft die Frau, die er wirklich mag, und er weiß: »Wenn diese Liebe funktionieren soll, brauche ich eine gute Beziehung zu den Mädels.« Kein Wunder, dass da leichter Stress aufkam. Er fragte sich: »Wie baue ich ungefähr ab 17:03 Uhr eine gute Beziehung zu diesen beiden Mädchen auf? Was muss ich tun?«

Wenn ich in meinem Seminar von dieser Herausforderung erzähle, kommen Vorschläge wie »Schuhe und Handtasche schenken«. Die Männer bringen eher »iPhone oder iPad« ins Spiel. Aber mein Freund war nicht dumm, und die Mädchen waren erst recht nicht dumm. Er wusste genau, mit einem solchen Bestechungsgeschenk hätte sich die Beziehung erledigt, bevor sie überhaupt hätte entstehen können. Schließlich denken die beiden, egal, wie nett sie sind, vor dem Treffen zunächst einmal ungefähr so von ihm: »Du Wurst, du bist nicht mein Vater. Du hässlicher Vogel schläfst auch nicht mit meiner Mutter. Sonst sage ich das Papa! Und der ist viel stärker als du. Hau einfach ab.«

Was könnte er also tun? Was würdest du tun? Deine Antwort darauf verrät dir, wie du Beziehungen zu anderen Menschen aufbaust. Und das ist dann schon ein guter Weg, denn es ist deiner. Jeder von uns hat einen Weg, wie er oder sie eine Beziehung zu einem anderen Menschen aufbaut. Denn Beziehungen sind für uns lebenswichtig. Wie hat das bei dir in der Vergangenheit funktioniert? Wenn du an die wichtigen Beziehungen in deinem Leben denkst: Wie hast du das gemacht? Was waren die Punkte, an denen sich die Beziehung entwickelt und vertieft hat? Wodurch? Ehrliches Interesse zeigen? Zuhören? Aufmerksamkeit schenken? Fragen stellen? Offen und authentisch sein?

Wie baust du eine Beziehung auf?

Was auch immer es für dich ist, eines ist sicher: Es dauert. Eine gute Beziehung zu den Mädels um 17:03 Uhr, das war natürlich ein Witz. So etwas braucht seine Zeit, erst recht in einem derart schwierigen Fall. Ich weiß, wie schwer das manchmal für diesen Freund war und wie oft er sich dabei auf die Zunge gebissen hat, um es zu schaffen. Er war manchmal richtig fertig nach einem Zusammentreffen mit den Töchtern. Aber er hat sich durchgebissen. Es hat mehr als ein Jahr gedauert, bis er eine Basis hatte, von der er sagen konnte: »Da ist was gewachsen.«

Dennoch hat er zwischendurch immer mal wieder gedacht: »Das wird nichts, ich werde immer der Fremde bleiben.«

Auf eine gewisse Art hat er damit auch recht: Er wird nie der Vater für die Mädchen sein. Bestimmte Sachen lassen sie sich von ihm auch heute nicht sagen. Aber es ist leichter geworden mit der Zeit. Manchmal sitzen sie sogar alle zusammen um den Sofatisch und lachen über irgendwelche Witze. Einmal, nach ungefähr anderthalb Jahren, saß er neben der älteren Tochter und sie hat beim Lachen ihren Kopf von der Seite an seine Schulter gelehnt. Da strömte ein warmes Gefühl durch seine Brust und er wusste: »Ja, so ist es gut, wir haben es geschafft.« Ein ziemlich haltbarer Verbindungsfaden zu ihr und ihrer Schwester war entstanden. Eine Form von Beziehung, die in keine Schublade passt, die nicht »Vater-Tochter«, nicht »Onkel-Nichte« und auch nicht »Stiefvater-Stieftochter« heißt, sondern etwas ganz Eigenes ist, wofür es in unserer Gesellschaft keinen Namen gibt. Weil Patchwork-Familien so eigen und vielfältig sind wie viele andere Arten von Beziehungsgeflechten, bei denen man vermutlich auch besser daran tut, sie nicht mit einem Etikett zu versehen.

Ziehen wir die Parallele zum Geld: Wenn mein Freund die Töchter der neuen Partnerin als nervige Störenfriede betrachtet hätte und entsprechend lustlos beim Beziehungsaufbau vorgegangen wäre, hätten diese Töchter alles getan, um ihm das Leben zur Hölle zu machen. Sie hätten ihre Mutter so lange bearbeitet, bis sie selbst nicht mehr gewusst hätte, warum sie mit diesem Mann zusammen ist, und ihn rausgeworfen hätte. Jemand, der Geld nicht mag und sich lustlos oder gar nicht damit beschäftigt, es vielleicht gar schmutzig und eklig findet, es als »Kröten« oder »Kohle« bezeichnet, wird unbewusst dafür sorgen, dass dieses eklige Krötengeld schnell wieder aus dem Haus kommt. Andersherum gilt:

Wer Geld mag, liebt, gern Zeit mit ihm verbringt, Interesse dafür entwickelt, bei dem wird das Geld bleiben und sich auch vermehren.

Und die Liebe zum Geld drückt sich eben auch in Sprache aus. Kohle oder Geld? Darum wird es nun gehen.

Kohle, Kröten, Knete: Wie man in den Wald hineinruft …

Ein Beamter spricht auf eine bestimmte Art über Geld. Ein Unternehmer dagegen ganz anders. Wer in einem Insolvenzverfahren ist, spricht wiederum anders über Geld. Eine Altenpflegerin, ein Musiker, ein Vorstandsmitglied in einem Konzern, jemand, der 50.000, oder jemand, der 500.000 verdient: Jeder spricht anders über Geld. Das habe ich in meiner Beratertätigkeit herausgefunden, indem ich Tausenden von Menschen zugehört habe. Heute behaupte ich, dass ich dir, wenn wir beide uns in einer Bar über Geld unterhalten, nach fünf Minuten sagen kann, wie viel du verdienst, auf 500 Euro genau. Ich kann dir sagen, ob du angestellt oder selbstständig bist, ob du gut mit Geld umgehst oder nicht, ob du Schulden hast. Und all das, ohne dass du mir die Höhe deines Einkommens und Vermögens nennst. Die Sprache, mit der Leute über Geld reden, ist so unterschiedlich wie die Summen, die sie verdienen.

Wie du über Geld sprichst, verrät so einiges.

Offensichtlich ist Sprache also wichtig im Zusammenhang mit Geld, und das ist auch naheliegend: Beziehung drückt sich stark über die Sprache aus. Wie sprechen wir über Geld – oder sogar mit Geld, wenn wir zum Beispiel am Bildschirm unseren Kontostand sehen? Ich bin fest davon überzeugt, dass sich die Art, wie wir über Geld sprechen, sehr direkt auf unser Geld auswirkt. Denn die Sprache ist Ausdruck unserer Haltung und Beziehung zu Geld und ohne Respekt, ja Liebe, kommt das Geld nicht. Oder es bleibt nicht.

Viele, sehr viele Menschen sprechen abwertend über Geld, direkt oder indirekt. Indirekt zum Beispiel, indem sie abwertend über Menschen mit viel Geld sprechen: Protzer, Haie, feine Pinkel. Direkt, indem sie Begriffe verwenden, die nicht gerade positive Assoziationen wecken: Kohle, Kröten, Knete, Moneten. Geld bestimmt so sehr unseren Alltag, dass im Volksmund eine Vielzahl an Wörtern dafür existiert.

Das mag dir vielleicht übertrieben vorkommen: »Was hat er denn? Knete ist doch nur ein lustiges Wort. Ist doch nicht ernst gemeint.« Es mag sein, dass das nicht ganz ernst gemeint ist, aber in jedem Sprachgebrauch steckt ein wahrer Kern. Wir prüfen nicht jedes Wort, bevor wir es aussprechen, aber es hat einen Hintergrund, wenn wir es verwenden. Diese Hintergründe liegen meist im Unterbewusstsein. Die Motive für eine bestimmte Wortwahl sind uns also häufig nicht bewusst. Aber es gibt sie.

Damit haben wir zwei wunderbare Möglichkeiten, uns anhand dieses Themas persönlich weiterzuentwickeln:

1. Zum einen ist eine Veränderung der sprachlichen Gewohnheiten eine Möglichkeit, die eigene Beziehung zum Geld zu verbessern. Du sprichst gut über Geld. Was passiert? Deine Gedanken verändern sich, deine Emotionen, deine Haltung.
2. Zum anderen lässt sich durch Aufmerksamkeit für den eigenen Sprachgebrauch herausfinden, wie man gegenüber Geld eingestellt ist und welche bisher unbewussten Blockaden eventuell existieren, die man dann auflösen kann.

Da gibt es zuerst einmal die vielen durchaus kreativen Ausdrücke, die für Geld im Umlauf sind. Diese Vielfalt ist schon ein Phänomen, ebenso die Abwertung und Verniedlichung, die sich dabei ausdrückt. Ich höre manchmal Wörter, bei denen es mir in den Ohren quietscht. Zum Beispiel das wohl gängigste Wort: Kohle. Es stellt Geld in einen Kontext des Verlusts, was nicht passt, wenn man eigentlich die Vorstellung pflegen möchte, dass einem das Geld erhalten bleibt oder dass es sich sogar vermehrt. Kohle stand einst für Wärme, Wohligkeit und auch Wohlstand. Wenn oben aus dem Schornstein Rauch kam, wusste man, es ist ein warmes Haus. Den Bewohnern geht es gut. Sie haben Kohle. Nach dem Zweiten Weltkrieg wurde Kohle tatsächlich für einige Zeit als informelles Zahlungsmittel verwendet. Kohle, Koks, Holz sowie das Folgeprodukt Asche sind allesamt auch heute noch beliebte und viel verwendete Bezeichnungen für Geld. Sie stammen aus dem Wortfeld Brennstoff. Der ursprüngliche Bedeutungszusammenhang ist mittlerweile verloren gegangen.

Die meisten denken heute bei Kohle an Grillkohle. In anderer Form erleben wir Kohle eigentlich nicht mehr. Wir assoziieren also: Kohle im Grill, Feuer gemacht, Fleisch fertig, Bauch satt, Kohle weg. Was wird aus meinem Geld, wenn ich es so nenne? Koks und Kohle verglühen zu Asche. Ähnliches gilt für Pulver als Bezeichnung für Geld. Gemeint ist damit ursprünglich Zündpulver. Auch hier haben wir wieder die Verbindung zum Geldverlust: Man verpulvert sein Geld. Mit diesen Begriffen nimmt man quasi vorweg, dass das Geld einem zwischen den Fingern zerrinnen wird. Die Idee, dass sich Geld vermehren kann, fehlt komplett.

Kohle ist verbunden mit Geldverlust.

Nun, Kohle und seine Verwandten stehen letztlich nur für die vielen weiteren Wörter, mit denen Geld umgangssprachlich beschrieben und häufig abgewertet wird. Geld wird verfremdet, und wer so spricht, kann eigentlich keine gute Beziehung zu Geld haben oder aufbauen. So sind etwa die vielen Kleintiere, die in der Umgangssprache für Geld herhalten müssen, nicht gerade die angesehensten, viele ekeln sich sogar vor ihnen: Mäuse, Kröten, Frösche, Mücken, Flöhe, Möpse.

Die Bezeichnung »Mäuse« stammt eigentlich vom jiddischen Wort für Geld, »Meus«, wird aber heute mit den kleinen Tierchen assoziiert. »Möpse« stammt von dem altdeutschen Wort »Mopp« für Knopf. »Bims« stammt vom rotwelschen Wort »Bimbes«: Brot. Natürlich, früher war das Brot, das man für sein Geld bekam, existenziell wichtig zum Überleben und damit fast gleichbedeutend mit Geld. »Kies« hat ebenfalls eine jiddische Herkunft: »Kis« bedeutet Geldbeutel. Auch »Moos« hat jiddische Wurzeln, schlicht übersetzt mit Geld. Moneten wiederum assoziiere ich mit Kleingeld, es hat auch etwas Gaunerhaftes, weil der Begriff in verschiedenen Gaunerfilmen verwendet wird, auch wenn er ursprünglich auf das lateinische Wort »moneta« für Münze zurückgeht. Peseten klingen ebenfalls nach Gaunerei. Knete ist nachgiebig, Zaster stammt von dem rotwelschen Begriff »sast er« und bedeutet »Eisen«. Moos und Heu sind nicht gerade die majestätischsten Pflanzen, Heu wird regelmäßig abgemäht. Eier isst man mit einem Bissen auf, dann sind sie auch weg.

Es geht noch ziemlich kreativ weiter. Ich habe dazu noch mehr recherchiert, einfach um dir zu zeigen, was da in puncto Sprache alles los ist: Penunzen, Pinkepinke, Piepen und Schotter sind ebenfalls zweifelhafte Wortschöpfungen für Münzgeld, Lappen für Papiergeld, Euronen für Euro. Draht, Flocken, Keulen, Kikerlinge, Klötze, Knaster, Knöpfe, Knüppel, Krazacken, Ocken oder Öcken,

Patte, Piepen, Pimperlinge, Schabangas, Schleifen, Schnee, Sickel, Stutz, Tacken, Taler.

Wenn du Geldsprache ernst nimmst, gewinnst du eine wichtige Chance: Du kannst deine Beziehung zu Geld auf recht einfache Weise verbessern. Außerdem wirst du auf etwas aufmerksam, was dir vielleicht auch in anderen Lebensbereichen widerfährt. Denn immer wieder werten Menschen andere Menschen ab. Niemand ist frei davon, und wir können nur jede Gelegenheit nutzen, uns darüber bewusst zu werden, wo wir gerade nicht respektvoll sind. Die Sprache hilft uns dabei. Mangelnder Respekt schädigt Beziehungen oder macht sie sogar kaputt. Das kann man aufs Geld beziehen, auf einzelne Menschen oder auch auf Gruppen oder noch größere Zusammenhänge, letztlich auch auf die Sicht gegenüber der ganzen Welt. Immer wieder stößt man auf dieselben Mechanismen: mangelnden Respekt und fehlende Anerkennung der Andersartigkeit, fehlende Höflichkeit, fehlende Empathie. Bei all dem sind wir mittendrin in der Beziehungsgestaltung. Sprache bewirkt etwas in uns selbst und in anderen. Immer. Achten wir also ab heute auf unsere Sprache.

> **Sprache bewirkt etwas in uns und anderen.**

Wenn wir an der Sprache ansetzen, haben wir etwas, was wir gut kontrollieren und beeinflussen können:

- **Erster Schritt:** Achte darauf, wie du über Geld sprichst, über Menschen, über Dinge. Wie sprichst du mit dir selbst und mit anderen über Geld und über Leute mit viel oder wenig Geld? Ich vermute, wenn du dieses Buch liest, ist deine Beziehung zu Geld noch nicht optimal. Dann ist auch bei der Sprache bestimmt noch Spielraum.
- **Zweiter Schritt:** Du sprichst ab jetzt positiv, respektvoll, liebevoll über Geld, über Unternehmertum, über die Chancen im Zusammenhang mit Geld, über Menschen, über Gruppen, über die Welt. Du streichst alle bösen Wörter über Geld. Kohle, Zaster, Knete, Kröten, Zunder verschwinden aus deinem Wortschatz.
- **Dritter Schritt:** Bei der Veränderung deiner Sprache nimmst du auch deine Kinder und deinen Partner oder deine Partnerin mit. Es gibt einen Trick dabei: Stell eine Spardose in deiner

Wohnung auf. Wir haben zu Hause eine in Form einer Kuh. Sie wacht darüber, wie wir über Geld sprechen. Auch unsere Kinder machen mit und sogar unsere Freunde. Wenn wir abends Besuch bekommen, stellen wir die Kuh auf, und jedes Mal, wenn jemand schlecht redet über Geld, über Menschen, über Kollegen, über die Tante aus Oppenheim, dann kommt da Geld rein.

Als Familienoberhaupt (egal ob Mann oder Frau) bist du es, der oder die in Zukunft in deiner Familie ein anderes Denken über Wohlstand, soziale Verantwortung, Ethik, Moral und ein faires Miteinander etabliert und integriert. Wenn du das allein machst und dich als Persönlichkeit im Zusammenhang mit Geld entwickelst, während der andere stehen bleibt, dann ist das eine Scheidung auf Raten. Deswegen musst du auch deine Kinder mitnehmen, denn die liegen dir ganz sicher besonders am Herzen. Sie liegen auch mir besonders am Herzen.

In meiner Investment Akademie bilden wir auch Jugendliche ab 14 Jahren aus, und ich freue mich jedes Mal, wenn so junge Leute dabei sind. Denn wenn ein 15-Jähriger teilnimmt, dann stehen die Chancen bestens, dass er mit 25 finanziell frei ist und mehr in der Welt bewirken kann als andere in seinem Alter, die gerade ihr erstes Praktikum nach dem Studium oder der Ausbildung machen und 40 Stunden pro Woche herumgeschubst werden.

Es gibt aber neben der Sprache noch andere Möglichkeiten, wie wir unseren Respekt gegenüber anderen Menschen und damit auch gegenüber Geld ausdrücken können.

Was wir durch Pünktlichkeit und Zuhören gewinnen

Wenn ich um drei Uhr einen Vortrag als Gastredner halte, bin ich um eins im Saal. Warum? Weil ich niemals unpünktlich sein möchte. Das ist unhöflich. In Pünktlichkeit drückt sich Respekt und eine hohe Achtung der anderen Person aus. Man will den anderen nicht warten lassen, denn seine Zeit ist genauso kostbar wie die eigene. Man will nicht, dass die andere Person sich wundert oder unruhig wird, denn man hat sich ja für das Treffen mit ihr entschieden. Dann soll es dieser Person auch gut gehen.

Denn was passiert mit dem anderen, wenn man zu spät kommt? Er fängt an zu überlegen: »Warum kommt der nicht? Habe ich die Zeit falsch notiert?« Er schaut noch mal auf das Handydisplay: »Hat er angerufen? Sollte ich ihn anrufen?« Oder schlimmer noch: »Bin ich ihm nicht so wichtig, dass er pünktlich kommt? Bin ich ihm egal?«

Pünktlichkeit ist ein Ausdruck von Respekt.

Mit Pünktlichkeit leben wir auch Respekt gegenüber uns selbst. Es wäre mir selbst gegenüber unhöflich, würde ich mich in Stress bringen, weil vielleicht auf dem Weg zu dem Treffen etwas unerwartet schiefgeht. Wenn ich nicht genug Puffer eingeplant habe, bin ich sofort im Stress, sobald nur die Bahn etwas später ankommt oder eine neue Baustelle auf der Straße eröffnet hat.

Du kannst also ganz einfach heute damit anfangen, pünktlich zu all deinen Terminen zu kommen, und schon bemerkst du die Auswirkungen dieses respektvollen Verhaltens im Kontakt mit Menschen. Du bemerkst sie auch im Kontakt mit dir selbst, zum Beispiel weil dein Stresslevel sinkt, und du entwickelst nach und nach mehr Selbstwert, weil du es dir selbst wert bist, dich nicht abzuhetzen. Auch wenn es nicht klappt, wird dir das auffallen und du kannst herausfinden, was dich hindert oder blockiert, und daran weiterarbeiten. Damit bist du dann schon wieder mitten in deiner Persönlichkeitsentwicklung, angestoßen durch ein verändertes Verhalten. Nach einer Weile werden sich die Auswirkungen auch darin zeigen, wie viel Geld du verdienst.

Dir fällt zum Beispiel auf, wie wenig du bisher anderen Menschen Respekt gezollt hast, wenn du zu spät kamst. Das gibt dir zu denken und nun achtest du mehr darauf, wie du dich selbst fühlst, wenn jemand anders zu spät kommt. Nämlich unruhig, wartend, verunsichert, vielleicht auch unwirsch oder sogar verärgert. Du nimmst deine eigene Reaktion auf Unpünktlichkeit nun immer deutlicher wahr, und dementsprechend beginnst du, immer mehr darauf zu achten, welchen – oft sehr subtilen, oft nicht bewussten – Schaden auch du damit beim Gegenüber »anrichtest«.

So beginnt etwa das Treffen mit einer kleinen Irritation beim Begrüßungshandschlag, wenn du dann doch endlich eintriffst. Diese Irritation trägt nicht gerade zum Gelingen des Gesprächs bei. Du kennst vielleicht den Spruch: »Erster Eindruck entscheidet, letzter Eindruck bleibt.« Die ersten sieben Sekunden hinterlassen einen entscheidenden Eindruck und du musst viel Arbeit investieren, um diesen ersten – unpünktlichen, nicht respektvollen – Eindruck wiedergutzumachen, manchmal wird es dir gar nicht mehr gelingen. Ein Gespräch mit einer Entschuldigung zu beginnen, ist jedenfalls ganz sicher kein guter Einstieg, du bist dann nicht ganz auf Augenhöhe. Außerdem hattest du, wenn du zu spät gekommen bist, keine Zeit, dich noch ein paar Minuten auf das Gespräch, deine eventuellen Ziele und auf die Begegnung mit diesem Menschen zu fokussieren. So wirst du nicht das Optimum aus diesem Gespräch herausholen können, weil du nicht voll konzentriert, nicht mit vollem Respekt, nicht mit absoluter Wertschätzung dabei bist.

Eine Entschuldigung ist kein guter Gesprächsbeginn.

Dementsprechend sind dann auch die Ergebnisse: Die Wahrscheinlichkeit ist höher, dass du den erhofften Auftrag nicht bekommst, dass du nicht mit vollem Enthusiasmus empfohlen wirst, dass die andere Person nicht als Erstes an dich denkt, wenn sie von einem wirklich tollen Menschen erzählen möchte. All das muss nicht, kann sich aber in Geld niederschlagen. Beim verlorenen Auftrag liegt das auf der Hand, bei der Empfehlung letztlich auch, selbst wenn du das nicht unbedingt mitbekommst. Dein Renommee als Person ist noch schwerer messbar, dennoch wird es sich auf den Wert auswirken, den du für andere Menschen hast und den du dir selbst beimessen wirst, und dieser Wert bemisst sich eben auch in Form von Geld.

Wie sieht es dagegen aus, wenn du pünktlich zum Termin erscheinst? Du wirst bemerken, wie sehr es andere honorieren, wenn du schon ein paar Minuten vor dem Termin da bist. Du wirst anders angeschaut, vor allem von Leuten, die Wert auf einen respektvollen Umgang legen. Sie merken auf: »Ah, das ist eine, die mich respektvoll behandelt, wie wohltuend, für sie bin ich wichtig.« Das zieht weitere Konsequenzen nach sich. In der Folge kann es sein, dass du mehr mit dieser Person zu tun hast, weil sie mehr Interesse an dir hat, weil sie es angenehm findet, so respektvoll behandelt zu werden. Das könnte »zufällig« eine Person sein, die mit ihrer Geldpersönlichkeit schon weiter ist als du. Dadurch kommst du nun nach und nach in ein neues Umfeld, in dem Respekt, (Selbst-)Wertschätzung und Vertrauen einen höheren Wert haben. Zwischenmenschlich und damit auch in Bezug auf Geld. Und wiederum scheinbar zufällig ist in diesem Umfeld mehr Geld vorhanden. Du nimmst dies nach und nach immer deutlicher wahr – erst staunend, dann immer selbstverständlicher – und passt dich an die Verhaltensweisen in diesem Umfeld an.

Dadurch wird sich dann auch in deinem Innern vieles verändern: Vielleicht fallen dir nun die Bereiche stärker auf, in denen du dich selbst nicht respektvoll genug behandelt hast. Du fragst dich, warum das eigentlich so ist, und erinnerst dich möglicherweise an Situationen in deiner Kindheit oder Jugend, in denen du das fünfte Rad am Wagen warst oder in denen die Eltern oder Geschwister deine Grenzen nicht respektiert haben. Gab es in deiner Familie einen respektlosen Umgang? Kam und ging zum Beispiel jeder, wann er wollte? War der Vater pünktlich zum Abendessen da, um die kostbare Familienzeit zu genießen? War die Mutter morgens schon wach, wenn du für die Schule aufstehen musstest, oder hast du dir selbst deinen Wecker gestellt und dein Frühstück gemacht, weil sie ihren Rausch ausschlafen musste?

Falls es solche Respektlosigkeiten gab, hast du dich wohl daran gewöhnt, es war früher einfach normal. Du verhältst dich dann erst mal genauso, weil du dich auch so fühlst – eben nicht wert, dass andere dich mit deinen Grenzen und deiner kostbaren Zeit respektieren. Heute, wenn du dich nun mehr mit dem Thema Pünktlichkeit und Respekt beschäftigst, darüber nachdenkst, deine Gefühle und Gedanken dazu reflektierst, kannst du dir Dinge bewusst machen, auf die du vorher nie geachtet hast. Dann fällt dir immer mehr auf, deine Wahrnehmung für subtile Prozesse schärft sich und du kannst dich mit der Zeit immer leichter anders fühlen und verhalten. Du willst das Alte nicht mehr, es zieht dich zu etwas Neuem hin. Schließlich etablierst du dieses Neue immer mehr im Alltag, weil du dich wie von selbst anders verhältst – weil du dich anders fühlst.

Es gibt übrigens noch eine weitere Eigenschaft, die zum Respekt gehört und ganz schnell Geld produziert: Zuhören. Was glaubst du, was mit deiner Beziehung zu deinen Kindern passiert, wenn du ihnen ehrlich mit ernsthaftem Interesse und völliger Offenheit zuhörst? Was passiert, wenn du deinem Partner richtig zuhörst? Was passiert, wenn du deinen Kunden richtig zuhörst?

Es kommen Menschen zu mir, die sagen: »Ich kann nicht verkaufen.«

Zuhören produziert ganz schnell Geld.

Ich antworte dann immer das Gleiche: »Du kannst nicht zuhören.«

Wenn du deinem Partner, deinem Kunden oder deinen Mitarbeitern richtig zuhörst, dann weißt du auch, was sie von dir wollen.

Ich habe schon betont: Eine gute Beziehung braucht Zeit, um zu wachsen. Zeit allein reicht zwar nicht, aber sie hilft schon mal. Also brauchen wir Geduld. Geduld ist die Tugend, die beim Beziehungsaufbau dazugehört, die manche jedoch überhaupt nicht haben. Ungeduldige Menschen wollen zum Beispiel nach drei Wochen tollem Sex sofort zusammenziehen und am übernächsten Wochenende mit Schwiegermama und Schwiegerpapa in spe am Wohnzimmertisch zusammensitzen. Das geht meistens genauso schnell schief, wie es begonnen hat. Beim Thema Geld fehlt manchen ebenfalls die Geduld. Ich habe immer wieder Leute in meinen Seminaren, die so ungeduldig sind, dass sie in der nächsten Woche gleich beginnen, mit Echtgeld an der Börse zu handeln. Dabei sage ich in meinen Seminaren ständig: »Leute, ihr müsst mindestens ein halbes Jahr simulieren, um zu üben, zu lernen, Fehler zu machen, ohne dass dabei echtes Geld verloren geht.«

Aber nein, manche fangen gleich in der nächsten Woche an und fallen dann eben mit Echtgeld auf die Nase. Das Geld ist dann weg.

Diese beiden Dimensionen von Zeit – Zeit vergehen lassen, damit etwas reifen kann, und Zeit miteinander verbringen – können wir ganz direkt auf das Thema Geld anwenden: Zuerst einmal müssen wir entscheiden, dass Geld jetzt eine Priorität im Leben ist. Es geht um die Entscheidung, dass du dich darum kümmern möchtest, dass es dir wichtig ist, dass du etwas verändern möchtest. Jetzt kommt die Zeit ins Spiel, zum Beispiel so: Einmal oder zweimal in der Woche beschäftigst du dich mit deinem Geld. Vermutlich ist es gut, dir einen festen Termin dafür einzutragen, damit es nicht im Alltagsstress untergeht.

Du könntest zum Beispiel gleich morgen Abend deinen Versicherungsordner herausnehmen, mit einem Hochgefühl des Erstaunens und Interesses durch deine Haftpflichtversicherung blättern und denken: »Wow, was die alles kann! Die ist ja genauso verlässlich wie Herr Kaiser aus dem Fernsehen!« Du wirst dann einmal grob skizzieren, welche Versicherungen du hast, welche Vermögenswerte, welche Verbindlichkeiten und wo eigentlich dein Einkommen herkommt. Du musst also einmal für dich deine Geldangelegenheiten aufräumen. Und gemeinsam mit der Entscheidung, Geld zur Priorität in deinem Leben zu machen und eine gute Beziehung zu ihm aufzubauen, beginnt ein komplett neues Spiel.

Wenn wir den Respekt, von dem ich in diesem Kapitel erzählt habe, in unserem Leben umsetzen, wenn wir so mit unserem Partner umgehen, wenn wir so mit unseren Kindern umgehen, wenn wir so mit allen Menschen umgehen, mit denen, die wir lieben, aber auch mit denen, die wir nicht lieben, wird das etwas Gravierendes in unserem Leben bewirken. Wenn du tiefer einsteigen willst in das Thema Respekt, empfehle ich das Buch »Respekt« von René Borbonus. Da ich den Autor persönlich kenne, weiß ich, dass er lebt, wovon er spricht. Diese Authentizität ist ein sehr wichtiges Argument für mich, um ein Buch zu lesen: Der Autor, die Autorin muss bei seinem oder ihrem Thema glaubwürdig sein. Daran lasse ich mich selbst auch messen.

Respekt wird Gravierendes in deinem Leben bewirken.

Es gibt noch ein anderes Thema, das zu einer guten Geldpersönlichkeit beiträgt. Wie auch bei Respekt geht es hier um eine grundlegende Haltung zu Geld, aber letztlich auch zu anderen Herausforderungen und Entwicklungsthemen im Leben. Es geht ums Spielen. Spielen? Das muss ich näher erklären.

12. Das Ganze ist ein Spiel – Spaß und Ernst als Grundhaltung

Ich kannte meine heutige Frau damals schon eine Weile, als wir einmal am Nachmittag gemütlich zusammensaßen. Ab und zu fegte der Regen gegen die Fensterscheiben. Es war ein Tag, an dem man dankbar ist, dass es die großartige Erfindung regendichter Behausungen gibt. Wir ließen die Gedanken treiben, ab und zu sagte einer von uns etwas. Plötzlich aber wurde es irgendwie unbehaglich für mich.

»Schatz, wollen wir nicht mal in deine Ferienwohnung an die Ostsee fahren?«, fragt sie.

Ich schaue aus dem Fenster. Es ist nicht nur nass draußen, sondern auch ziemlich kalt. Novemberwetter.

»Na ja, wenn du die Wohnung mal sehen willst, fahren wir eben an die Ostsee. Aber was wollen wir denn da machen, wenn es regnet? Einmal eine Stunde spazieren gehen ist natürlich schön, aber dann bist du in dieser Wohnung wieder gefangen.«

»Ja«, sagt sie mit einem feinen Lächeln, »weißt du was? Wir können ja was mitnehmen.«

Ich werde jetzt ganz wach. »Was denn?«

»Lass uns doch einen Kniffelbecher mitnehmen.«

Ich bin sofort hellauf »begeistert«. Also begeistert in Anführungszeichen.

»Einen Kniffelbecher? Hammer!«

Und da kommt wieder dieses Lächeln, das ich so liebe.

»Ja, ja, aber wir spielen nicht normal Kniffel.«

»Also dann eben mit vier oder mit sechs Würfeln?«

»Nein, nein«, sagt sie: »Wir spielen Strip-Kniffel.«

Wir fahren also an die Ostsee und das Wetter ist wie geplant. Nicht mal die Stunde Spazierengehen kommt infrage.

Sie geht zu unseren Reisetaschen und holt den Kniffelbecher raus.

»Schatz, jetzt können wir Kniffel spielen.«

Ich habe mit einem Schlag das Frühstück abgeräumt und sitze schon kerzengerade am Tisch. Und dann wird gekniffelt. Ich gebe hier eine Kurzfassung: Wir haben ein paarmal gewürfelt und gegeneinander gespielt, ohne Aufschreiben. Derjenige, der nach jeder Runde weiter unten steht, behält seine Sachen an, der andere zieht ein Teil aus. Also: zack, bam, bam, dreimal hin, dreimal her. Sie trägt nur noch eine Socke, ich habe mein T-Shirt ausgezogen. Ich mag Kniffel.

Dann müssen wir das Spiel unterbrechen, einige Zeit später sitzen wir wieder am Tisch, mit Platzwechsel, wir haben jedes Mal den Platz gewechselt. Nächste Runde Kniffel, wir sitzen wieder angezogen am Tisch, wieder ein paarmal hin und her. Sie sitzt am Tisch, hat nur noch ihren Tanga an. Ich habe eine Socke aus.

Da sagt sie zu mir: »Sag mal, du bist so verbissen.«

»Verbissen? Nein, nein, ich bin nicht verbissen. Ich genieße das Spiel und ich freue mich auf den nächsten Platzwechsel.«

In dieser Runde waren es dann nur noch eineinhalb Minuten bis zum nächsten Seitenwechsel. Und dann habe ich einen Satz gesagt, woraufhin sie mich ziemlich verständnislos angeschaut hat:

»Schatz, du spielst zum Spaß. Ich spiele zum Spaß *und* zum Gewinnen.«

Kniffel und Finanzen: Spielen zum Spaß und zum Gewinnen

Wie beim Kniffel, wie bei Monopoly und bei all diesen Gesellschaftsspielen möchte ich dich auch beim Thema Geld dazu motivieren, ab heute zum Spaß *und* zum Gewinnen zu spielen. Denn der gute Umgang mit Geld ist eigentlich ein Spiel. Ein Spiel, das oft sehr ernst ist, für viele quälend existenziell und überhaupt nicht lustig. Aber so sind Spiele eben. Man kann gewinnen und verlieren, und Verlieren kann man lernen. Manche haben es als Kind beim Spielen gelernt. Gesellschafts-

Der gute Umgang mit Geld ist eigentlich ein Spiel.

spiele sind eine hervorragende Möglichkeit, das Verlieren zu lernen. Auch ich kann mein Geld verlieren.

Man kann aber bei jedem Spiel ebenso gewinnen, und man kann mehr oder weniger dafür tun, um zu gewinnen. Auch eine alleinerziehende Mutter mit einem Job als Altenpflegerin kann unter günstigen Umständen, mit gutem Know-how, dem richtigen Mindset und einem guten Geldverhalten Millionärin werden. Glück und Pech gehören wie bei jedem Spiel auch beim Geldspiel dazu. Aber Geld ist kein Spiel wie »Mensch ärgere Dich nicht«, bei dem der Strategieanteil verschwindend gering ist. Es gehören auch Wissen, Erfahrung und Intuition dazu, sowie ein weit entwickelter Umgang mit Emotionen, Gedanken, Haltungen, Einstellungen und Verhaltensweisen in Bezug auf Geld.

Die meisten meiner Akademieteilnehmenden spielen dieses Geldspiel, das Spaß und Ernst zugleich sein sollte, entweder wie »Badstraße« in Monopoly, also ohne wirklich ernsthafte Gewinnabsicht, und das, obwohl sie in mein Seminar kommen, was schon einen großen Vorsprung in Richtung Gewinnen bedeutet. Oder sie spielen gar nicht, sondern sind mit ihren Gedanken vollkommen woanders, bei ihren Überstunden im Job, bei ihrer Firma und den vielen Aufgaben, neben denen keine Zeit für Gelddinge bleibt. Sie machen nur eine Art Pflicht-Minimalprogramm. Oder sie sind verbissen, neidisch, gierig oder ängstlich. Das ist für mich auch kein Spiel.

Warum fehlt vielen beim Geldspielen das Gewinnenwollen? Vielleicht, weil sie das Spielen im Lauf ihres Lebens verlernt haben? Wohl auch, weil man uns beigebracht hat, dass Geld etwas Böses ist. Wie kann man mit etwas spielen, das verboten, schmutzig, gefährlich und verwerflich ist? Wir hatten es zwar schon, aber ich sage es noch einmal: Geld ist nicht böse, es ist neutral. Die Frage ist immer, was du daraus machst.

Ich möchte dich zu dieser Spielhaltung mit Spaß und Ernst einladen. Es geht mir darum, dass du den Spaß ergänzt mit einer klaren Strategie, mit einem klaren Ziel, mit einer klaren Vision. Die meisten Menschen in diesem Land oder sogar auf der ganzen Welt gehen zur Arbeit, um ihr Hamsterrad zu finanzieren, aber nicht, um zu gewinnen. Um jedoch finanziell frei und wohlhabend zu werden, brauchst du einen klaren Plan. Noch einmal: Ob du 3000 Euro verdienst oder 30.000 oder 300.000, macht keinen Unterschied. Was wir brauchen, um eine andere Haltung zu Geld zu entwickeln, ist Spaß. Ich möchte, dass du das Gefühl bekommst, Geld macht Spaß. Diese gedankliche Autobahn existiert bei dir wahrscheinlich noch nicht. Du verbindest Geld mit Stress, vielleicht mit Sorgen, und nur zu einem ganz kleinen Teil mit Spaß, mit Freude und mit Energie. Ich will dir mit diesem Buch eine Idee davon geben, dass Geld Spaß macht.

Geld macht Spaß!

Also: Spiel zum Spaß *und* zum Gewinnen! Nur für diesen – auf den ersten Blick feinen, aber sehr bedeutsamen – Unterschied habe ich dir die Kniffelgeschichte mit meiner Frau erzählt.

Monopoly-Selbsterfahrung

Ich werde dir ein sehr gutes Werkzeug für die Entwicklung deiner Geldpersönlichkeit vorschlagen. Vorher fasse ich an dieser Stelle nochmals einiges aus diesem Teil des Buches zusammen: Für ein weit entwickeltes Mindset für finanzielle Unabhängigkeit und einen guten Umgang mit Geld ist Eigenverantwortung die Basis. Sie beginnt damit, dass du dich annimmst und dich liebst, so wie du bist. Dann verstehst du, welche Dinge du in deinem Leben warum getan hast und warum du heute so bist, wie du bist. Aus dieser Eigenverantwortung resultiert dann ein zunehmend hohes Einkommen und ein hoher Kapital- und Vermögensstock. Das ist die wichtigste Botschaft aus meinen jahrzehntelangen Studien über Geld:

Beginne zu verstehen, zu erfahren und zu lernen, wer du eigentlich bist.

In Bezug auf Geld gibt es dafür eine wirklich tolle Hilfe, die die richtige Haltung zum Geldspiel trainiert. Du ahnst es schon. Es ist ein Spiel. Es ist Monopoly.

Du kennst dieses Brettspiel vielleicht aus eigener Spielerfahrung. Zumindest aber kennst du den Namen, denn das Spiel ist sehr berühmt. Ich habe eingangs erzählt, dass ich als Kind mit meiner Familie dieses Spiel gespielt habe und es heute noch gern spiele. Ich empfehle dir, dieses Spiel ebenfalls zu spielen, um deine Haltung zu Geld kennenzulernen und weiterzuentwickeln. Monopoly kann nämlich viel mehr sein als ein harmloses Spiel. Du kannst dabei sehr viel über dich selbst und deine Einstellung zu Geld und damit zum ganzen Leben lernen. So wie du Monopoly spielst, wie du pokerst oder »Siedler von Catan« spielst – wie alle diese Strategiespiele spielst du dein gesamtes Leben! Brettspiele haben gegenüber Computerspielen das Rennen verloren, aber in meiner Kindheit gab es nur Brettspiele und die haben viele Vorteile. Heute gibt es Monopoly natürlich auch als Computerspiel und als App. Du hast also die Wahl.

So wie du Strategiespiele spielst, spielst du dein Leben.

Ein paar Worte zu Monopoly: Es ist eines der weltweit erfolgreichsten Brettspiele, in knapp 40 Sprachen übersetzt und in über 100 Ländern verkauft. Der nationalsozialistische Propagandaminister Joseph Goebbels soll das Spiel 1936 wegen seines »jüdisch-spekulativen Charakters« verboten haben. Auch in der DDR war das Spiel verboten. Warum wohl? Jeder Spieler erhält ein festgelegtes Startkapital und bewegt sich mit seiner Spielfigur im Uhrzeigersinn auf dem Spielbrett. Man investiert oder handelt mit Spielgeld, kauft oder verkauft Grundstücke, zahlt oder bekommt Miete, wertet sein eigenes Grundstück durch Häuser oder Hotels auf und bezahlt Steuern. Wie im echten Geldleben. Ziel des Spiels ist es, ein Grundstücksimperium aufzubauen, die Mitspieler in die Insolvenz zu treiben und am Ende das größte Vermögen zu besitzen. Man erwirbt dafür möglichst viele Besitzrechte, um von den Mitspielern Mieten zu erhalten, wenn sie durchs Würfeln auf einem Feld landen, das einem selbst gehört. In der deutschen Spielversion gibt es 22 Straßen, vier Bahnhöfe und ein Elektrizitäts- und ein Wasserwerk.

Ich sehe es noch heute vor mir, wie ich mit drei weiteren Menschen an dem großen Holztisch sitze: Da ist mein Vater, an der nächsten Seite des Tisches meine Mutter, mein Zwillingsbruder und dann noch ich. Wir spielen mit einem Spiel aus den Sechzigerjahren. Mein Vater hat es sich von seinem Konfirmationsgeld gekauft. Es ist ein viereckiger Karton, in der Mitte ein Holzkreuz, kein Plastikschrott. Auf einer Seite des Spiels liegen die sortierten Geldscheine, von klein nach groß. Und dann wird das Geld verteilt, die erste Runde ist gespielt. Als Nächstes würfelt meine Mutter: Auf welches Feld kommt sie jetzt? Badstraße. So, jetzt steht sie auf der Badstraße, und sie kauft das Feld.

Ich sitze am Tisch und denke: »Warum machst du das?«, lasse mir aber nichts anmerken. Hast du schon mal jemanden gesehen, der Monopoly mit der Badstraße gewinnt? Meine Mutter sitzt da und freut sich über die Badstraße. Der Zweite, der mitspielt, ist mein Vater. Er kommt mit seiner Fünf auf den Bahnhof. Er kauft den Bahnhof aber nicht. Denn was kriegt man, wenn man einen Bahnhof kauft und jemand kommt mit seiner Spielfigur auf dieses Feld? 500. Wenn du zwei Bahnhöfe hast? 1000. Wenn du drei Bahnhöfe hast? 2000. Und wenn du alle vier hast? 4000.

In meinen Vorträgen frage ich das Publikum: Was für ein Typ Mensch kauft Bahnhöfe? Und die Antwort lautet immer: Beamte. Ich glaube wirklich, dass man bei dem Spiel für dieses Feld den Bahnhof gewählt hat, weil das Wort genauso wie der Beamte mit B beginnt. Es gibt noch zwei weitere Felder mit B: das Basserwerk und das Belektrizitätswerk. Unter uns Monopoly-Profis: Hast du je einen Spieler gesehen, der mit der Badstraße, dem Bahnhof und dem Basserwerk Monopoly gewinnt?

Die nächsten Runden laufen. Meine Mutter ist wieder dran: ein Pasch, dann eine Fünf, was passiert jetzt? »Frei Parken.« Wer auf »Frei Parken« kommt, der – zack – kassiert die Strafen. Nächste Runde. Mein Papa würfelt. Dieses Mal eine Acht. Auf welches Feld kommt er? Schlossallee. Er greift tief in die Tasche. »Was kostet das?«

Und so geht das Spiel weiter. Ich habe oft gewonnen.

Damit verlassen wir unseren damaligen Sechzigerjahre-Spieltisch. Ich will dir immer noch diese Geld-Spielhaltung vermitteln. Mal angenommen, du spielst selbst: Während du die Schlossallee kaufst, ist es ganz wichtig, dass du den Mitspieler mit der Badstraße ansiehst. Nun spür mal in dich hinein, du lernst etwas kennen: deine Fähigkeit, Gedanken zu lesen: Was denkt der Typ mit der Badstraße? Vielleicht hilft er dir sogar und äußert seine Gedanken zu deinem Schlossallee-Kauf. Er sagt zum Beispiel: »Boah, das ist nicht dein Ernst!« Das ist auch wieder das B: Boah. Du legst 8000 für die Schlossallee hin und du siehst, dass er gerade begreift, was ein Hotel in dieser Straße kostet. Er ist mit den Nerven am Ende und du sitzt da, sortierst die Schlossallee-Karte in deine Sammlung ein und denkst: »Junge, du hast absolut recht, die Schlossallee ist teuer, aber wenn du auch nur einmal in diesem Spiel auf mein Feld trittst …« Was kostet die Badstraße, wenn darauf ein Hotel steht? Keine Ahnung. Aber was kostet die Schlossallee mit einem Hotel darauf? 40.000.

Kauf die Schlossallee, nicht die Badstraße!

Mit der schönen Schlossallee sind wir am Ende des dritten Teils angekommen, und zugleich ist diese Schlossallee die perfekte Überleitung zum nächsten Teil des Buches, in dem es ganz konkret darum geht, wie du deine finanzielle Unabhängigkeit in die Hand nehmen kannst. Du erfährst, wie Börse läuft, dass – und wie – man Aktienhandel lernen kann. Damit kannst du dir neben deinem Einkommen durch deinen Job ein weiteres Einkommen aufbauen, dessen Anteil an deinem bisherigen Einkommen mit der Zeit zunimmt, ohne dass du dafür mehr arbeiten musst. Du baust dir ein Grundeinkommen auf, das dir hilft, aus dem Hamsterrad auszusteigen. Schauen wir uns nun also genau an, wie die Börse dein Leben bereichern kann.

IV. Du bist die Bank: Warum wir Geld selbst können müssen

13. Unser Geld selbst in die Hand nehmen – die Möglichkeiten

Der Latte macchiato bei Starbucks ist doch ziemlich teuer, oder? Nun kann man darüber schimpfen, während man ihn trinkt. Man könnte aber auch ein paar Aktien von Starbucks kaufen und sich das nächste Mal an der Starbucks-Theke freuen, wenn man die gestiegenen Preise sieht. Wie fühlt sich das für dich an?

Über die schlimmsten Vorbehalte gegen die Börse

Ich finde es bemerkenswert, dass unglaublich viele Menschen auf unser Wirtschaftssystem schimpfen, insbesondere über die Gehälter von Vorständen und die Gewinne von Aktienunternehmen, sie aber auf der anderen Seite deren Produkte kaufen und nutzen. Schon allein das ist widersprüchlich. Noch viel bemerkenswerter finde ich, dass sie nicht einfach die Möglichkeit ergreifen, an den Gewinnen und dem Wachstum dieser Unternehmen zu partizipieren. Mit dem Kauf von Aktien geht das – das ist ja das Sensationelle. Man kann ebenso wie bei Starbucks auch bei Apple über die hohen Preise der Produkte mäkeln oder man kann sich ein schönes MacBook kaufen und es genießen und zugleich ein paar Apple-Aktien haben, sodass man an den Preissteigerungen dieser Aktien partizipiert.

Viele Menschen leben zwar in unserem kapitalistischen System, lehnen aber mehr oder weniger bewusst die wichtigste Regel des Kapitalismus ab. Sie lautet:

Investiere in das, was du als wertvoll erachtest, und du wirst an den Gewinnen partizipieren.

Doch um diese Regel umzusetzen, brauchen wir ein Grundverständnis davon, wie Börse funktioniert, und wir brauchen das technische und strategische Know-how, um partizipieren zu können.

Die Börse steht nicht auf dem Lehrplan.

Das fehlt jedoch fast allen Menschen in unserem Land. Niemand nimmt sie an die Hand und sagt zu ihnen: »Passt auf, so geht's.« Jetzt sind wir wieder bei der Schule, wir sind wieder beim Bildungssystem: Die Börse steht nun mal definitiv nicht auf dem Lehrplan. Wir können nicht partizipieren, weil wir nicht wissen wie und weil wir noch nicht einmal darauf kommen, dass wir es nicht wissen.

Deshalb sollten wir dringend die ablehnende Haltung gegenüber der Börse abbauen, die in Deutschland besonders stark ausgeprägt ist und auf Missverständnissen und ungeprüften Vorurteilen beruht. Eine Untersuchung der Börse Stuttgart und des Deutschen Aktieninstitutes aus dem Jahr 2019* zeigt: Bei vielen Menschen in Deutschland bestehen starke Vorbehalte und Missverständnisse in Bezug auf Aktien, Aktienanlagen und die Möglichkeiten des Aktienhandels. Insbesondere bei denjenigen, die keine Aktien besitzen. Die Aktie ist ein bedeutsames Anlage- und Finanzierungsinstrument. Sie ist auch ein wichtiges Element zur Sicherung der Altersvorsorge. Beides ist immer noch nicht im Bewusstsein der Deutschen angekommen – obwohl inzwischen klar ist, dass die staatliche Rente für sehr viele Menschen nicht reichen wird. Die Vorurteile sind hartnäckig.

So hält sich zum Beispiel die Vorstellung des »Börsenjunkies«, der geldgierig zockt und von einem auf den anderen Tag riesige Geldsummen gewinnen, aber auch wieder verlieren kann. Börse als anrüchiges Laster? Ebenso fest verankert ist das Vorurteil, die Börse wäre »nur was für Finanzprofis« und normale Leute ohne Bankausbildung, die zudem nicht gerade Mathe-Cracks sind, hätten keine Chance, an der Börse Geld zu verdienen, selbst wenn sie es lernen und mit Strategie und Methode vorgehen würden.

---

* Börse Stuttgart und Deutsches Aktieninstitut: Mehr Aktionäre in Deutschland – Gleichgültigkeit und Missverständnisse überwinden. Abrufbar unter: www.dai.de

Alle diese Vorurteile bestätigen sich in der Realität nicht, dennoch ist es schwer, sie zu entkräften. Auch das hat die zuvor erwähnte Studie gezeigt: Die Zweifel der Deutschen gegenüber der Aktie werden sich nicht von allein zerstreuen, sie sind hartnäckig und trotzen selbst stichhaltigen Argumenten oder dem Blick auf das weitaus börsenaktivere Verhalten von Privatanlegern in anderen Ländern. Ich versuche, meinen Teil zu einer anderen Einstellung gegenüber dem Handel an der Börse beizutragen und in diesem Buch zu vermitteln, dass wir an diesen Vorbehalten, einschränkenden Überzeugungen, Wertvorstellungen und Widerständen gegenüber Geld arbeiten können, um eine Haltung zu Geld und ein Geldverhalten zu entwickeln, das uns besonnen und kompetent agieren lässt. Erst dann kommen wir in die Lage, das Investieren in Unternehmen oder andere gewinnbringende Möglichkeiten der Vermögensbildung realistisch einzuschätzen und die entsprechenden Handlungsschritte zu gehen.

Aktieninvestments bieten nun mal sehr gute Renditemöglichkeiten, vor allem auf längere Sicht, wenn man sich die Zahlen ansieht. Niemand kann in die Zukunft sehen, aber die Entwicklungen der Vergangenheit bis heute kann man sich natürlich ansehen. Ich habe es schon erwähnt: Mit Aktien konnte man in der Vergangenheit seit rund 120 Jahren – seit es den Aktienmarkt gibt – eine sehr gute Rendite erzielen, die wesentlich höher ausfällt als zum Beispiel bei Immobilien- oder anderen Geldanlagen.

Langfristig sind die Renditemöglichkeiten sehr gut.

Sehen wir uns also das Thema »Handeln an der Börse« genauer an, um möglichst alle Vorurteile und Ängste ein für alle Mal abzubauen. Wie das gesamte Thema Geld ist auch der Börsenhandel gar nicht so schwer zu verstehen. Auch hier gilt wie bei dem meisten im Zusammenhang mit Geld: Wir glauben, es wäre schwer, kompliziert, riskant und verwerflich. Und das einzig und allein, weil wir es nicht gelernt haben. Doch mit Wissen und Know-how können alle, die sich dafür interessieren sowie rechnen und einen Computer bedienen können, lernen, an der Börse zu handeln.

Nie waren dafür die Bedingungen günstiger: Jeder, der heute einen Computer und einen Internetzugang hat, kann ein Konto eröffnen und mithilfe eines Brokers an der Börse handeln. Der Handel am Aktienmarkt ist die direkte Möglichkeit, an den großen Gewinnen der internationalen Firmen teilzuhaben. Lasst uns das Geld gleichmäßiger verteilen! Auch ärmere und arme Menschen können heute teilhaben. Hör auf zu schimpfen und neidisch auf die höheren Gehälter oder Gewinne anderer Leute zu schielen, sondern nimm dir etwas vom Kuchen!

Die vier größten Anlagekategorien

In diesem vierten Teil krempeln wir deshalb gemeinsam die Ärmel hoch und machen uns bereit, über die konkrete Umsetzung an der Börse nachzudenken. Meine Hinweise hier werden allerdings nicht reichen, um dich fürs Handeln an der Börse fit zu machen. Um das zu lernen, gehört mehr dazu, als 40 Seiten in einem Buch zu lesen, dessen Schwerpunkt eigentlich die Auseinandersetzung mit deiner Geldpersönlichkeit und deinem Geldverhalten ist. Wie lernen wir, etwas Neues anzuwenden? Wir brauchen mindestens ein Buch für den Einstieg oder einen Onlinekurs. Aber dann brauchen wir in der Regel mehr: eine Begleitung mit der Möglichkeit, Fragen zu stellen, auszuprobieren und Fehler zu machen, diese auszuwerten – und somit angstfrei zu lernen, weil Unterstützung da ist. Das geht individuell begleitet mithilfe eines Coachings. Oder eben mit einem Seminar als Lernmöglichkeit in der Gruppe. Eine dieser Lernmöglichkeiten solltest du nutzen, um voranzukommen.

Ich betone es hier nochmals: Du musst Geld selbst können. Du solltest es nicht an jemanden abgeben. Du kennst eine Bank, eine Versicherung oder ein Investmenthaus. Diese Unternehmen verwalten fremdes Kapital gegen eine Gebühr, das heißt, sie bekommen einen Zins, eine Rendite, einen Ausgabeaufschlag oder andere Gebühren. Sie haben also ein eigenes Interesse, an deinem Geld zu verdienen. Ein einzelner Berater wird sagen: »Goldmünzen sind der Hit«, wenn er Goldmünzen verkauft. Der Immobilien-Verkäufer sagt: »Junge, oder Mädel, du brauchst eine Immobilie. Betongold.« Natürlich! Er will mit seinem Produkt Geld verdienen.

Für mich ist das Motiv ein anderes: Ich habe finanziell längst ausgesorgt, weiß aber, dass die meisten Menschen, die jetzt noch nicht im Rentenalter sind, irgendwann ihre Spardose aufmachen und feststellen, dass die Dose nicht voll genug ist. Und es gibt keine zweite Chance, wenn du alt bist. Das ist mein erstes Motiv: Ich will Menschen helfen, im Alter genug Geld zum Leben zu haben, wenn sie nicht mehr arbeiten wollen oder können. Das zweite Motiv: Ich will Menschen helfen, schon möglichst früh ein zweites Einkommen an der Börse zu generieren, weil es sie unabhängiger macht, sodass sie aus dem Hamsterrad aussteigen können und mehr Freiräume für das Wesentliche in ihrem Leben finden. Ich will Menschen zu einem finanziell unabhängigen Leben befähigen.

Es gibt keine zweite Chance, wenn du alt bist.

Man kann Geld auf vielfältige Weise ausgeben, aber man kann es nur auf zwei Arten verdienen:

1. **Wir arbeiten für unser Geld.** Das ist der übliche Deal, nach dem unsere Arbeit überwiegend organisiert ist. Der Deal lautet: »Ich tausche Zeit gegen Geld.«
2. **Wir schicken unser Geld zur Arbeit.** Das tun wir, indem wir es investieren und Einnahmen aus diesen Investments generieren. Dann lautet der Deal: »Geld gegen Geld.« In diesem vierten Teil des Buches geht es genau darum: wie du dein Geld zur Arbeit schickst, indem du es investierst.

Für das Investieren gibt es verschiedene Möglichkeiten, von denen ich hier die vier größten und bekanntesten Anlagekategorien herausgreife, um dir eine grobe Einschätzung der Vor- und Nachteile zu ermöglichen. Du weißt schon: Ich favorisiere die vierte Kategorie, Aktien.

1. Festgeld: Die erste Anlagekategorie ist das Festgeld. Damit meine ich nicht nur Termingeld, sondern alles, was im Spareinlagenbereich dazugehört, also zum Beispiel dein normales Sparkonto bei deiner Bank. Festgelder haben flexible Laufzeiten und bisher fallen für sie keine Gebühren an. Das wird sich allerdings bald ändern, wir haben schon jetzt ab gewissen Beträgen negative Zinsen. Für dieses Festgeld haben wir bei den meisten Banken in der EU eine Einlagensicherung bis 100.000 Euro, das heißt, die Bank garantiert durch gesetzliche und freiwillige Maßnahmen, dass auch im Krisenfall dieses 100.000-Euro-Guthaben sicher ist. Ob das dann wirklich so ist, bleibt abzuwarten. Beim Festgeld gibt es keine Mindesteinlagen, mit sieben Euro auf deinem Sparbuch bist du schon dabei. Das sind die Vorteile von Festgeld. Die Nachteile sind: Festgeld ist kein Sachwert, somit kann es seinen Wert verlieren, zum Beispiel bei einer Währungsreform. Es hat auch keinen Inflationsschutz und sehr niedrige oder neuerdings eben sogar ab einer bestimmten Einlagenhöhe negative Zinsen. Wenn du Notgroschen, also eine Reserve für ein paar Monate oder auch für ein oder zwei Jahre brauchst, liegt das Geld auf solch einem Konto genau richtig. Aber wenn du noch nicht weißt, wie deine Dose fürs Alter voll genug wird, dann sollte das für dich nicht die einzige Anlageform sein.

2. Immobilien: Die zweite Anlagekategorie kennt auch jeder. Sie ist sehr beliebt in Deutschland und hat einen guten Ruf: Immobilien. Mein Vater, als Unternehmer in der Baubranche tätig, hat früher zu mir gesagt: »Junge, mach doch nicht nur in Aktien, mach doch mal was Vernünftiges.« Vernünftig waren für ihn eben Häuser. Die Vorteile sind bekannt: hohe Sicherheit, emotional wertvoll – »My Home is my Castle« –, steuerlich gestaltbar, Schutz vor Inflation, weil Sachwert, keine Abhängigkeit von einem Mietverhältnis, wenn man die Immobilie selbst nutzt. Bei vermieteten Immobilien entstehen zudem regelmäßige Erträge und vermutlich ist eine Steigerung des Mietpreises möglich, wenn es keinen Mietendeckel oder Ähnliches in der Region gibt, was zurzeit jedoch in einigen Städten und Gemeinden der Fall ist.

Die Nachteile sind: hohe Kosten für die Grundsteuer, keine Liquidität und Mobilität, langfristige Bindung, Nebenkosten, Instandhaltungskosten, Verwaltungsaufwand, steuerfreier Verkauf bei Vermietung ist erst nach zehn Jahren möglich, bei Eigennutzung sind es weniger. Veräußerung ist meist nur als Ganzes möglich und es kommt ein langer Verkaufsprozess auf einen zu. Und welches Risiko haben wir bei Immobilien im Falle einer Wirtschaftskrise? Nach dem Zweiten Weltkrieg stieg die Grundsteuer auf Immobilienbesitz deutlich, um das Geld gleichmäßiger unter den Menschen zu verteilen. Grundstückseigentümer wurden stark besteuert. Außerdem ist die Rendite nicht sonderlich hoch. Heute wird üblicherweise mit 4 bis 5 Prozent Rendite kalkuliert. Wenn du heute erst 40 bist und noch nicht sonderlich weit mit deiner Altersvorsorge, kannst du dir ein Immobilieninvestment mit nur 5 Prozent Rendite aus meiner Sicht ebenso wenig erlauben, wie dein Geld einfach auf dem Sparkonto liegen zu lassen. Der Wunsch, ein eigenes Heim zu haben, sollte niemals der Grund sein, in eine Immobilie zu investieren. Dein Zuhause ist da, wo du zu Hause bist. Wenn ich mit meiner Frau und meinen Kindern irgendwo auf der Welt bin, ist das mein Zuhause. Binde den Wunsch nach einem Zuhause nicht an die Wände, in denen du wohnst. Ein eigenes Haus sagt auch nichts über deinen Reichtum aus und du brauchst es nicht als Statussymbol. Ich kenne viele Menschen, die sehr, sehr vermögend sind und bis heute zur Miete wohnen.

3. Rohstoffe: Die dritte große und bekannte Anlagekategorie sind Rohstoffe. Platin, Gold, Silber, Diamanten. Für die Vorteile halte ich mich an die Aussagen von anderen. Zu Zeiten der Finanzkrise – und auch heute – wird von pessimistischen Crash-Propheten zu Rohstoffen geraten. Sie verdienen damit Geld, denn mit Angst kann man gutes Geld machen. Sie sagen zum Beispiel: »Kauft Gold. Wenn die Welt untergeht, ist Gold immer noch etwas wert.« Doch das ist ungefähr dasselbe wie mit Immobilien. Deshalb komme ich gleich zu den Nachteilen: Die Entwicklung des Goldpreises im Laufe der letzten 40 Jahre ist ein Witz. Rohstoffe bieten keine Zinsen und keine Rendite. Und was hat man nach dem Zweiten Weltkrieg mit Gold gemacht? Privatpersonen wurde der Goldbesitz verboten. Bei den Extremszenarien, für die Gold heute gedacht ist, wird unsere Welt komplett umgewälzt. Dann bleibt ohnehin nichts mehr übrig außer Kakerlaken. Und weißt du, warum genau die? Die Kakerlake ist eines der widerstandsfähigsten Tiere, die wir auf der Erde haben. Gold und Diamanten interessieren sie nicht.

4. Aktien: Nun kommen wir zur vierten Anlagekategorie, Aktien. Du weißt schon, dass ich dafür brenne und dass ich damit wohlhabend geworden bin. Mich fragen regelmäßig Leute, wie mein Vermögen aufgeteilt ist. Das kann ich in einem Satz sagen: ein privates Haus, ein Feriendomizil am Meer, abgesehen davon ist der überwiegende Teil meines Vermögens in Aktien, meinen eigenen Unternehmen und Liquidität angelegt bzw. geparkt. Warum ist das so? Weil ich Börse kann. Und nun möchte ich, dass auch möglichst viele andere Börse lernen und können.

Mit Aktien bin ich wohlhabend geworden.

Was sind die Vorteile von Aktien? Vor allem können wir mit Aktien langfristig eine sehr hohe Rendite erzielen. Eine Aktie ist zudem ein Sachwert. Man erwirbt einen Anteil an einem Unternehmen und ist damit im Produktivkapital investiert. So bietet sie Schutz vor Inflation und sie ist schnell handelbar. Wir haben damit langfristig eine hohe Sicherheit, wir haben eine große Auswahl und können zu allem Überfluss dieses Investment auch noch von überall auf der Welt via Internet verwalten.

Es gibt jedoch auch Nachteile. Du kannst das Investieren an der Börse nicht »schnell mal« lernen. Wer geht als Privatperson normalerweise an die Börse? Die Jungs, die ihre Gier nicht im Griff haben, weil ihnen irgend so ein Schlaumeier erzählt: »Ich zeig dir mal eben, wie Börse geht, und in einem halben Jahr hast du die erste Million auf dem Konto.« Die meisten Deutschen gehen nicht an die Börse, weil sie nicht gelernt haben, wie es geht – sowohl technisch und strategisch als auch mental –, und dann von Fällen hören, in denen jemand Opfer seiner Gier oder Angst geworden ist und sich verspekuliert hat. Dann lässt man lieber die Finger davon. Das ist nur zu verständlich.

Keine Angst vorm Börsencrash

Selbst wenn wir alle anderen Vorbehalte gegen die Börse beiseitelassen, bleibt bei vielen eine große Angst bestehen: die Angst vor einem Börsencrash. Wir erinnern uns an die Finanzkrise 2008/2009: Überall sah man Diagramme mit steil fallenden Aktienkursen. Wie kann man da sagen, Aktien wären krisensicher? Ich habe dazu eine klare Einschätzung, die ich seit Jahrzehnten vertrete und vermittle, um Menschen die richtigen Investments an die Hand zu geben, damit sie Krisen überstehen. Da es früher oder später die nächste Krise geben wird, sollten wir uns jederzeit – auch in ruhigen Zeiten – damit beschäftigen.

Die nächste Krise kommt bestimmt.

Was bedeutet eine Finanzkrise, was passiert dabei und was können wir als Einzelne tun, um auch in schwierigen Zeiten unser Vermögen zu erhalten, über genug Geld zum Leben zu verfügen und möglicherweise sogar finanziell gestärkt aus einer Krise hervorzugehen?

Schauen wir uns dazu erst einmal an, welche Möglichkeiten Zentralbanken wie die Europäische Zentralbank (EZB), das Zentralbanken-System der USA, das Federal Reserve System (FED) oder andere Zentralbanken in einer Krise haben. Die Zentralbanken sind für die Festlegung und Durchführung der Geldpolitik zuständig, um den Wert der Währung und damit Preisstabilität zu gewährleisten, ferner für die Bankenaufsicht. Mögliche Maßnahmen in einer Krise sind zum einen, das Zinsniveau zu senken. Das tut die Zentralbank seit Jahren massiv. Wir haben in den Achtziger- und Neunzigerjahren noch 10 Prozent Zinsen bezahlt, mittlerweile sind wir bei ungefähr 0 Prozent oder einige Länder haben sogar negative Zinsen. Zinsniveaumaßnahmen sind also nicht mehr möglich.

Als zweite Möglichkeit kann die Zentralbank Anleihen kaufen. Das tut sie munter und hat seit der Finanzkrise 2008 nicht damit aufgehört. Sie kauft über Milliardenbeträge jeden Monat Anleihen auf, weil sonst kein Käufer da wäre und der Markt zusammenbräche. Des Weiteren kann eine Zentralbank Aktien kaufen, was sie bisher nicht tut. Darüber hinaus kann sie den Konsum ankurbeln, wiederum indem sie das Zinsniveau senkt, jedoch als massivste Möglichkeit mit dem sogenannten Helikoptergeld. Helikoptergeld ist eine Ausweitung der Geldmenge durch Geldschöpfung, bei der das neu geschaffene Zentralbankgeld direkt an Staat oder Bürger ausgezahlt wird.

Die letzte Möglichkeit ist, wichtige, systemrelevante Unternehmen aufzukaufen, also zu verstaatlichen, damit diese Unternehmen weiter funktionieren und das System nicht zusammenbricht. Bespielhaft sind folgende Bereiche bzw. Industrien zu nennen: Lebensmittel, Wasser, Energie, Banken, Transport, Gesundheit, Chemie. So hat die Bundesregierung in der Finanzkrise 2008 massiv Anteile der Commerzbank gekauft und ist noch heute deren größter Aktionär. Man hat dann gesagt: »Um Gottes willen, jetzt greift der Staat in die Wirtschaft ein und verliert viel Geld!« Der Gedanke ist aber aus meiner Sicht nicht zu Ende gedacht. Was passiert denn wohl, wenn die systemrelevanten Unternehmen zusammenbrechen und wir zum Beispiel keine Lebensmittel oder keine Energie zum Heizen haben? Ich glaube, das dürfte jedem klar sein.

Außerdem kann der Staat auch direkt in das Wirtschaftssystem eingreifen, indem die Wirtschaft, von kleinsten Unternehmen bis hin zu großen Konzernen, mit Schutzpaketen, Zuschüssen, Liquiditätshilfen, Stundung von Steuerzahlungen und anderen Maßnahmen unterstützt wird.

Was ist die Konsequenz daraus? Immer, wenn der Staat Geld in die Wirtschaft pumpt, gibt es langfristig nur eine Konsequenz: Inflation. Das gab es in der Geschichte schon sehr oft, ich denke mir das also nicht aus oder schaue in die Glaskugel. Was passiert dann? Das Geldvermögen wächst und die Sachwerte werden im Verhältnis dazu immer weniger. Inflation ist erst mal nichts Böses. Es bedeutet einfach nur Geldentwertung: Schulden und Geldvermögen sind dann weniger wert. Für Menschen und Länder, die viele Schulden haben, ist die Inflation damit von Vorteil. Inflation bedeutet, dass wir unsere Schulden loswerden. 2 Prozent Inflation sind dafür ganz gut. Der Gesetzgeber wird über eine solche Inflationsrate also nicht traurig sein.

Inflation ist an sich nichts Böses.

Deutschland zum Beispiel hat ein Guthaben von 942 Milliarden Euro gegenüber anderen Ländern in der Euro-Zone. Das bedeutet, Länder wie Deutschland haben andere Länder finanziert, etwa Italien oder Spanien, die 450 Milliarden Euro zu bezahlen hätten. Auch in unseren Ländern und Gemeinden gibt es Schulden, umgerechnet auf jeden Einwohner waren das zum Beispiel im Stadtstaat Bremen im Jahr 2018 18.000 Euro.

Seit dem Jahr 1800 gab es viele Staatspleiten, die längst vergessen sind. Deutschland und Österreich zum Beispiel sind bisher siebenmal pleitegegangen, Griechenland fünfmal, Italien einmal. Staatspleiten sind also nichts Außergewöhnliches. Staatsschulden von Ländern, Unternehmen und Bürgern hat es immer schon gegeben und es gab immer Währungsreformen. Auf Dauer ist nicht zu verhindern, dass eine Währung irgendwann kippt. Diese Situation ist weniger außergewöhnlich, als man auf den ersten Blick denkt. Ich habe auch schon eine Währungsreform miterlebt, von D-Mark auf Euro. Die Menschen, die aus der ehemaligen DDR kommen, haben schon zwei Währungsreformen erlebt, von Ostmark zu D-Mark und von D-Mark zu Euro. Ich glaube nicht, dass wir langfristig den

Euro behalten, denn früher oder später wird eine Riesenkrise kommen und dann rücken die Menschen in ihrem Land zusammen und drehen die Globalisierung wieder zurück.

Welche Schlussfolgerungen ziehen wir nun daraus? Schauen wir uns dazu mal die Währungsreform mit dem Umstellungsgesetz von 1948 an, also die Umstellung von Reichsmark auf D-Mark. Dabei wird deutlich: Es gibt Investments, die unter einer Währungsreform leiden. Privatvermögen etwa, das auf Girokonten liegt, wurde damals getauscht mit 100 Reichsmark zu 6,5 D-Mark. Wer vorher 100.000 Reichsmark besaß, hatte danach 6500 D-Mark. 93,5 Prozent waren weg. Ebenso verhielt es sich mit Pfandbriefen, Rentenbriefen und Lebensversicherungen. Das Verhältnis war auch hier 100 zu 6,5. Die klassischen Geldwerte – Cash unterm Kopfkissen, Bargeld auf dem Girokonto oder Sparbuch, Rentenversicherung, Bausparvertrag, Lebensversicherung, also alles, was die meisten deutschen Privatanleger nutzen – wurden im Prinzip zu 93,5 Prozent vernichtet. Weil das Geld nichts mehr wert war.

Die Lösung ist die, über die ich seit 25 Jahren aufkläre: Investiere in Sachwerte. Weil Sachwerte eins zu eins getauscht werden. Wenn du eine Immobilie hast, spielt es keine Rolle, welcher Preis an der Immobilie steht. Nach der Währungsreform hast du diese Immobilie immer noch. Gleiches gilt für das Auto, den Hausrat, den Schmuck, Rohstoffe und Edelmetalle wie Gold, Silber, Platin. Sachwerte schlagen auf Dauer immer die Geldwerte. Und das gilt auch für Aktien. Der Gesetzgeber wird zwar versuchen, dich im Sinne der Gesellschaft einzubinden, etwa durch eine stärkere Besteuerung von Grundbesitz oder durch das Verbot von Goldbesitz, aber grundsätzlich verlierst du nicht dein Geld.

Sachwerte schlagen auf Dauer die Geldwerte!

Wenn wir an Aktieninvestments denken, können wir von folgender Überlegung ausgehen: Solange wir an eine langfristige Entwicklung der Erde und somit an die Zukunft unserer Welt glauben, mit Fortschritt und Wachstum der Menschheit, so lange wird es auch Unternehmen und Konzerne geben, die den täglichen Bedarf dieser weiter wachsenden Zahl von Menschen decken. Diesen täglichen Bedarf wird es immer geben. So betrachtet gibt es kein sinnvolleres Investment als Sachwerte.

Zum täglichen Bedarf: Ich kann mir niemanden vorstellen, der zu mir sagt: »Philipp, diese Wirtschaftskrise ist so krass, ich habe jetzt zwei Wochen nichts gegessen und getrunken, und duschen war ich das letzte Mal vor zwölf Wochen.« Wir essen und trinken weiterhin, wir waschen uns, brauchen Medikamente, Energie und Chemie. Das müssen die Menschen dann weiterhin kaufen. Wir wollen schließlich überleben, auch wenn es uns schlecht geht. Wenn die Bevölkerung weiterwächst, so wachsen auch diese Konzerne – wenn es gesunde, gut aufgestellte Unternehmen sind. In einer Wirtschaftskrise kaufen wir dagegen keine Gucci-Taschen, Rolex-Uhren, Ferraris oder Porsches. Die einfachste und sicherste Investmentstrategie auch in Krisenzeiten ist aus meiner Sicht also, in die Weltmarktführer des täglichen Bedarfs, in Branchen wie Energie, Logistik, Transport, Pharma, Chemie, Lebensmittel, Wasser und Reinigung zu investieren. Wenn wir Aktien von Unternehmen des täglichen Bedarfs kaufen, werden wir damit auch Geld verdienen. Langfristig.

Ein Crash ist demnach keine echte Gefahr für uns, wenn wir mit Aktien handeln. Im Gegenteil, in Zeiten eines Börsencrashs können wir den Grundstein für nachfolgende hohe Gewinne mithilfe des Aktienhandels legen. Wenn wir zurückblicken auf frühere Krisen und diese auswerten, sehen wir, beispielsweise seit 2009, steigende Aktienkurse. Während ich dies schreibe, Anfang 2020, befinden wir uns in einer Hausse, einem sogenannten Bullenmarkt. Die beiden Begriffe stehen für anhaltend steigende Kurse. Hingegen steht ein Bärenmarkt oder eine Baisse für anhaltend sinkende Kurse. Langfristig denken wir in Börsenzyklen. Ein Börsenzyklus umfasst eine Hausse und eine Baisse. Bei einem Börsencrash kann der Aktienwert in kurzer Zeit und aufgrund von Angstreaktionen der Anleger schnell um 40 oder sogar um 90 Prozent fallen. Das schockiert auf den ersten Blick, ist aber langfristig kein Problem. Man muss sich nur größere Zeiträume ansehen als ein halbes oder ein Jahr. Wenn man diese Beobachtungen ernst nimmt, kommt man leicht darauf, dass die Zeit eines Börsencrashs ein günstiger Zeitpunkt ist, um an einem angenommenen Tiefpunkt eines Aktienkurses einzusteigen und Aktien zu kaufen. Wie gesagt, nicht unbedingt Aktien von Luxus-

Börsencrashs sind ein guter Zeitpunkt, um einzusteigen.

gütern, sondern Aktien aus dem Bereich des täglichen Bedarfs. Diese sind dann eine der sichersten und gewinnbringendsten Möglichkeiten, sowohl sein Vermögen gegen Inflation oder für den Fall einer Währungsreform zu versichern als auch mit Aktien tatsächlich viel Geld zu verdienen. Das Problem ist in den Köpfen der Menschen. Wenn wir jedoch finanzielle Intelligenz aufbauen, werden wir unsere Investments darauf ausrichten.

Die zwei Entscheidungen

Ich habe dir die vier größten und bekanntesten Investmentgruppen im Überblick vorgestellt und nun kannst du dir überlegen, was zu dir passt. Wofür auch immer du dich entscheidest: Ich möchte, dass du dir Gedanken machst, wie du deinen finanziellen Plan umsetzt, etwa so: »Ich bin x Jahre alt, ich habe y Menge an Kapital und wenn ich 60 oder 70 bin, brauche ich z Menge an Geld.« Dann kannst du zwei Entscheidungen treffen.

Die erste Entscheidung ist, ob du an der Börse investieren, dir damit ein Grundeinkommen aufbauen und so für dein Alter effektiv vorsorgen willst. Der bekannte Börsen- und Finanzexperte André Kostolany hat sinngemäß folgenden Satz geprägt: »Reiche Menschen können Börse machen, arme Menschen müssen.« Das ist es. Ich stehe absolut dahinter. Denn die meisten Menschen haben aufgrund der niedrigen bzw. Negativzinsen und gefährdeter Altersvorsorge keine Alternative mehr. Sie sparen immer mehr, doch die Null- bzw. Negativzinsen schrumpfen alle Guthaben. Sparkassen kündigen Verträge, und Lebensversicherungen werfen kaum noch etwas ab. Die lange Zeit viel gepriesene private Vorsorge ist bedroht.

Willst du an der Börse investieren?

Negativzinsen, auch »Strafzinsen« genannt, dienen eigentlich dazu, die Wirtschaft anzukurbeln. Banken sollen dazu motiviert werden, Geld zu investieren. Diese Finanzpolitik trifft jedoch auch private Sparer, die ebenfalls mit den Negativzinsen belastet werden: Erspartes wächst ab einer gewissen Höhe nicht mehr durch positive Zinssätze, sondern es werden ab bestimmten Freibeträgen, etwa ab 100.000 Euro, Zinsen abgezogen. Alle Euro-Länder und auch einige weitere Länder weltweit sind zurzeit (Anfang 2020) von Negativzinsen in Höhe von minus 0,5 bis minus 0,75 Prozent betroffen. Mittlerweile haben auch die Verbraucherzentralen eine neue Richtung eingeschlagen. Wurden vor Jahren noch Versicherungsprodukte unterstützt, so ist heute die klare Empfehlung, in die Aktienmärkte zu investieren. Dorothea Mohn vom Bundesverband der Verbraucherzentralen warb in der Sendung »Maybrit Illner« im ZDF am 28. November 2019 für diese Anlageform für Sparer. Genau aus diesem Grund ist es aktuell wichtiger denn je, sich selbst mit den Möglichkeiten des Investierens zu beschäftigen und sich weiterzubilden.

Willst du die Verantwortung übernehmen?

Die zweite Entscheidung, die zu treffen ist: Überlege dir, ob du die Verantwortung und den Umgang mit deinem Geld selbst in die Hand nehmen willst, oder ob du sie – wie

Stell deinen Berater auf die Probe!

Wenn du noch unschlüssig bist, ob du von jetzt an dein Geld selbst in die Hand nehmen oder dich weiter finanziell beraten lassen willst, dann kann dir Folgendes bei der Entscheidung helfen:

1. Lass dir in das Beratungsprotokoll schreiben, was das Investment genau ist. Nicht in 70 Seiten Fachchinesisch, sondern in drei Sätzen, die eine klare Aussage über die Qualität des Investments machen.
2. Dein Finanzberater soll dir den fairen Marktpreis aufschreiben.
3. Er soll dir das Chancen-Risiko-Verhältnis und die Gewinnwahrscheinlichkeit mit der exakten Strategie bei diesem Investment erklären und er soll ein paar Sätze zum Thema Absicherung des Investments in das Protokoll aufnehmen.

Wenn du so vorgehst, bist du auf der sicheren Seite. Ich kann dir jetzt schon verraten, was passiert: Dein Berater wird dir in Zukunft kein Investment mehr verkaufen, weil er Angst hat, dass er in eine Haftungsfalle gerät.

vermutlich bisher und wie es die meisten Menschen tun – weiter bei deinem Finanzberater lassen willst.

Ein Finanzberater wird dir die Börse nicht erklären. Denn normalerweise haben Leute, die sich mit Börse auskennen, kein Interesse daran, das zu vermitteln. Denn wenn du Börse kannst, bist du für die Finanzwelt uninteressant. Wofür brauchst du dann noch eine Bank oder einen Finanzberater außer fürs Girokonto und vielleicht noch ein Sparkonto? Mach mal deine Augen zu: Jetzt kannst du sehen, wofür du die Bank brauchst.

Die Beraterfrage hast du nun vielleicht ein für alle Mal geklärt. Noch hast du aber nicht das Problem gelöst, wo du das Geld lässt. Ob du es an der Börse für dich arbeiten lassen willst, kannst du nun im Folgenden entscheiden, nachdem du dir Grundwissen über die Börse angeeignet und nachfolgend über meine Börsenstrategie gelesen hast. Es geht los, ich erkläre dir Börse, und ich erkläre dir, wie du systematisch vorgehst.

14. Wie es an der Börse läuft – die wichtigsten Regeln für die Börse

Viele haben Angst vor der Börse. Die Börse scheint ein Moloch, ein Ort der Geldschiebereien, sie wirkt irgendwie unheimlich, die Zahlen und Kurven führen ihr Eigenleben und wir als Normalbürger sind nur die Zuschauer rätselhafter und komplizierter Abläufe. Doch die Realität sieht anders aus. Wir können die Grundzüge dessen, wie es an der Börse läuft, sehr wohl verstehen – und dann die Scheu vor der Börse ein wenig verlieren. Ich erkläre deshalb erst einmal ein paar Grundsätze von Aktiengesellschaften und dem Börsengeschehen. Für die Fortgeschrittenen sei gesagt: Es geht hier nicht um eine exakte wissenschaftliche Beschreibung für Profis. Das Ziel ist vielmehr, dass ein Anfänger oder Neuling einen ersten Einblick bekommt und versteht, dass das Thema »machbar« ist.

Rechte, Pflichten und Kontrolle an der Börse

Gleich zu Beginn: An der Börse läuft alles sehr geordnet und reguliert, beaufsichtigt und streng kontrolliert ab. Denn die Börse ist nichts weiter als ein Handelsplatz für Unternehmensanteile. Das heißt, ein Unternehmer kann seine Unternehmensanteile über die Börse verkaufen, wenn das Unternehmen eine Aktiengesellschaft ist. Nehmen wir mal an, eine Firma ist symbolisch eine Wasserflasche. Nun möchte der Unternehmer aus seiner Firma eine Aktiengesellschaft machen. Um bei kleinen Zahlen zu bleiben, nehmen wir 100 Aktien für das gesamte Unternehmen. Jetzt besteht also die gesamte Company wirtschaftlich gesehen aus 100 kleinen Wasserflaschen. Das Unter-

Keine Sorge: An der Börse läuft alles ganz geordnet ab.

nehmen ist also in 100 Einzelteile aufgeteilt, und jedes Einzelteil – jede Wasserflasche – beinhaltet auch alles vom Ganzen.

Wann würde ein Unternehmer damit eine Aktiengesellschaft gründen und an die Börse gehen? Da gibt es zwei Szenarien:

1. Entweder, der Unternehmer hat einen hohen Kapitalbedarf. Er will zum Beispiel eine neue Fabrik bauen und benötigt dafür Geld. Dann kann er seine Wasserflaschen – die Unternehmensanteile in Form von Aktien – an der Börse verkaufen und sich so Kapital besorgen.
2. Oder der Unternehmer will sein gesamtes Unternehmen verkaufen und damit all seine kleinen Wasserflaschen loswerden.

In beiden Fällen ist der Unternehmer an der Börse richtig. Aktiengesellschaften haben jedoch nicht nur Möglichkeiten, sondern auch Pflichten: Derjenige, der von dem Unternehmer die Aktien gekauft hat – der Anteilseigner –, hat ein Mitspracherecht. Bei der Hauptversammlung des Unternehmens hat er die Möglichkeit, in die Unternehmensstrategie und die Unternehmensführung einzugreifen. Das gilt insbesondere dann, wenn er einen gewissen Prozentsatz der Beteiligung am Unternehmen erreicht hat. Das ist auch leicht nachvollziehbar: Wenn dem Anteilseigner ein gewisser Teil des Unternehmens in Form von Aktien gehört, will er natürlich auch mitreden können.

Eine weitere Pflicht neben der Einräumung eines Mitspracherechtes ist, dass eine Aktiengesellschaft Dividenden, also Gewinne, ausschütten sollte. Rechtlich ist sie dazu zwar nicht verpflichtet, doch Aktionäre wollen natürlich gern Gewinnausschüttungen, also Gewinnbeteiligungen, kassieren. Sie wollen etwas vom Kuchen der Gewinne abhaben, den das Unternehmen generiert hat.

Aktionäre wollen und bekommen ein Stück vom Kuchen.

Darüber hinaus gibt es eine Informationspflicht für Unternehmen an der Börse, denn Anteilseigner wollen informiert werden. Es gibt die Verpflichtung zu sogenannten Ad-hoc-Mitteilungen über Veränderungen im Unternehmen, insbesondere größere Themen wie Veränderungen im Vorstand, Aufsichtsrat oder Ähnliches. Diese müssen sofort, also zeitnah, berichtet werden.

Diese Pflichten, die streng überwacht werden, tragen dazu bei, dass an der Börse nicht jeder machen kann, was er will. Wenn nun jemand, auch du oder ein anderer Nicht-Finanzexperte, an der Börse handelt, hat er zudem eine gewisse Sicherheit durch den Broker, den er beauftragen muss. Ein Broker, also ein Börsenmakler, ist ein Finanzdienstleister, der die Wertpapierorder des Anlegers ausführt, indem er zum Beispiel mit Aktien handelt. Man kann an der Börse nur mithilfe eines Brokers handeln, einzig die Auswahl des Brokers bleibt dir überlassen. Wenn du nun eine Order an den Markt gibst, also einen Handel eröffnest, überprüft und überwacht der Broker deine Position: Kannst du das überhaupt tun, was du tun willst? Ist es durch Kapital oder durch Aktien, die du besitzt, gedeckt? Das bedeutet übersetzt und schlicht gesagt: Wenn du eine Aktie kaufen willst, musst du das Geld dafür haben. Wenn du eine Aktie verkaufen willst, musst du die Aktie haben.

Das alles ist sehr vereinfacht geschildert, aber fürs grundlegende Verständnis reicht es erst einmal. Wichtig ist vor allem: Der Broker übernimmt die Überwachung der Geschäfte. Damit geht ein sehr wichtiger Sicherheitsaspekt einher: Wir wissen jederzeit, dass wir selbst – und unser Gegenüber – die Position auch bedienen können. Dein Geld ist bei einem Broker auf jeden Fall sicher, denn er gilt als Verwalter deiner Positionen und das Vermögen aller Kunden gilt als Sondervermögen und ist vom Gesellschaftsvermögen zu separieren. Sollte ein solcher Anbieter also einmal insolvent gehen, so braucht man nur einen neuen Broker zu benennen und die Position wechselt sozusagen nur die Verwahrstelle.

Beim Broker ist dein Geld sicher.

Sind Aktieninvestments ethisch vertretbar?

Manche Menschen haben aber neben der Angst, die Börse sei nicht sicher – die ich hoffentlich etwas entkräften konnte –, auch ethische Bedenken: Von wem kaufe ich da überhaupt? Und durch wen gewinne ich Geld an der Börse? Wenn ich Geld gewinne, muss ja ein anderer Geld verlieren, oder? Schade ich dem?

Zu der Frage »Ist Börse eigentlich gerecht?« sage ich: Ja. Aus meiner Sicht ist Börse gerecht, weil jeder vollkommen frei entscheiden kann, ob er an die Börse geht oder nicht und mit wie viel Geld, mit welcher Laufzeit, mit welchem Risiko er agiert. Niemand kann ihn zu etwas zwingen. Selbstverständlich produziert die Börse selbst keine Geldscheine, sondern die Märkte bewegen sich. Wenn wir gerade Geld verdienen, müssen wir zwangsläufig das Geld von jemand anderem erhalten und der andere hat gegebenenfalls einen Verlust. Das Geld liegt also nur an der Börse und in dem Moment, in dem ich Geld herausnehme, generiere ich meinen Gewinn oder Verlust. Das bedeutet, jemand bezahlt mich oder ich bezahle jemanden, der an die Börse kommt oder seine Positionen gerade verändert. Die Aktien haben einen Wert, für den ich immer einen Geldbetrag bezahlen muss. Durch die Börse vermehrt sich also nicht der tatsächliche Geldbetrag, der insgesamt vorhanden ist.

Die Börse ist gerecht.

Aber dann kann man jemandem schaden, oder? Nicht direkt, aber wenn wir eine Aktienposition kaufen und sie später einem anderen gleich wieder mit Gewinn verkaufen, dann hätte derjenige, von dem wir sie eingangs gekauft haben, tatsächlich einen Verlust. Wenn ich einem anderen die Position verkaufe, dann kann derjenige sie jedoch später gegebenenfalls auch noch mit Gewinn verkaufen, wenn der Wert der Aktie zum Beispiel weitersteigt: Ich habe die Aktie für 50 Euro gekauft, verkaufe sie mit Gewinn für 75 Euro, der Käufer verkauft sie später für 100 Euro und so weiter. Die Frage, wer Geld gewinnt oder verliert und welche Rolle wir darin spielen, ist also nicht so leicht zu beantworten. Es kann auch sein, dass mein Gegenüber gerade neu an die Börse gekommen ist und der ursprüngliche Handelspartner nicht mehr dabei ist. Solange die Märkte sich weiterentwickeln, wird dieses Vermögen an der Börse weiterwachsen und es wird immer weiter Geld getauscht.

Dann ist da noch die Frage, aus welchem Motiv heraus jemand an der Börse handelt. Stellen wir uns vor, unser Gegenüber wäre ein Mensch, der aus Gier und aufgrund falscher, überhöhter Versprechen an die Börse gekommen ist. Er hat eigentlich keine Ahnung und will schnell das große Geld machen. Da habe ich keine Probleme, Geld von ihm zu nehmen. Er lernt dadurch, dass er mit unüberlegtem, Gier getriebenem und leichtfertigem Verhalten auf die Nase fällt. Das ist gut so.

Ansonsten kann man mit verschiedenen Systemen ganz wesentlich Geld verdienen, indem man Versicherungsgeschäfte an der Börse durchführt: Wir bieten unserem Gegenüber eine Absicherung für seinen Aktienhandel, indem wir Calls und Puts verkaufen – erkläre ich später noch –, und für diese wochen-, monate- oder sogar jahrelange Absicherung, die wir dem anderen garantieren, kalkuliert er eine Risikoprämie ein, die wir dann verdienen. Wie es jeder Versicherer tut. Auch daran ist nichts ethisch verwerflich, es ist ein ganz normales Versicherungsgeschäft, das wir wiederum auch selbst in Anspruch nehmen.

Neben den ethischen Überlegungen gibt es aus meiner Sicht eine viel größere Herausforderung für unser Mindset an der Börse: Die meisten Menschen haben ein Problem damit, weil sie nichts direkt produzieren und dennoch Geld verdienen können. Es ist sehr schwer zu verstehen, dass man relativ schnell ein Monatseinkommen über die Börse generieren kann, das man sonst mit seiner Hände Arbeit mühsam produzieren müsste. Wenn auf einmal solch ein regelmäßiges Einkommen durch Börsenaktivitäten zustande kommt, sagen viele Leute: »Das habe ich doch nicht verdient!«

Das ist auch wirklich schwer zu begreifen: Wenn ich mit meiner Frau zum Spaß mal an einem Sommersonntag drei Stunden Gartenarbeit mache, dann spüre ich danach meine Muskeln, meinen Rücken, setze mich vielleicht auf die Terrasse, trinke einen Apfelsaft und sehe mir an, was wir geschafft haben. Das geht mit den Börsengewinnen nicht. Die meisten nicht vermögenden Menschen denken, dass Reichtum immer auch mit harter Arbeit zusammenhängt, aber das ist definitiv nicht so. Harte Arbeit kann ein Baustein für Reichtum sein, aber harte Arbeit macht auf jeden Fall nicht per se reich. Dafür kenne ich viel zu viele Handwerker, die extrem hart arbeiten, aber nie zu einem Vermögen gekommen sind.

Reichtum ohne harte Arbeit? Das geht.

Ich kenne diese Schwierigkeit im Kopf sehr gut, und ich habe mir dazu früh eine Brücke gebaut. Ich sage mir: »Mein Kapital arbeitet für mich wie ein Mitarbeiter. Ich gebe jemandem die Möglichkeit, mit meinem Kapital zu arbeiten, indem ich Aktien kaufe und wie eine Hausrat- oder Fahrradversicherung einen Versicherungsschutz anbiete.« Mit dieser Erklärung hat man ein ganz gutes Gefühl: Ich produziere zwar nichts, aber ich stelle mein Kapital anderen Börsenteilnehmenden oder Unternehmen zur Verfügung. Diese können mit meinem Kapital arbeiten oder ich übernehme eine Versicherungspflicht.

Auch die Frage, ob man seinen Handelspartner kennt, spielt eine Rolle bei Überlegungen zur Börse. Unter anderem damit man nicht weiß, von wem man kauft oder wem man etwas verkauft, erfolgt die Abwicklung von Optionen – auf die ich später noch zu sprechen komme – über ein Regulierungshaus.

Alle diese Erkenntnisse können dazu beitragen, dass man das Börsengeschehen und den Aktienhandel bodenständiger sehen kann. Börse und Aktienhandel sind weder moralisch verwerflich noch ein undurchschaubares Geschehen, das nur Eingeweihte verstehen. Allerdings ist das Agieren an der Börse auch nicht ohne Gefahren, die oft aus Unerfahrenheit und vielen persönlichen Fehlern resultieren. Deshalb möchte ich dir im Folgenden die wichtigsten Regeln an die Hand geben, die dir helfen können, die typischen Fehler von Einsteigern ins Börsengeschehen zu vermeiden.

Die zwölf Regeln für Erfolg an der Börse

Dieser Abschnitt ist zwar kurz, hat es aber in sich. Du findest im Folgenden die zwölf Grundregeln, die du beachten musst, wenn du auf Dauer an der Börse erfolgreich sein willst. Es ist eine Liste von Regeln, die ich aus den Fehlern unserer Mitglieder entwickelt habe, eine Anleitung für jegliche Art von Agieren an der Börse. Diese zwölf Regeln sorgen dafür, dass du sicher an die Börse kommst. Am besten, du schreibst dir die Regeln auf ein großes Blatt Papier oder du gehst auf meine Website und lädst dir dort die Regeln herunter: www.philippjmueller.de/geldrichtig-buch

Häng dir diese Regeln an einer Wand in Sichtweite deines Arbeitsplatzes auf. Wenn du dann ins Internet gehst und dich auf der Plattform deines Brokers einloggst, kannst du immer wieder zwischendurch auf die Regeln sehen. Dann fällt es dir vermutlich auf, wenn du die eine oder andere Regel nicht mehr beachtet hast, und du erinnerst dich wieder daran und kannst dich fragen, wieso du die Regel gerade übergangen hast.

Die zwölf Regeln für Erfolg an der Börse

1. Komm ins Handeln.
2. Übe dich in Geduld.
3. Nutze ein Jahr lang ein Simulationskonto und erhöhe danach die Beträge, mit denen du handelst, nur langsam.
4. Such dir Gleichgesinnte.
5. Deine Strategie muss zu deiner Persönlichkeit passen.
6. Nutze immer einen Handelsplan und eine Dokumentation.
7. Kontrolliere deine Emotionen.
8. Verluste gehören auch dazu.
9. Bleib auf dem Boden bei Gewinnen.
10. Trenne zwischen Kapital und Cashflow.
11. Bleib vorerst in deinem Job, auch wenn du von den Einnahmen an der Börse leben kannst.
12. Finde den richtigen Ausstiegszeitpunkt.

1. Komm ins Handeln. Je mehr Zeit du nach dem Lernen neuen Know-hows ungenutzt vergehen lässt, desto schwieriger ist der Einstieg. Versuch nicht, das Thema Börse in der Theorie zu lernen. Sammle deine Erfahrung in der Praxis mit einem Simulationskonto. Es gibt Dinge, die du nur dort verstehen wirst. Aber handle nicht gleich mit einem Echtgeldkonto!

2. Übe dich in Geduld. Geduld ist an der Börse viel Geld wert. Wenn die Indikatoren bei der Technischen Analyse, die ich dir noch erkläre, ungünstig stehen – und das heißt, es stehen nicht mindestens vier von fünf an der richtigen Stelle –, dann geh mit deinen Kindern spielen. Handele nie, nur weil du handeln willst. Es geht immer nur darum, an der Börse Geld zu generieren. Und das tust du, wenn du auf den richtigen Zeitpunkt wartest und ihn dann nutzt. Bis dieser

Zeitpunkt da ist, wartest du geduldig. Und Geduld kannst du im ersten Jahr deiner Investmentausbildung lernen.

3. Nutze ein Jahr lang ein Simulationskonto und erhöhe danach die Beträge, mit denen du handelst, nur langsam. Mindestens ein halbes Jahr, besser neun oder zwölf Monate, solltest du nur ein Simulationskonto verwenden und damit sogenanntes Papertrading betreiben. Du simulierst deine Handlungen mit echten Werten, aber eben nicht mit echtem Geld. Wir haben in unserer Akademie immer wieder Teilnehmende, die trotz unserer eindringlichen Warnung nach ein paar Wochen mit Echtgeld starten und dann schmerzhaft auf die Nase fallen. Sie überschätzen sich und ihre Fähigkeiten maßlos und bezahlen viel Lehrgeld. Im nächsten Schritt erst solltest du mit einem kleinen Echtgeldbetrag beginnen. Diesen kannst du bei stetigem Erfolg mit deinen Investitionen kontinuierlich erhöhen. Der Handel mit zu großen Beträgen führt auf Dauer zu Stress und zu einer hohen emotionalen Belastung.

4. Such dir Gleichgesinnte. Das Training mit Gleichgesinnten hilft dir ungemein weiter und ihr profitiert gemeinsam von den gegenseitigen Erfahrungen und könnt euch austauschen. Das haben wir auch in unserer Akademie umgesetzt: Inzwischen gibt es über 60 Regionalgruppen, die sich aus Teilnehmenden unserer Seminare gegründet haben und nach unseren Regeln handeln. Sie unterstützen sich gegenseitig, klären ihre Fragen und bleiben motiviert. Das ist ein regelmäßiges, gemeinsames Training, das unglaublich viel wert ist, um dranzubleiben und voranzukommen. Aber auch außerhalb unserer Community findest du vielleicht über Börsentage oder verschiedene Vereine die Möglichkeit zum Fachsimpeln.

5. Deine Strategie muss zu deiner Persönlichkeit passen. Es gibt nicht »die beste Strategie«. Kriterien wie Rendite, Risiko, Absicherung, Einsatz von Zeit und Anlagehorizont spielen dabei die entscheidende Rolle. Finde also heraus, was zu dir passt und womit du dich gut fühlst. Börse ist idealerweise ein Spiel, in dem Spaß und Ernst zusammentreffen. Erinnere dich an meine Ausführungen über Monopoly und die spielerische Haltung. Wenn es für dich zu ernst wird und kein Spiel-Feeling mehr da ist, ändere etwas.

6. Nutze immer einen Handelsplan und eine Dokumentation. Plane vor jedem Handel deine konkrete Umsetzung: Warum eröffne ich die Position? Welchen Gewinn möchte ich realisieren? Wie sieht mein Plan B aus? Fülle dazu immer einen Handelsplan aus, in dem du diese Punkte festschreibst. Pflege zudem ein Tradejournal in Form einer Tabelle, also ein Tagebuch, in dem du alle deine Handlungen dokumentierst. Streich niemals etwas durch und korrigiere nichts, was du einmal hingeschrieben hast, als du die Position eröffnet hast. So kannst du später noch nachvollziehen, was du gemacht hast.

7. Kontrolliere deine Emotionen. Sowohl Angst (du beginnst nicht, zu handeln) als auch Gier (du verhältst dich übermütig und zu sorglos) sind keine guten Grundlagen an der Börse. Hinzu kommt manchmal der Geiz, der einige davon abhält, einen Teilbetrag des Investments in eine Versicherung zu investieren. Mit »Kontrolle« deiner Emotionen meine ich nicht unbedingt, dass du dich ständig zügelst. Das ist auf Dauer sehr anstrengend. Mir geht es dabei eher darum, dass du dich beobachtest und spürst, welche Emotionen gerade da sind, und dass du diese dann weiterentwickelst. Du kannst deine Angst hinterfragen: Was könnte schlimmstenfalls passieren? Oder du kannst herausfinden, warum du mit einem Mal gierig oder geizig wirst. Was sind die Auslöser für die Gier? Was glaubst du zu verpassen? Weshalb willst du nichts ausgeben? Handle zudem nur im klaren Geisteszustand und mit absolutem Fokus.

8. Verluste gehören auch dazu. Wenn jemand richtig viel Geld an der Börse verliert, dann ist das kein Spaß mehr. Manchmal lügen Menschen dann sogar den eigenen Partner an oder verschweigen etwas, nur weil sie Geld an der Börse verloren haben. Das zeigt, dass ein riesiger psychischer Druck besteht, und dieser Druck hat viel mit Scham zu tun. Wenn wir eine Position schließen, müssen wir endgültig sagen, wir haben einen Verlust gemacht, denn gefühlt erleiden wir den Verlust erst im Moment des Verkaufens. Was meine ich damit? Solange wir eine Position nicht schließen, schauen wir auf das Depot und denken, dass es wieder besser wird. Börsianer neigen also dazu, Verlustpositionen zu lange zu behalten.

9. Bleib auf dem Boden bei Gewinnen. Wenn wir Gewinne im Depot haben, passiert genau das Gegenteil. Dann neigen wir dazu, abzuheben. Börsianer reden nur über ihre Gewinne, nie über die Verluste. Aber dieser Gewinn ist nur ein Buchgewinn. Dann kommt die Psychologie dazu und wir werden gierig, verschwenderisch oder tun unbewusst anderes dafür, um das Geld wieder loszuwerden, wenn wir mit unserer Persönlichkeit noch nicht so weit sind. Am Anfang meiner Karriere habe ich alles verballert, was ich hatte. Und das war nicht wenig. Ich hatte dann sogar Schulden. Weil ich nicht auf dem Boden geblieben bin.

10. Trenne zwischen Kapital und Cashflow. An der Börse können wir zwischen Investmentkapital und dem regelmäßigen Einkommen unterscheiden: Auf der einen Seite haben wir einen investierten Kapitalstock und auf der anderen Seite haben wir den Cashflow, also ein uns regelmäßig zufließendes Kapital. Viele Anfänger konzentrieren sich zunächst zu sehr auf den Wert der Aktie: Liegt sie bei 50 oder bei 53 Euro? Wir sollten jedoch vor allem darauf achten, dass wir regelmäßig monatlich unsere Einnahmen generieren. Ob unser Depot zwischenzeitlich mal schwankt oder nicht, ist dagegen nicht entscheidend. Es kommt auf den regelmäßigen Cashflow an, weniger auf den Wert unserer Aktien. Wenn der Wert unserer Aktie gerade gefallen ist, können wir einfach abwarten und sie später verkaufen, in fünf, zehn oder 15 Jahren. Wenn wir zwischendurch immer unsere monatlichen Einnahmen generiert haben, werden wir uns irgendwann sehr darüber freuen.

11. Bleib vorerst in deinem Job, auch wenn du von den Einnahmen an der Börse leben kannst. Erfahrungsgemäß gibt es zwei markante Punkte in einer Börsenkarriere. Zum einen ist es eine psychologische Herausforderung, wenn man in einem Monat an der Börse mehr verdient als in seinem Beruf. Viele werden übermütig und denken gleich über eine Kündigung nach oder sie beginnen zu zocken, werden gierig auf noch mehr. Zum anderen sind auch monatliche Schwankungen im Bereich des Monatseinkommens eine echte Aufgabe für das Mindset. Man wird quasi hin- und hergeschüttelt und damit auch emotional herausgefordert, wiederum zwischen Angst und Gier. Wenn du so viel Geld an der Börse generierst, dass du davon leben kannst, solltest du mindestens noch zwölf, besser 24 Monate weiter in deinem Job arbeiten. Du legst das börsengenerierte Kapital beiseite und parkst ein bis zwei Jahresgehälter als Reserve. Denn es ist ein Riesenunterschied im Denken, ob du ein zusätzliches Einkommen generierst oder ob du deinen Job aufgibst und nur noch vom Kapitalstrom an der Börse lebst. Wenn du das ein oder zwei Jahre gemacht hast, kannst du irgendwann deinen Job reduzieren oder ihn vielleicht sogar komplett aufgeben.

Vorher hast du aber erlebt, dass es auch größere Depotschwankungen gibt, zum Beispiel in Höhe von ganzen Monatsgehältern, und man muss erst einmal lernen, damit umzugehen.

12. Finde den richtigen Ausstiegszeitpunkt. Wie immer bestimmt der Stand deiner persönlichen Entwicklung über deinen Kontostand. Und dabei ist mehr nicht immer besser. Wenn du irgendwann nicht mehr bereit bist zu wachsen, weil deine persönliche Grenze erreicht und das Spiel für dich ausgereizt ist, dann hör einfach auf, bevor das Ganze zu einer Belastung wird. Dann nimm dein Kapital, erhalte es und lebe davon. Egal, ob das nun 2000, 5000, 10.000 oder 50.000 pro Monat sind. Wachstum als Selbstzweck ist kein Ziel.

Gewappnet mit diesen Regeln können wir uns nun ganz konkret den Strategien widmen, die ich in meiner Investment Akademie vermittle und nach denen ich selbst handle. Du kannst auf den folgenden Seiten mein System kennenlernen, mit dem ich selbst und inzwischen Tausende Akademiemitglieder erfolgreich an der Börse geworden sind. Für die konkrete Anwendung werden diese Seiten jedoch nicht reichen, ich kann dir hier im Buch nicht die komplette Umsetzung des Systems zeigen. Dafür ist das Erlernen der Grundlagen mit unserem digitalen Produkt und für das tiefere Durchdringen der Materie die nebenberufliche einjährige Ausbildung notwendig. Es wäre unseriös, wenn ich hier in Aussicht stellen würde, auf die Schnelle zu zeigen, wie das geht. So etwas mache ich nicht. Ich bin kein »In ein paar Jahren zum Millionär«-Ratgeber.

Du kannst erfolgreich sein, aber nicht von heute auf morgen.

Falls du noch absoluter Neuling bist, so geht es erst einmal darum, dass du von den Investitionsmöglichkeiten erfährst. Mit der Neugierde wächst der Wille nach Erkenntnis und wenn du bereit bist, kommen dann auch die richtigen Menschen in dein Leben.

15. Geld mit Geld verdienen – Aktienhandel kann man lernen

Ich biete in meiner Investment Akademie eine umfangreiche Ausbildung für Aktien- und Optionshandel an der Börse an, mit allem, was auf technischer, strategischer und psychologischer Ebene dazugehört. Aber wer lernt in dieser Akademie überhaupt? Unsere Mitglieder sind keine Day Trader, keine Börsenverrückten. Es sind Angestellte, Unternehmer, Freiberufler, Beamte, Rentner, Schüler und Studenten, die die Börse überwiegend auf bodenständige Art nutzen wollen, um ein zusätzliches Einkommen neben ihrer normalen Tätigkeit zu generieren. Man kann auch von der Börse komplett leben, diese Teilnehmenden haben wir auch. Doch viele wollen das gar nicht. Sie sind in ihrem Beruf glücklich und wollen nur etwas mehr Geld verdienen oder etwas weniger arbeiten und deshalb eine Möglichkeit haben, zusätzliches Einkommen zu generieren.

Wenn du eine solche Einstellung hast, könntest du auch sagen: »Ich investiere in ETFs.« ETFs sind zurzeit sehr in Mode. Ein ETF – englisch: »exchange-traded fund« – ist ein Investmentfonds, der an einer Börse gehandelt wird. Man erwirbt und veräußert ihn normalerweise nicht direkt über die emittierende Investmentgesellschaft, sondern über die Börse am Sekundärmarkt. Die meisten börsengehandelten Fonds sind passiv verwaltete Indexfonds, der Begriff ETF wird synonym mit Indexfonds verwendet. ETFs sind tatsächlich eine probate, wissenschaftlich geprüfte Möglichkeit, mit einer soliden Rendite von um die 6 Prozent in Aktien zu investieren, wenn man die zurückliegende Entwicklung dieser Anlageform betrachtet.

Nur gibt es dabei ein Problem, das mich dazu veranlasst, Aktieninvestments mit ETFs nicht zu empfehlen, und das ist die Psychologie der Anleger. Im Falle eines Börsencrashs bekommt der Anleger nämlich Panik. Der ETF muss alle Bewegungen des Aktienindex, den er nachbildet, mitmachen. Wenn die Aktien im Keller sind, ist auch der ETF im Keller. Kaum jemand schafft es, das stoisch auszusitzen. Das Problem ist, dass Anleger Emotionen haben, bei der ETF-Strategie aber zum Stillhalten verdammt sind. Auch hier gilt jedoch wieder: Die Persönlichkeit muss berücksichtigt werden. Der psychologische Mechanismus ist stärker, die Angst treibt dazu, zu verkaufen, denn Anleger haben eine enge Bindung zu ihrem Geld. Die meisten werden deshalb nicht stillhalten können.

ETFs sind für mich nur die zweite Wahl.

Die Investoren-Quadranten-Formel

Ich habe ein anderes System, das nach den Erfahrungen unserer Mitglieder und nach meinen eigenen Investmenterfahrungen renditeträchtiger ist und ein aktiveres, gleichwohl abgesichertes Vorgehen ermöglicht. Ich zeige dir hier in Kurzform, wie du mit meiner Investoren-Quadranten-Formel ein regelmäßiges Einkommen an der Börse generieren kannst. Ich glaube, es gibt in Deutschland sehr wenige Menschen, die ein mit meinem vergleichbares Vermögen eigenständig an der Börse handeln. Dieses Vermögen habe ich zu einem nennenswerten Teil mit eben dieser Methode aufgebaut.

Glücklicherweise brauche ich jetzt aber gar nicht mehr über meine eigenen Erfolge zu sprechen, sondern kann auf die Ergebnisse meiner Mitglieder verweisen. Viele erreichen nach einem Jahr eine Rendite von ca. einem Prozent im Monat. Nach zwei Jahren sind es ca. 2 Prozent und im dritten ist das Ziel 3 Prozent. Ich weiß, dass das für viele erst einmal unglaublich klingt, aber ich bin da mittlerweile recht entspannt. Die Formel ist auch kein Geheimnis und sie wird in einigen Jahren schon viel mehr Menschen bekannt sein als heute. Wie bei vielen Innovationen: Heute ist es noch kaum denkbar, morgen ist es Normalität.

Dass ich dieses System vermitteln kann, liegt wiederum vor allem daran, dass ich mehr als 25 Jahre Börsenerfahrung habe und durch meine Investment- und Anlageberatungsfirmen viel von Profis in den USA lernen konnte. Dort sind die Investmentkultur und das Investment-Know-how in einem ganz anderen Maße vorhanden als hier. Ich habe das, was ich gelernt habe, auf die Anwendung in Deutschland übertragen – und das so, dass es möglichst vielen Menschen zugänglich wird. Das ist mein großes Ziel, um es noch mal zu wiederholen: Ich will, dass viele Menschen sich ein zusätzliches Einkommen aufbauen können und damit unabhängiger werden von schlecht und unterbezahlten Jobs, ausbeuterischen Arbeitgebern oder Jobs, die nicht ihrem persönlichen Sinn entsprechen. So können immer mehr Menschen am vorhandenen Reichtum teilhaben und mehr das tun, wofür sie auf der Welt sind, anstatt im Hamsterrad zu schuften.

Das System basiert auf Erfahrungen von Profis.

Bitte setz dir ein eigenes Ziel und geh in deinem persönlichen Tempo vor. Der Rest kommt dann im Laufe der Zeit. Wir haben auch Teilnehmende, die sehr engagiert und lernbereit sind und im Monat sogar noch höhere Renditen erzielen als die zuvor genannten.

Viele fragen sich: Schaffe ich das? Bin ich intelligent genug dafür? Ich habe so viele Teilnehmende, die aus geldfernen Berufen kommen: Handwerker, Altenpfleger, Psychologen, es sind alle dabei, auch diejenigen, die Mathe in der Schule gehasst haben. Die nächste Frage, die immer wieder kommt: Wie viel Geld brauche ich? Viele fangen schon mit 1000 Euro an. Es geht nicht darum, dass jemand zu mir kommt und sagt: »Ich habe eine Million, machen wir zehn daraus.« Das ist zwar auch okay, aber ich finde es viel wichtiger und interessanter, wenn jemand zu mir kommt und sagt: »Ich habe 2000 Euro, lass uns eine halbe Million daraus machen.«

Viele fragen auch, was ihr hauptsächliches Investment sein wird. Das ist ganz klar: Zeit. Man investiert im ersten Jahr ungefähr drei Stunden pro Woche und mit der zu erwartenden Rendite von um die 20 Prozent pro Jahr lohnt sich dieses Zeitinvestment. Am Anfang mag jemand, der ein kleines Depot hat, denken: »Um Gottes willen, das lohnt sich nicht.« Doch, es lohnt sich. Weil der Zinseszinseffekt in kürzester Zeit viel bewirkt. Man kann relativ schnell so viel Geld mit seinem Depot verdienen, dass es eine nennenswerte Größe ist. Der Vorteil ist zudem, dass man das ortsunabhängig tun kann und keine Mitarbeiter

20 Prozent pro Jahr? Lohnt sich, dank Zinseszinseffekt!

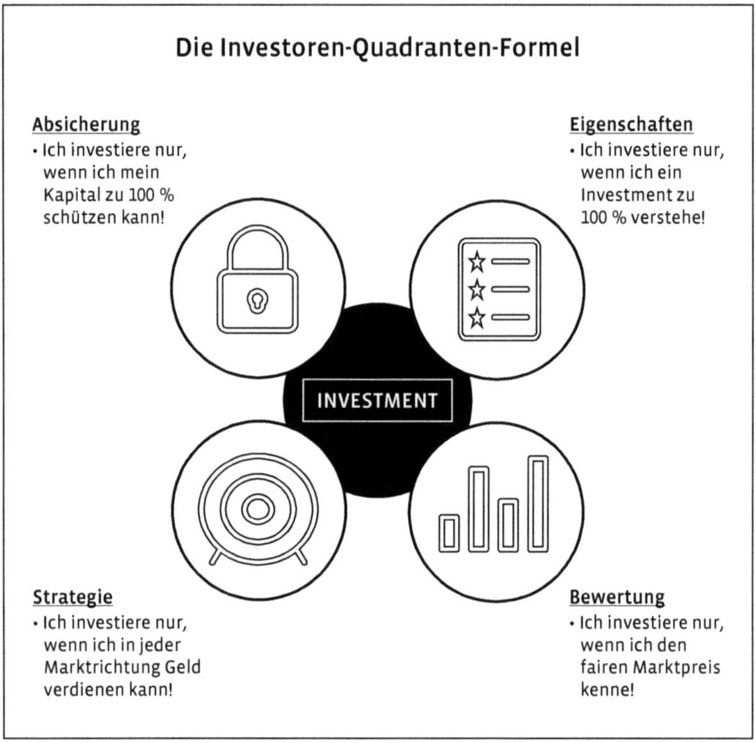

braucht. Man muss seine Zeit auch nicht eins zu eins gegen Geld tauschen. Selbst mit meinem großen Depot brauche ich nicht mehr als ungefähr eine Stunde Zeit pro Woche, um meine Investments zu verwalten.

Nun zum Kern der Sache: der Investoren-Quadranten-Formel. Sie besteht aus vier Quadranten, die zusammen das komplette Vorgehen abbilden. Es gibt darin genug Spielraum für eine individuelle Ausgestaltung. Man kann die Vorschläge in meinem System kombinieren, sodass es zur eigenen Persönlichkeit passt. Es gibt verschiedene Strategien, aber auch strenge Vorgaben, wie die »zwölf Regeln für Erfolg an der Börse«, die du schon kennst. Darüber hinaus gibt es auch Vorgaben zur Strategie, wie zum Beispiel meine dringende Empfehlung, nicht ohne eine hundertprozentige Absicherung zu handeln. Dass eine Absicherung beim Aktienhandel überhaupt möglich ist, ist für die meisten neu.

Wir sehen uns jetzt die vier Quadranten an. Sie lauten:

1. Eigenschaften (oder umgangssprachlich Qualität),
2. Bewertung (oder auch Preis),
3. Strategie und
4. Absicherung.

Innerhalb dieses Systems gibt es verschiedene Leitfragen und dazugehörige Regeln. Die Abbildung auf der linken Seite gibt dir schon einmal einen Überblick, auch wenn du noch nicht alles verstehen wirst. In den nächsten Kapiteln erkläre ich die Regeln dann ausführlich.

Eigenschaften: Die Fundamentale Analyse

Du sitzt zu Hause, hast 1000, 2000 oder auch 5000 Euro übrig und möchtest dein Geld mithilfe eines Aktieninvestments nutzen, um Einkommen zu generieren. Was steht immer am Beginn? Als Erstes analysierst du die Eigenschaften der Aktien, die infrage kommen. Ich spreche auch umgangssprachlich von der Qualität der Aktie. Was ist damit gemeint? Wie vor jedem Kauf solltest du den Wert dessen, was du kaufen möchtest, einschätzen. Wenn wir die Qualität einer Aktie analysieren, so geht es bei dieser sogenannten Fundamentalen Analyse erst einmal nur darum, die Aktie einzuschätzen. Es geht noch nicht darum, eine Aktie zu kaufen oder zu verkaufen. Alle Neuigkeiten und die aktuellen Wertentwicklungen am Markt sind hier noch nicht berücksichtigt. Wir fragen im ersten Quadranten also: Wie kann ich das Unternehmen verstehen und welche Eigenschaften und damit welche Qualität hat es?

Um zu verdeutlichen, was wir tun, können wir die Parallele zu zwei benachbarten Investments ziehen: Würdest du zum Beispiel eine Immobilie kaufen wollen, so rufst du möglicherweise einen Immobilienmakler an und besichtigst in jedem Fall vorher das Objekt. Bevor du dich für den Kauf entscheidest, beauftragst du vermutlich auch noch einen Gutachter, um den exakten Wert der Immobilie feststellen zu lassen. Willst du dagegen ein Anlageprodukt für deine Alterssicherung kaufen, triffst du dich vermutlich mit deinem Anlageberater und kaufst dann auf seine Empfehlung hin eine Renten- oder Lebensversicherung. Wenn du diese beiden Investments vergleichst, wird eines sofort deutlich: Bei der Immobilie kaufst du mit einer Qualitätsanalyse, während du bei deinem Anlageberater auf Vertrauensbasis kaufst. Denn als Privatanleger sind wir nicht mehr in der Lage, solch ein Investment selbst zu verstehen oder zu analysieren. So kommen wir zur ersten Regel für deine zukünftigen Investments:

> **Ich investiere nur, wenn ich ein Investment zu 100 Prozent verstehe.**

Wir informieren uns vorher *immer* gründlich über das Unternehmen. Schließlich überlegen wir, ob wir uns mit einem Aktienkauf an dem Unternehmen beteiligen. Das ist eine folgenschwere Entscheidung. Wir kaufen nicht »einfach mal so« eine Aktie. Wir möchten wissen, was in dem Unternehmen los ist. Wir sollten uns deshalb nie auf unser Bauchgefühl oder Hörensagen oder eine Zeitungsmeldung verlassen. Auch wenn das Unternehmen Apple heißt – wir fragen trotzdem. Denn wie gut wissen wir schon tatsächlich über ein Unternehmen Bescheid? Machen wir mal den Test mit ein paar Beispielen von großen Marken:

- **Coca-Cola**: Was ist das wichtigste Produkt von Coca-Cola? Nein, nicht Cola. Sondern Wasser. Mit Wasser verdient Coca-Cola mehr Geld als mit Cola.
- **McDonald's**: Nein, das wichtigste Produkt und der wichtigste Umsatz kommt nicht aus Burgern und nicht aus Chicken McNuggets oder vielleicht Pommes frites – sondern aus Immobilien.
- **Starbucks**: Womit macht Starbucks den größten Teil seines Umsatzes? Mit Kaffee? Ja und nein. Denn warum kaufen die Kunden den Starbucks-Kaffee so überteuert? Man kauft die Emotionen. Die Atmosphäre. Deshalb darf der Kaffee so teuer sein.
- **Amazon**: Was ist das wichtigste Produkt von Amazon? Bücher? Das war mal. Andere Produkte für den Haus- und Unternehmensgebrauch? Nein. Der Hauptumsatz kommt aus dem Cloud-Speicherplatz, den Amazon verkauft.

Für diese Fundamentale Analyse der Qualität empfehle ich das Auswertungstool Value Line. Mit dessen Hilfe können wir uns aus den 7000 größten börsennotierten Unternehmen die interessantesten heraussuchen. Value Line nimmt die wichtigsten Werte eines Unternehmens aus seiner Bilanz und fasst sie zusammen. Als unabhängiges Finanzverlagshaus mit Sitz in New York, USA, gehört es zu den angesehensten und am meisten genutzten unabhängigen Investment-Research-Ressourcen auf den globalen Investitions- und Handelsmärkten und macht in der Masterlizenz etwa 7000 öffentlich gehandelte Aktien in knapp 100 Branchen zugänglich. Zu 1700 Unternehmen können wir diese Werte beziehen, in Form von PDFs auf jeweils einer DIN-A4-Seite.

7000 Unternehmen … ganz schön viel. 1700 … auch noch ziemlich üppig. Wie soll man da auswählen? Wie viele dieser Unternehmen sind qualitativ so aufgestellt, dass sie für uns für ein Investment infrage kommen? Nach meinen Regeln bleiben von den 7000 Unternehmen genau 40 übrig. Das sind meine sogenannten Top 40: die Unternehmen, die die Mitglieder meiner Akademie monatlich aktualisiert im Mitgliederbereich erhalten, um eine Grundmenge an Investitionsmöglichkeiten zu haben. Das sind gerade einmal 0,6 Prozent der 7000 Unternehmen. Nur diese sind so aufgestellt, dass ich sage: »Das passt, wir gehen in ein Investment.« 99,4 Prozent sind hingegen nicht ausreichend gut aufgestellt.

Nur die Top 40 kommen überhaupt infrage.

Meine Vorauswahl der Top 40 ist eine Unterstützung für den Beginn, denn es ist hilfreich, eine vorgegebene, eingegrenzte Auswahl zu haben. Auf dieser Grundlage nimmt jeder zusätzlich seine eigene Analyse vor. Mit mehr Erfahrung können unsere Mitglieder diese Top 40 dann auch selbst bestimmen. Ich möchte niemanden abhängig machen von mir und meiner Akademie. Niemand wird deshalb von mir eine Kaufempfehlung bekommen. Du solltest immer darauf achten, egal, mit welchem System du Geld generierst, dass du unabhängig bleibst.

Was ist der Unterschied zwischen Value Line und einer Ratingagentur? Bei Value Line werden die wichtigsten Kennzahlen zur Unternehmensbewertung zusammengestellt. Du bewertest dann diese Zahlen eigenständig. Ratingagenturen analysieren dagegen

Unternehmen und vergeben anschließend selbst ein Rating, also eine Bewertung. Von den größten und erfolgreichsten Investoren arbeiten sehr viele mit Value Line, nicht dagegen mit Ratingagenturen.

Warum arbeite auch ich nicht mit Ratingagenturen? Sehen wir uns einmal das folgende Szenario an: Uwe hat ein Start-up gegründet. Er braucht dafür Kapital. Wie kommt er an Kapital, um sein Start-up so richtig in Schwung zu bringen? Er hat verschiedene Möglichkeiten: Entweder er geht direkt zu einer Bank und bittet um Geld. Oder er geht erst zu einer Ratingagentur, um seine Firma bewerten zu lassen, weil er bessere Chancen und Bedingungen für einen Kredit von der Bank haben will. Er ruft also in einer Ratingagentur, idealerweise in einer der ganz großen in den USA, an und sagt: »Hallo, ich brauche von euch ein Rating für mein Unternehmen.« Uwe bezahlt für das Rating einen hohen Preis und die Agentur startet nun mit der Analyse und vergibt schließlich ein Rating für Uwes Unternehmen. Was meinst du? Steht die Ratingagentur auf der Seite von Uwe oder auf der Seite der Bank? Man könnte stark annehmen, dass die Agentur auf Uwes Seite steht. Zumal er in zwei Jahren mit seinem bis dahin weiterentwickelten Unternehmen bestimmt ein neues Rating braucht und weiterhin gern Kunde der Ratingagentur sein möchte.

Börsenprofis orientieren sich nicht an Ratingagenturen.

Der Gedanke liegt nicht fern: Wer seine Kunden schlecht bewertet, kann diese Kunden leicht an die Konkurrenz verlieren. Und noch weitreichender: Vor einiger Zeit waren die USA während der Finanzkrise fast pleite. Alle namhaften Ratingagenturen sitzen in den USA. Auch Staaten können bewertet werden. Wie war die Bewertung der USA durch die Ratingagenturen mitten in der Finanzkrise? Triple A. Der beste Wert, den es gibt. Kann das mit rechten Dingen zugehen? Sieh dir dazu mal den Spielfilm: »The Big Short« an, zu Deutsch etwa »Der große Leerverkauf«, der die Weltwirtschaftskrise von 2007 und die Machenschaften der großen Banken und Fondsmanager thematisiert.

Vertrauen wir also lieber auf das unabhängige Tool Value Line. Die entscheidenden Kennzahlen der Unternehmen aus Value Line trägt man dann in ein Filtersystem ein. Dieses Analysewerkzeug sortiert und hilft bei der Auswertung von Unternehmen mit Bewertungen von A+ bis D–. Schließlich bleiben die Unternehmen übrig, die für uns für ein Investment infrage kommen, weil sie einen Wert von A+ bis B– haben, niemals jedoch darunter. Bei diesem Vorgehen bleiben die Emotionen komplett außen vor. Es ist egal, ob du bei Coca-Cola an Ostsee-Urlaube mit deiner Familie denkst und deswegen Coca-Cola magst. Es ist egal, ob du eine Harley-Davidson fährst und deshalb gern auch auf ein paar Harley-Aktien sitzen würdest.

Finde deine besten Freunde: fünf bis zehn Aktien.

Man gewinnt mit Value Line in Kombination mit dem Analysewerkzeug also selbstständig seine besten Freunde, vielleicht fünf bis zehn Aktien. Das bedeutet, dass die Performance, also die Rendite, bei Investments in diese Top-40-Unternehmen sofort signifikant höher ist. Davon ausgehend kannst du dir Gedanken über den Preis, deine zukünftige Strategie und die Absicherung machen.

Bewertung: Die Technische Analyse

Nachdem wir im ersten Quadranten die Qualität ermittelt haben – die Fundamentale Analyse –, geht es im zweiten Quadranten um den »Preis« der Aktie – mit der Technischen Analyse. Sobald wir nämlich wissen, dass ein Unternehmen sehr gute Eigenschaften und damit eine hohe Qualität hat, werden wir als Nächstes herausfinden, wie viel es fairerweise kosten würde. Die Leitfrage im zweiten Quadranten lautet also: Wie hoch ist der faire Marktpreis des Unternehmens, in das ich eventuell investieren will?

Stell dir vor, du kaufst einen Gebrauchtwagen. Du gehst ins Internet auf eine Plattform für Gebrauchtwagen, gibst den Hersteller und das Modell ein, und anschließend suchst du dir die Ausstattung, Laufleistung und das Alter aus. Am Ende siehst du, was das Fahrzeug wert ist. Das Gleiche machst du im Prinzip mit einem Investmentprodukt. Und das ist die zweite Regel, die ich dir mit an die Hand geben möchte:

Ich investiere nur, wenn ich bei einem Investment den fairen Preis bestimmen kann.

Die beiden bisher genannten Regeln werden im deutschsprachigen Raum sehr häufig missachtet, selbst wenn sie bekannt sind: Leute investieren in Dinge, die sie nicht verstehen, und ohne auch nur eine Ahnung davon zu haben, was der faire Preis ist. Sie kaufen aufgrund von Vertrauen. Egal, mit welchem System du an die Börse gehst, frage dich wirklich immer: Was sind die Eigenschaften dieses Unternehmens? Und: Was ist der faire Marktpreis? Schon bist du auf der sicheren Seite.

Wie nun finden wir den fairen Preis heraus? Dazu muss man den Verlauf von Aktien an der Börse einschätzen können. Die wenigen Unternehmen, die man bei der Fundamentalen Analyse als »beste Freunde« ausgewählt hat, lernt man nun mit all ihren Bewegungen kennen. Irgendwann kann man recht gut antizipieren, wie die Aktie voraussichtlich reagiert, wenn die Indikatoren so oder so stehen. Denn wiederkehrende Muster nutzt man, um daraus Vorhersagen abzuleiten.

Hier geht es um die Bewegungen der Aktien.

Es gibt gute Analysewerkzeuge, die einem die Einschätzung der Kursentwicklung erleichtern. So gibt es zum Beispiel für den Börsenhandel Online-Plattformen, auf denen man Kursverläufe von Aktien ansehen und analysieren kann. Man muss und sollte nicht in Finanzmagazinen darüber lesen, auf einen Berater hören oder in eine Glaskugel sehen. Auch in unserer Akademie nutzen wir eine Chartingplattform, die uns die Verläufe der Aktienkurse über Jahrzehnte anzeigt, bis hin zu minutengenauen Veränderungen. Damit können wir Trends, mögliche Kursentwicklungen bzw. deren Eintrittswahrscheinlichkeit vorhersagen und somit günstige Kauf- oder Verkaufsentscheidungen treffen – für Aktien und Optionen. Es gibt Hunderte von Indikatoren und Abertausende Kombinationen. Meine Teilnehmenden bekommen sechs Indikatoren, um eine fundierte Analyse durchzuführen. Diese Technische Analyse kombinieren wir mit der Fundamentalen Analyse aus dem ersten Quadranten und kommen so zu einer sehr realistischen Einschätzung.

Wie geht das konkret? Wir ziehen im ersten Schritt eine Linie durch die Tiefpunkte im Preisverlauf einer Aktie über zehn Jahre. Dann machen wir eine Parallellinie durch die Hochpunkte. Jetzt haben wir den sogenannten Lebensbereich dieser Aktie ermittelt. Was können wir damit sehen? Wir sehen zum einen den aktuellen Wert der Aktie, sagen wir, er liegt bei 100 Euro. Zum anderen sehen wir den Wert der Aktie an den Hochpunkten, dieser lag beispielsweise bei 140 Euro, und an den Tiefpunkten, im Beispiel etwa 90 Euro. Schauen wir uns als Erstes die Chance an, dass diese Aktie steigt: Sie steht aktuell bei 100. Der letzte Hochpunkt war bei 140. Rechnung: 140 – 100 = 40. Nun sehen wir uns an, wie weit diese Aktie voraussichtlich nach unten fallen kann: 100 – 90 = 10. Es gibt natürlich keine Garantie, aber wir können sehen: Seit zehn Jahren bewegt sich diese Aktie in diesem Kanal, demnach ist die Wahrscheinlichkeit recht hoch, dass sie sich weiterhin in diesem Trendkanal bewegt. Wir haben jetzt also eine Chance von 40 und ein Risiko von 10, also 40 zu 10. Kürzen wir das Ganze um zehn, haben wir ein Verhältnis von vier zu eins. Das ist das sogenannte Chancen-Risiko-Verhältnis. Hierzu gibt es auch eine Regel:

Ich investiere nur, wenn das Chancen-Risiko-Verhältnis besser oder gleich drei zu eins ist.

Dieses Chancen-Risiko-Verhältnis können wir in jedem Zeithorizont berechnen, kurzfristig über Wochen, mittelfristig über Monate, langfristig über zum Beispiel zehn Jahre. Deshalb gehen wir im zweiten Schritt vom Monats- in den sogenannten Wochen-Chart. Im Wochen-Chart geht es nur um eine einzige Sache: Wir wollen lediglich sehen, wie die mittelfristigen Trends aussehen im Verlauf von Monaten. Im dritten und letzten Schritt gehen wir in den sogenannten Tages-Chart. Beim Tages-Chart geht es darum, die konkreten Ein- und Ausstiegspunkte für ein Investment zu finden.

Finde einen günstigen Ein- und Ausstiegspunkt.

Nun gibt es verschiedene Indikatoren, die uns zeigen, wie sich Kurse entwickeln können. Sie sind in der von uns verwendeten Chartsoftware mit Hilfslinien in verschiedenen Farben gekennzeichnet. Diese Indikatoren helfen dabei, die günstigen Ein- und Ausstiegspunkte zu finden. Ich habe aus einer unüberschaubar großen Anzahl die besten Indikatoren herausgesucht, die aus meiner Erfahrung die besten Vorhersagen ermöglichen. Im Umgang mit diesen Indikatoren gelten wiederum sehr strenge Regeln, die sich aus zahlreichen Publikationen und vor allem vielen Jahren Erfahrung ergeben:

1. **Ich handle nur, wenn mindestens vier (von fünf) Indikatoren an der richtigen Stelle sind.**
2. **Die fünf Indikatoren sind wichtiger als der Trendkanal und schlagen ihn immer.**

Da ich immer wieder einzelne Teilnehmende erlebe, die die Regeln missachten, habe ich hierzu noch eine zusätzliche Regel formuliert:

Wer diese Regeln nicht einhält, fliegt auf die Fresse – wer sie einhält, macht Geld.

Wir können nun unsere Schlüsse aus dieser Technischen Analyse ziehen und in ein Aktieninvestment einsteigen bzw. wieder aussteigen. Wir können auch nur mit Optionen und nicht mit Aktien handeln. Was es mit Optionen auf sich hat, erkläre ich beim dritten und vierten Quadranten. Wir suchen also schlicht nach Kauf- und Verkaufssignalen und halten uns stur an die Regeln. Das ist technisch kein großes Ding – mental eventuell schon. Wichtig ist, bei dieser Technischen Analyse nicht alles verstehen zu wollen. Manchmal reicht es, sich an jemanden zu halten, der die Sache gut kann und dem man auch als Mensch vertraut. Das fällt jungen Leuten oft leichter. Sie machen es einfach, das ist manchmal von Vorteil, um Neues auszuprobieren und ohne Skepsis zu lernen.

Einmal saß ein 14-jähriger Junge in meinem Seminar und es war gerade sehr still, weil alle mit ihrem Verständnis ziemlich an der Grenze waren. In diesem Moment stieß der Junge seinen Vater an und sagte: »Papa, verstehst du das nicht? Ist doch voll easy!« 90 Leute drehten sich nach ihm um, in dieser Sekunde haben ihn 90 Leute gehasst. Ihm ist dann auch aufgefallen, dass er zu laut war. Es gibt eben andere, die länger brauchen, um etwas zu verstehen, die dann frustriert oder verzweifelt sind, weil sie sich dumm fühlen. Das sind sie aber nicht. Sie haben sich wahrscheinlich nur zu lange nicht mit Geld beschäftigt oder haben emotionale Blockaden oder einen unnötigen

Gehe Neues offen und entspannt an.

Glaubenssatz wie »Ich kann kein Mathe«. Er mag etwas überheblich gewirkt haben, doch in diesem Moment konnten alle etwas von diesem 14-Jährigen lernen: Geh offen und entspannt an neue Dinge und versuch nicht, sie mit deinen bestehenden Regeln zu erklären.

Zum Glück gibt es noch zwei weitere Quadranten, Strategie und Absicherung, die uns verschiedenste Möglichkeiten des Handelns eröffnen. Doch bevor wir uns diesen zuwenden, sei noch auf eines hingewiesen: In der Realität ist alles nicht ganz so einfach, wie ich es hier beschrieben habe. Es geht an dieser Stelle allerdings gar nicht um ein hundertprozentiges Verständnis, sondern um ein Modell, das dich in die Umsetzung bringt. Mein Ziel ist es, dass du anfängst und die ersten Erfolge genießt. Danach läufst du von ganz allein und lernst weiter. Wenn du kein System hast, an das du glauben kannst, wirst du auch nicht dauerhaft erfolgreich sein.

Strategie: Geldverdienen in jeder Marktrichtung

Der dritte Quadrant betrifft die Strategie. Die Leitfrage im dritten Quadranten lautet: Wie kann ich stetig und bei jeder Marktrichtung Einkommen aus dem Markt generieren?

Was ist mit »Marktrichtung« gemeint? Wir kennen bei einem Aktieninvestment folgende Szenarien:

1. Wir kaufen einen Unternehmensanteil zum Preis von, sagen wir mal, 40 Euro und am Ende der Laufzeit steht der Anteil bei 50 Euro. Dann haben wir Geld verdient und das Gefühl, ein gutes Investment gemacht zu haben.
2. Wir kaufen einen Anteil zum Preis von 40 Euro und am Ende der Laufzeit steht der Anteil nur noch bei 30 Euro, das heißt, wir haben mit unserem Investment Geld verloren.
3. Wir investieren wie zuvor zu 40 Euro und am Ende der Laufzeit steht der Anteilspreis immer noch bei 40 Euro. Das passiert auch häufig: Der Markt geht ein bisschen rauf, ein bisschen runter und am Ende passiert nichts mehr. Auch in diesem Fall haben wir Geld verloren. Warum? Wir zahlen Gebühren, Aufschläge wie zum Beispiel Agio oder Ausgabeaufschläge, Verwaltungs-, Konto- und Depotgebühren.

Bei zwei dieser drei Wege hätten wir also Geld verloren. Das gefällt uns zukünftigen professionellen Investoren natürlich überhaupt nicht. Die meisten Anleger denken aber, es wäre nicht zu vermeiden, und scheuen auf Basis dieser Annahme – zu Recht – vor Aktieninvestments zurück. Es geht jedoch auch anders. Und es sollte auch anders gehen, denn die folgende Regel umzusetzen ist möglich:

Ich verdiene in jeder Marktrichtung Geld.

Fast alle Anlageprodukte in Deutschland, egal ob von Banken, Versicherungen oder Investmenthäusern, sind jedoch nur auf das erste Szenario ausgelegt: Der Wert der Aktie steigt. Das liegt nicht daran, dass die Banken, Versicherungen oder Investmenthäuser böse sind. Nein, der Gesetzgeber hat ein gesetzliches Rahmenkonstrukt geschaffen, das den Anlagegesellschaften kaum noch eine Möglichkeit gibt, zu agieren, wenn sie fremdes Kapital investieren, also Kapital von Dritten. Sicherlich in bester Absicht, doch das Ergebnis ist, dass die Gesetze die Anlagegesellschaften in ihren Möglichkeiten so massiv begrenzen, dass viele Produkte nicht mehr funktionieren. In Deutschland sehen wir das bei Investmentfonds: Mehr als 90 Prozent aller Fonds sind unter ihrer Benchmark, das heißt, es ist besser, den DAX zu kaufen als einen deutschen Fonds. Es ist auch besser, den Dow Jones zu kaufen als einen amerikanischen Fonds. Mit den klassischen Anlageprodukten, die wir von Banken, Versicherungen, Investmenthäusern, Pensionskassen oder Stiftungen kennen, verdienen wir also nur Geld, wenn der Markt steigt. Sobald sich die Aktie seitwärts bewegt oder fällt, verlieren wir mit unserem Investment Geld. Deshalb wiederhole ich hier noch einmal meine Regel: Wir investieren nur, wenn wir in *allen* Marktrichtungen Geld verdienen können. Doch wie soll das gehen?

Anlagegesellschaften sind durch Gesetze eingeschränkt.

In der einjährigen Investment-Ausbildung lernen unsere Teilnehmenden acht verschiedene Strategien kennen: zwei Strategien für den steigenden Markt, zwei für den Seitwärtsmarkt und zwei für den fallenden Markt. Zusätzlich gibt es zwei Strategien für den sogenannten richtungslosen Markt. Das bedeutet, man kann an der Börse Geld verdienen, ohne zu wissen, wohin der Markt läuft.

Zur Veranschaulichung beschreibe ich das anhand eines Beispiels aus einem anderen Investmentbereich, das sich fast eins zu eins auf Aktieninvestments übertragen lässt: die Vermietung einer Immobilie. Nimm an, du kaufst ein Haus und vermietest es an einen Dritten. Du hast also einmalig Kapital für den Hauskauf investiert, gegebenenfalls mithilfe einer Bank und einer Finanzierung, und auf der anderen Seite hast du den Erlös aus deiner Investition, nämlich eine monatliche Mieteinnahme. Du genießt damit nun einen Cashflow, also regelmäßige Geldzuflüsse. Die wenigsten wissen nun, dass dieses Vermieten auch an der Börse möglich ist: Man kann Qualitätsaktien kaufen und diese an einen Dritten vermieten, um daraus ein regelmäßiges Einkommen zu generieren.

An dieser Stelle kann leicht die Frage aufkommen: Weshalb sollte jemand eine Aktie mieten wollen? Nun, es gibt Unternehmen und es gibt Menschen, die brauchen Aktienbestände. Vereinfacht kann man sagen, so wie Menschen eine Wohnung brauchen, gibt es Unternehmen, Fondsgesellschaften, Investmentgesellschaften, Vermögensverwaltungen oder Stiftungen, die einen Aktienbestand brauchen. Und es ist günstiger, eine Aktie zu mieten, als eine Aktie zu kaufen, genau wie bei einer Wohnung.

Wie vermietet man Aktien? Indem man mit Optionen handelt. Nun gibt es allerdings eine Einschränkung, die zugleich der Grund ist, warum dieses Vermieten von Aktien in Deutschland nicht bekannt ist: Der Handel mit Optionen ist in Deutschland vom Gesetzgeber nicht zugelassen. Das ist für uns als Privatanleger sehr schade. Hierzulande gibt es nur den Handel mit Options*scheinen*, und das ist etwas vollkommen anderes, das man nicht mit dem Handel mit *Optionen* verwechseln darf. Dabei wettet man gegen die Bank, die Bank legt die Spielregeln fest und 75 Prozent aller Optionsscheine verfallen wertlos. Vereinfacht gesagt ist das eine Gewinnwahrscheinlichkeit von drei zu eins gegen uns als Anleger. »Du bist die Bank« ist jedoch mein Slogan. Also sind Optionsscheine für uns uninteressant. Ich finde es viel besser, mich mit Finanzinstrumenten zu beschäftigen, mit denen ich häufiger gewinnen kann. Und die gibt es.

Aktien vermieten – wie geht das?

Denn zum Glück gibt es jenseits der hiesigen Regulierung Alternativen: Wir handeln einfach bei einem US-amerikanischen Broker.

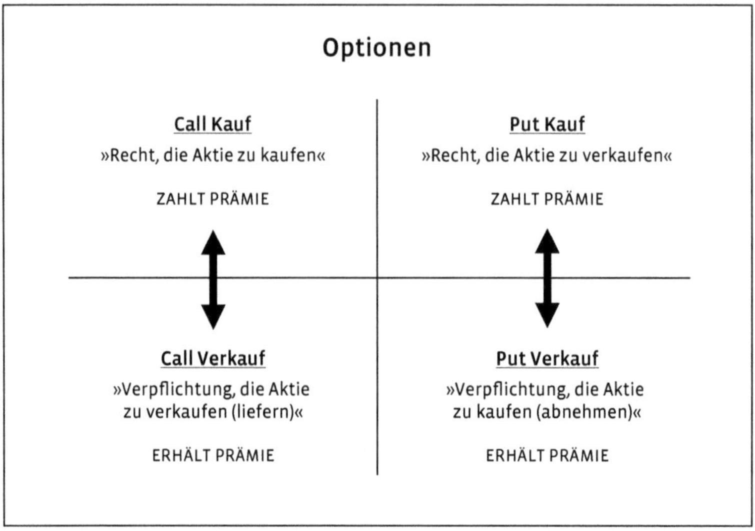

Das macht keinen nennenswerten Unterschied und unser Geld liegt sogar auf einem deutschen Konto. Nur der Handelsplatz ist in den USA. Wir dürfen das tun, solange wir unsere Gewinne und Verluste steuerlich geltend machen wie sonst auch. So können wir ganz legal mit Optionen handeln. Was für eine großartige Möglichkeit, die es zuvor nie gab! Wie schon erwähnt: Nie waren die Möglichkeiten so gut wie heute, wenn man einen Computer hat, ihn bedienen kann und ins Internet kommt.

Wie funktioniert nun der Handel mit Optionen? Dazu muss man zunächst einmal wissen, was eine Option überhaupt ist:

> **Eine Option bezeichnet das Recht, eine Aktie bis zu einem bestimmten Zeitpunkt zu einem bestimmten Preis zu kaufen oder zu verkaufen. Das Recht zu *kaufen* wird als »Call« bezeichnet, das Recht zu *verkaufen* nennt man »Put«.**

Für diese beiden Rechte – zu kaufen oder zu verkaufen – bezahlt man eine Gebühr. Das ist anfangs oft etwas Denksport, man gewöhnt sich aber daran, wenn man sich öfter damit beschäftigt.

Es geht bei Optionen immer nur um das *Recht,* nicht die Pflicht, zu kaufen oder zu verkaufen. Das bedeutet, wenn jemand das Recht gekauft hat, eine Aktie innerhalb einer bestimmten Laufzeit bis zu einem Zeitpunkt x zu einem bestimmten, sogenannten Strike-Price zu kaufen, *kann* er das, muss es aber nicht tun. Wann wird er nicht kaufen? Wenn der Preis der Aktie zwischenzeitlich unter den Strike-Price gesunken ist. Und wann wird er nicht zum festgelegten Strike-Price *ver*kaufen? Na klar: wenn der Preis der Aktie zwischenzeitlich über den festgelegten Strike-Price gestiegen ist.

Im Zusammenhang mit Optionen gibt es vier Möglichkeiten, die wir allesamt für uns nutzen können, um in allen Marktrichtungen Geld zu verdienen. Jetzt wird es tatsächlich sportlich fürs Denken, das kann auch Spaß machen:

- **Möglichkeit 1, ich kaufe einen Call:** Ich kaufe das Recht, zu einem bestimmten Zeitpunkt eine Aktie zu einem bestimmten Preis zu kaufen. Das mache ich, wenn ich aufgrund meiner Analyse von steigenden Aktienkursen ausgehe, denn dann kann ich die Aktie mit dem Call günstiger kaufen als zum Handelspreis, wenn dieser wie erwartet gestiegen ist. Entwickelt sich der Aktienpreis entgegen meiner Vorhersage nach unten, dann mache ich von meinem Kaufrecht keinen Gebrauch und kaufe die Aktie eben nicht. Ich habe dann nur die Gebühr für den Call bezahlt.
- **Möglichkeit 2, ich kaufe einen Put:** Ich kaufe das Recht, zu einem bestimmten Zeitpunkt eine Aktie zu einem bestimmten Preis zu *ver*kaufen. Diesen Put würde ich kaufen, wenn ich aufgrund meiner Analyse von fallenden Aktienkursen ausgehe, denn mit dem Put kann ich die Aktie teurer verkaufen als zum Handelspreis, wenn der Aktienpreis wie vorausgesagt gesunken ist. Steigt der Aktienpreis wider Erwarten, lasse ich den Put verfallen und verkaufe meine Aktie nicht zu diesen Bedingungen.

Nun kommen mit Möglichkeit 3 und 4 die beiden Fälle ins Spiel, auf die ich vorhin mit dem Beispiel des Vermietens hinauswollte: Immer wenn ich einen Call oder einen Put *ver*kaufe, vermiete ich meine Aktie oder mein Geld. Das heißt, ich räume jemand anderem ein Recht ein und bekomme dafür eine Prämie. Schauen wir uns die beiden Szenarien jetzt genauer an:

- **Möglichkeit 3, ich verkaufe einen Call:** Bei Möglichkeit 3 verkaufe ich meinem Gegenüber das Recht, dass er meine Aktie zu einem bestimmten Zeitpunkt und zu einem bestimmten Preis von mir kaufen kann. Wann würde mein Gegenüber mir diesen Call abkaufen? Wenn er von steigenden Aktienkursen ausgeht, denn dann könnte er die Aktie von mir zum festgelegten, günstigeren Strike-Price kaufen, wenn sich der Aktienpreis inzwischen nach oben entwickelt hat. Der Käufer will eine Sicherheit, also eine Option für den Fall steigender Kurse haben, aber noch nicht kaufen. Ich bin in diesem Fall der Stillhalter, wenn die Aktie tatsächlich steigt, muss ich sie meinem Gegenüber verkaufen. Ich muss, wenn ich auf Nummer sicher gehen möchte, die Aktie also im Depot haben, um einen Call zu verkaufen. Wenn die Aktie dagegen seitwärts geht oder fällt, wie ich vorausgesagt habe, freue ich mich, weil ich meine Prämie für die Vermietung meiner Aktie bekomme.
- **Möglichkeit 4, ich verkaufe einen Put:** Ich verkaufe meinem Gegenüber das Recht, die Aktie zu einem bestimmten Zeitpunkt und zu einem bestimmten Preis an mich zu verkaufen. Wann würde er die Aktie an mich verkaufen wollen? Wenn er von fallenden Aktienkursen ausgeht, könnte er mir die Aktie zum festgelegten Strike-Price verkaufen, der höher ist, als die Aktie zurzeit steht. Der Käufer des Puts will eine Sicherheit, also eine Option für den Fall haben, dass die Kurse fallen könnten. Ich bin hier wieder der Stillhalter: Wenn die Aktie tatsächlich fällt, muss ich sie meinem Gegenüber abkaufen. Ich benötige also genug Geld im Depot. Wenn die Aktie dagegen seitwärts geht oder steigt, wie ich vorausgesagt habe, freue ich mich, weil ich meine Prämie für die Vermietung meines Geldes bekomme, aber keine Aktie kaufen muss.

Man kann sich ausschließlich auf diese vier Möglichkeiten des Handels mit Optionen konzentrieren, ohne jeglichen Aktienhandel. Man kann zum Beispiel einen Put nach dem anderen verkaufen und damit ein paar Prozent Rendite pro Monat machen. Oder man nimmt eine Aktie, die eine hohe Volatilität hat, also höhere Preisschwankungen zeigt,

Der echte Profi verdient mit Optionen.

und verkauft einen Put nach dem anderen, und zwar so lange, bis man die Aktie kaufen muss. Dann wartet man, bis die Aktie hoch steht und voraussichtlich wieder fallen wird, und beginnt, Calls zu verkaufen. Bis man irgendwann die Aktie verkaufen muss. Dann beginnt man wieder mit dem Verkaufen von Puts. Und so weiter. So verdient man eine Prämie nach der anderen, ohne jemals direkt mit der Aktie zu handeln. Der echte Profi verdient mit Optionen, nicht mit Aktienhandel. Ich sprach vorhin von acht Strategien. Bei diesen Strategien kombiniert man dann den Optionshandel mit Aktienhandel, je nach Einschätzung der Marktentwicklung.

Es gibt noch eine zweite Regel zum dritten Quadranten. Wir kennen das aus dem Casino: Wenn wir auf Rot oder Schwarz setzen, auf Halbe oder Ganze oder auf die erste Hälfte oder die zweite Hälfte, dann setzen wir auf die sogenannten einfachen Chancen und durch die Null wird auf Dauer das Casino Geld verdienen. Solange wir Investments machen, bei denen die Gewinnwahrscheinlichkeit unter 50 Prozent liegt, ist es nicht sinnvoll, zu investieren. Ein Profi achtet deshalb auf folgende Regel:

Ich investiere nur, wenn meine Gewinnwahrscheinlichkeit über 50 Prozent liegt.

Nun sehen wir uns noch die Möglichkeiten der systematischen Absicherung an, denn wir wollen möglichst kein Risiko eingehen, da unser Kapital dauerhaft für uns Erträge generieren soll.

Absicherung: Die Null-Risiko-Versicherung

Bisher haben wir mit der Fundamentalen Analyse im ersten Quadranten die Qualität einer Aktie geprüft, mit der Technischen Analyse im zweiten Quadranten den fairen Preis ermittelt und uns im dritten Quadranten für eine Strategie entschieden, mit der wir in jeder Marktrichtung Geld verdienen. Nun, im vierten Quadranten kommen wir zur Absicherung. Auch diese dürfte für viele komplettes Neuland sein. Es gibt drei verschiedene Möglichkeiten:

1. **Versicherung**: Die erste Variante der Absicherung ist die sogenannte 100-Prozent-Variante, umgangssprachlich auch »Ver-

sicherung« genannt. In diesem Fall geht es aber nicht darum, bei einer Versicherung einen Vertrag abzuschließen, sondern um Folgendes: Wenn wir Investoren an der Börse sind, dann legen wir uns in unserem Depot auf ein Risiko fest. Sagen wir mal, wir investieren 5000 Euro und wählen mit der 100-Prozent-Variante 0 Prozent Risiko. Wir wissen damit, dass wir die 5000 Euro wieder zurückbekommen, und wir haben nur die Versicherungsprämie bezahlt. Auch die Null-Risiko-Möglichkeit ist etwas, was in Deutschland oder im deutschsprachigen Raum nicht bekannt ist. Du kannst an der Börse ohne ein Kapitalrisiko Geld investieren.

2. **Schutz**: Bei der zweiten Variante der Absicherung, der 95-Prozent-Variante, spreche ich gerne von »Schutz«. Bleiben wir beim Beispiel: Wir haben 5000 Euro investiert und die 95-Prozent-Variante gewählt, das bedeutet 5 Prozent Risiko. Es können auch 10 oder 20 Prozent Risiko sein. Bei 95 Prozent bekommen wir auf jeden Fall 4750 Euro wieder. Allerdings solltest du dir bewusst sein, warum du überhaupt ein Risiko eingehen möchtest.
3. **Risiko**: Die dritte und letzte Variante ist die Risikovariante. Ich nenne sie hier nur der Vollständigkeit halber und befürworte sie nicht. In diesem Fall investierst du die 5000 Euro und bist voll im Risiko, das heißt, du kannst die 5000 auch verlieren. Du kaufst eine Aktie, weil du davon ausgehst, dass sie steigen wird. So geht man normalerweise in Deutschland vor, wenn man mit Aktien handelt. Man ist voll im Risiko. Ich kann das nicht gutheißen. Wir wollen schließlich keine langweiligen Glücksspiele spielen wie »Mensch ärgere Dich nicht«, sondern strategische Spiele, bei denen wir durch kluge Schachzüge die Oberhand haben.

Bei den ersten beiden Varianten – Versicherung und Schutz – haben wir ein sogenanntes Upside-Potenzial: Wir können mehr wiederbekommen, als wir eingezahlt haben bzw. als wir vorab festgelegt haben, wir können jedoch nicht weniger wiederbekommen.

Jetzt stellst du dir eventuell die Frage: Warum sollte jemand dann die Risikovariante wählen, wenn er sich doch stattdessen absichern kann? Nun, wenn jemand schon längere Zeit aktiv an der Börse handelt, hat er möglicherweise in den beiden ersten Quadranten bei Eigenschaften und Bewertung hohe Trefferquoten von vielleicht 80 Prozent. Wer das längere Zeit auf seinem Konto sieht, sagt sich möglicherweise: »Ich möchte gern die höchstmögliche Rendite haben und ich möchte mich nicht mehr mit Risikoschutz und Versicherung beschäftigen.« Aus meiner Sicht ist das ein Fehler, zumindest für Menschen, die noch nicht komplett finanziell frei sind und es sich erlauben können, Geld zu verlieren. Wenn du noch nicht in dieser Lage bist, solltest du dein Kapital immer schützen. Und zwar anhand der ersten Variante.

Die Risikovariante kann verführerisch sein.

Die Regel lautet also:

Ich investiere nur, wenn mein Kapital zu 100 Prozent abgesichert ist.

Ich sage es noch einmal deutlich: Du kannst es dir nicht erlauben, Geld zu verlieren. Und es ist ein Irrglaube – der ebenfalls der Investmentproduktwelt geschuldet ist –, dass Rendite und Risiko immer eins zu eins zusammenhängen.

Wie setzen wir diese Absicherung nun technisch um? Wir arbeiten auch hier wieder mit Optionen, wie im dritten Quadranten. Wenn wir uns absichern wollen, müssen wir ein Recht erwerben, also eine Option. Nehmen wir an, wir wollen eine Aktie kaufen, weil wir davon ausgehen, dass ihr Preis steigt. Zugleich wollen wir diesen Kauf zu 100 Prozent versichern, sodass wir 0 Prozent Risiko haben, wie ich es vorschlage. Wir kaufen uns also einen Put mit einem festgelegten Verkaufspreis, damit wir die Aktie ohne Verlust verkaufen können, falls sie wider Erwarten fällt. Zur Erinnerung: Wenn wir einen Put kaufen, kaufen wir das Recht, die Aktie zu einem festgelegten Strike-Price zu einem bestimmten Zeitpunkt zu verkaufen.

Diese Versicherungen können wir kurzfristig, zum Beispiel für eine Woche oder einen Monat, kaufen. Oder auch mittelfristig, zum Beispiel mit einer Laufzeit von neun Monaten, oder langfristig mit einer Laufzeit von eineinhalb bis zwei Jahren. Solch eine Versicherung kostet natürlich etwas, aber das sollte uns die Null-Risiko-Absicherung wert sein, denn sie lässt uns ruhig schlafen und wir kommen nie in die Lage, in Panik zu verfallen oder vor Scham unseren Partner anzulügen. Damit du eine Größenordnung hast: Für einen Monat Laufzeit bezahlen wir für eine Put-Option zum Beispiel 3 Dollar pro Aktie. Für einen langfristigen Put über zwei Jahre bezahlen wir zum Beispiel 60 Dollar pro Aktie.

Mit Null-Risiko-Absicherung schläfst du besser.

Noch ein paar Worte zum Hintergrund der Absicherungsregel: Wir können es uns schlicht nicht erlauben, Geld zu verlieren, wenn wir nicht finanziell komplett frei sind, weil Geld eine zusätzliche Arbeitskraft ist. Als Investoren haben wir folgendes Gedankengut: »Ich tausche nicht Zeit oder Arbeitskraft gegen Geld, sondern ich nehme Kapital und lasse das Kapital für mich arbeiten.« Am Anfang ist das meist schwer zu verstehen. In meiner Akademie gibt es Teilnehmende, die ihre Firma verkauft haben und von der Börse leben. Sie sagen: »Unglaublich, früher habe ich Tische verkauft und dafür Geld bekommen, heute gebe ich Geld und kriege Geld.« Kapital ist ein Investitionsgut, und wenn wir es investieren, haben wir die Möglichkeit, es mit Gewinn zurückzubekommen. Das ist bei Investitionen in uns selbst, in unsere Persönlichkeitsentwicklung, in unsere Bildung nicht anders als bei der Investition in Dienstleistungen – oder eben Aktien.

Damit sind wir am Schluss der Investoren-Quadranten-Formel angekommen. Es gibt jedoch noch eine weitere Möglichkeit, mit Aktien Geld zu generieren, die bei meinem System sozusagen nebenbei anfällt, und die lautet: Dividenden kassieren.

Dividenden kassieren

Dividenden sind der Teil des Gewinns, den Aktiengesellschaften an ihre Aktionäre ausschütten. Die Höhe der Dividende wird vom Vorstand des Unternehmens vorgeschlagen und von der Hauptversammlung der Aktionäre mit einfacher Mehrheit beschlossen. Dividenden werden dann jährlich, halbjährlich, quartalsweise oder monatlich ausgeschüttet. In Deutschland ist die jährliche Dividende üblich, in den USA hingegen dominiert die Quartalsdividende. Dividenden gelten als Indiz für die wirtschaftliche Stärke eines Unternehmens und sind ein Signal für die Börse. Dieser auszuschüttende Betrag ist wie ein zusätzlicher Benefit, den wir kassieren können, wenn wir die Aktie gerade in unserem Depot haben und diese Ausschüttung quasi nebenbei mitnehmen.

Wir können jedoch auch gezielt Qualitätsaktien kaufen, die langfristig sehr stabil aufgestellt sind, und eine Dividendenstrategie mit höheren Ausschüttungen fahren. Das könnten beispielsweise Unternehmen sein, die Dinge für den täglichen Bedarf vorhalten und die deshalb langfristig eine sichere Möglichkeit der Wert- und Preisentwicklung bieten. Niemand wird aufhören zu essen oder zu trinken. Auch lebenswichtige Medikamente und Energie werden wir immer brauchen. Ich investiere jedoch nicht in Energie, weil ich das, was wir auf der Erde mit Energie machen, nicht in Ordnung finde. Öl, Gas, Kohleabbau – da investiere ich nicht. Wenn jeder von uns ein kleines Windrad auf dem Dach seines Hauses hätte, würde das reichen, um genug Strom zu produzieren. Auch in die Pharmaindustrie investiere ich nicht, aber es gibt genug andere Möglichkeiten. Wir lassen dann die Aktie langfristig im Depot, um die Dividenden zu kassieren. Das ist einfach und man muss sich noch nicht einmal viel darum kümmern.

Dividenden zu kassieren ist ganz einfach.

Der amerikanische Broker und die deutschen Steuern

Abschließend noch ein paar Worte zu den Arbeitsmitteln: Wir brauchen tatsächlich nicht viel fürs Traden an der Börse. Wir benötigen einen Computer und eine Internetverbindung sowie 2500 Euro Startkapital, um ein Konto bei einem Broker zu eröffnen. Wir installieren eine kostenlose Chartanalyse-Software für die Technische Analyse, auf die ich beim zweiten Quadranten eingegangen bin.

Das Konto bei einem Broker darf wegen der gesetzlichen Regelungen in Bezug auf Optionen nicht in Deutschland sein. In meiner Akademie nutzen wir deshalb den mittlerweile größten Broker weltweit, den US-amerikanischen Broker Interactive Brokers (IB), der zum einen nicht den deutschen gesetzlichen Beschränkungen unterliegt, sodass ein Handel mit Optionen (siehe 3. Quadrant) möglich ist. Zum anderen sind die Transaktionskosten bei Interactive Brokers mit ein bis zwei Dollar pro Transaktion sehr niedrig. In Deutschland dagegen bezahlt man bei einer normalen Bank bis zu einem Prozent der Transaktionssumme. Man zahlt bei IB auch keine weitere Gebühr bei Orderänderungen. Auch das ist bei deutschen Banken anders. Die Einlagensicherung ist bei IB übrigens weit höher als bei allen deutschen Banken. Diese günstigen Bedingungen für das Handeln an der Börse sind wohl auch der Tatsache geschuldet, dass in den USA die Aktionärsquote in der Bevölkerung wesentlich höher ist als in Deutschland, unter anderem, weil es dort nur eine sehr eingeschränkte soziale Absicherung gibt. Dementsprechend sind die Möglichkeiten für Privatleute zu traden wesentlich besser.

In den USA sind Bedingungen für Privatanleger günstig.

Das Handeln bei solch einem Online-Broker muss man lernen. Es sieht auf den ersten Blick etwas kompliziert aus, man kann sich aber mit einer Anleitung recht schnell einarbeiten. Auch hier gilt wie etwa bei den Indikatoren für die Technische Analyse: Wir müssen nicht alles verstehen, um gut damit arbeiten zu können. Ich kenne geschätzt ungefähr 30 Prozent der Funktionen, die die Plattform von Interactive Brokers bereithält, und wer das System in den Grundzügen beherrscht, kommt mit ungefähr 10 Prozent der Funktionen aus.

Manche fühlen sich unwohl bei der Vorstellung, bei einem amerikanischen Broker zu handeln. Das Geld liegt jedoch auf einem deutschen Konto in Frankfurt und es gibt sogar einen deutschen Telefonsupport, das beruhigt viele dann wieder. Und selbst wenn man in den USA mit Aktien und Optionen handelt, kann man sein Konto trotzdem in Euro führen bzw. als Schweizer in Schweizer Franken. Das ist wichtig für die späteren Steuerzahlungen. Denn steuerpflichtig sind wir in dem Land, in dem wir leben. Bei einer deutschen Bank werden die Abgeltungssteuer und der Solidaritätszuschlag sofort abgezogen. Bei einem Konto in den USA muss man den Gewinn dagegen mit der Einkommensteuer selbst versteuern. Mehr sage ich hier lieber nicht dazu, denn die steuerlichen Bestimmungen ändern sich immer mal wieder.

Steuern zahlt jeder in seinem Land.

Damit sind wir am Ende des eher technisch orientierten vierten Teils angekommen. Jetzt, wo wir wissen, dass und wie wir Wohlstand und finanzielle Unabhängigkeit erreichen können, gehen wir weiter zu meinem großen Herzensthema, dem sinnvollen und verantwortungsvollen Leben nicht als reicher, sondern als wohlhabender Mensch.

V. Wohlhabend werden: Wie wir mit Geld unser persönliches Warum leben

16. Das persönliche Warum – wozu wir auf der Welt sind

Wie viel kann ein Mensch schaffen? Das habe ich mich vor ein paar Jahren gefragt. Ich wollte wissen, wie weit jemand seine Grenzen ausdehnen kann, um eine außergewöhnliche persönliche Leistung zu erbringen. Ich wollte wissen, wozu wir Menschen fähig sind, wenn wir etwas schaffen wollen, was wir uns in den Kopf gesetzt haben. Ich wollte wissen, was alles möglich ist, weil ich in meinem Leben immer wieder erlebe, wie Menschen sich selbst begrenzen und hinter ihren Möglichkeiten zurückbleiben. Ich wollte einen Beweis finden, den ich meinen Seminarteilnehmenden ganz direkt zeigen kann: »Seht euch das an: So viel ist möglich. Viel mehr, als ihr jetzt noch für möglich haltet. Weil ihr es noch nicht ausprobiert habt. Weil ihr es euch nicht vorstellen könnt. Weil es so utopisch erscheint und weil uns alle um uns herum etwas anderes erzählen!«

Der Selbst-Transzendenz-Lauf

Wenn man näher über die Frage nachdenkt, wie viel ein Mensch schaffen kann, erscheint sie schwer zu beantworten, denn die Bewertung hängt von allen möglichen Faktoren ab. Körperliche, emotionale, geistige Voraussetzungen etwa. Trainingsstand, Unterstützung, Talent, Alter. So bin ich schnell auf eine körperliche und damit leichter messbare Leistung gekommen und schließlich beim Laufen gelandet. Denn die meisten Menschen können laufen, ohne dass sie dafür – anders als bei Karate oder Stabhochsprung – eine besondere Fähigkeit trainieren müssen. Es laufen außerdem Menschen jeden Alters. Selbst 90-Jährige laufen beim Iron-Man-Triathlon mit. Also habe ich die Frage spezifischer gestellt: Wie weit kann ein Mensch laufen?

Dabei bin ich auf einen Lauf in New York im Stadtteil Queens gestoßen: den Self-Transcendence 3100 Mile Race. Der Lauf ist in jeder Hinsicht ungewöhnlich, sowohl die Länge als auch die Laufstrecke betreffend. Er geht um einen einzigen Häuserblock. Immer und immer wieder. Die Strecke ist nicht mal einen Kilometer lang. Doch wie oft kann man diesen Kilometer laufen? Was schätzt du? Wie viele Kilometer schafft man überhaupt? Ein normaler Marathonlauf hat rund 42 Kilometer Laufstrecke. Aber es gibt auch noch Ultramarathonläufe, die über das Dreifache, Vierfache gehen. Da ist also noch viel mehr möglich. Wie viele Tage kann man laufen? Muss man nicht essen, schlafen, pinkeln und so weiter? Die Antwort lautet: 5000 Kilometer. Das sind mehr als 118 Marathonläufe hintereinander.

Wie weit kann ein Mensch laufen?

Im Jahr 2018 zum Beispiel war der Gewinner des Laufs in Queens der 52-jährige Russe Vasu Duzhiy aus St. Petersburg. Er ist 44 Tage, 16 Stunden und 53 Sekunden gelaufen, rund 113 Kilometer pro Tag, 5649 Runden immer um denselben Häuserblock – 883 Meter um die Thomas A. Edison High School herum. Im New Yorker Hochsommer bei 30 Grad Celsius und einer Luftfeuchtigkeit von 80 bis 95 Prozent. Von 6 Uhr morgens bis Mitternacht. Um und um und um. Warum diese kleine Runde? Weil man die Läufer nur auf einer solch kleinen Strecke rund um die Uhr betreuen kann.

In über 20 Jahren seit 1997 haben immerhin 39 Teilnehmende diesen Lauf beendet. Der Name des Laufs heißt übersetzt »Selbst-Transzendenz-Lauf« und er ist der längste zertifizierte Straßenlauf der Welt: Ich habe mir den Lauf auf YouTube angesehen. Nur ein einziges Wort fiel mir dazu ein: Yogis. Diese Läufer sind Yogis, die sind im Flow. In dem Zustand, in dem der Körper wie von selbst funktioniert, jenseits von Zeit und Raum. Und genau das ist auch die Idee dieses Laufs. Es geht dabei nicht um den Sieg.

Nachdem ich diesen Lauf entdeckt hatte, war mein Interesse geweckt: Da steckt ja noch viel mehr drin als nur eine beeindruckende Kilometerzahl. Ich recherchierte weiter und fand mehr über die Hintergründe des Laufs heraus. Der Begründer ist der spirituelle

Lehrer und Ausdauersportler Sri Chinmoy. Er wollte die Idee der Selbst-Transzendenz mit dem Extremlaufen zusammenbringen. Sein Gedanke: Nur wer über seine vorgefassten Begrenzungen hinausgeht, in diesem Fall körperliche Grenzen, kann wahre Freude und Zufriedenheit erlangen – so die Grundannahme der Selbsttranszendenz. Viktor Frankl wiederum hat den Begriff »Selbsttranszendenz« ursprünglich geprägt.

Wer war Viktor Frankl? Ich habe einiges von ihm und über ihn gelesen: Er war Arzt und Psychotherapeut. Als Jude erlebte er verschiedene KZs und Arbeitslager als Insasse, verlor dort seine gesamte Familie und baute nach 1945 – geprägt durch die Erfahrungen und dennoch nicht daran verzweifelt, sondern gerade gestärkt – mit unglaublicher Kraft eine wichtige psychotherapeutische Schule auf: die Logotherapie, die in Österreich heute eine der drei kassenärztlich anerkannten Psychotherapieverfahren ist. Sie ist die einzige Psychotherapie, bei der der Lebenssinn eine zentrale Bedeutung hat. In diesem Ansatz bedeutet Selbsttranszendenz, dass Menschsein immer über sich selbst hinaus auf etwas verweist, das nicht wieder der Mensch selbst ist, sondern ein Lebenssinn. Nur so verwirklichen wir uns selbst und gehen über uns selbst hinaus: im Dienst an einer Sache – oder in der Liebe zu einer anderen Person. Irgendwann übersieht und vergisst man sich selbst in dieser größeren Sache. Erst in Ergänzung durch andere oder anderes werden also Menschen »ganz« im Sinne von »heil«. Wichtig dabei ist als innere Voraussetzung, dass man sich von sich selbst distanzieren kann. Und der äußere Orientierungspunkt? Das sind … Werte.

Für unseren Lebenssinn wachsen wir über uns hinaus.

Inzwischen bin ich restlos begeistert und beeindruckt von dieser Idee des Hinausgehens über sich selbst. Über die Suche nach einem schlichten Beweis dafür, was alles möglich ist, bin ich bei einer existenzanalytischen Betrachtung gelandet, die genau dem entspricht, was ich tue, wofür ich es tue und was ich anderen vermitteln will. Meine Mission, meine Berufung, mein Lebenssinn ist es, das Thema, für das ich mein Leben lang gebrannt habe und das ich wohl besser kann als die meisten Menschen in diesem Land, anderen zu vermitteln, damit sie teilhaben können an diesem Wissen und damit ebenso finanziell frei und sinnerfüllt leben wie ich und das tun können, was ihnen am meisten entspricht. Ich bin diesen Transzendenz-Lauf mit dem Thema Geld gelaufen in den letzten mehr als 25 Jahren. Und ich habe inzwischen Tausende dorthin mitgenommen, die zuvor nicht wussten, dass es das geben könnte.

Dieser ganze Selbst-Transzendenz-Lauf ist eine wunderbare Metapher für dieses Buch und die Mission, die ich damit verfolge. Es geht mir darum, dass du für dein gesamtes weiteres Leben einen grünen Haken an deine Finanzen machst, aber es geht eben um noch viel mehr, nämlich, wie du deine Persönlichkeit entwickeln kannst, die sich für Wohlstand – nicht Reichtum – und einen guten Umgang mit Geld qualifiziert hat. So, dass immer mehr Geld in dein Leben treten kann, mit dem du ethisch-moralisch sinnvoll und sozial und ökologisch verantwortlich umgehst.

Diesen letzten Aspekt, die ethisch-moralische und sozial-ökologische Umgangsweise mit Geld, sehen wir uns jetzt genauer an: Wie können wir eine Selbst-Transzendenz mithilfe des Geldes erreichen, bei der wir über uns selbst hinausgehen und unseren persönlichen Sinn verwirklichen – im Dienste an einer Sache oder in der Liebe zu einer anderen Person? Wie können wir sogar irgendwann uns selbst vergessen mit unseren oft kleinlichen Begehrlichkeiten und Emotionen – im Dienste dieser größeren Sache?

Dazu müssen wir natürlich erst einmal wissen, was diese größere Sache für uns ist.

Was ist dein Synonym für Geld?

Als ich kürzlich einen Vortrag auf dem Börsentag Frankfurt hielt, kamen hinterher viele Leute an den Stand unserer Investment Akademie. Meine Mitarbeiter und ich haben viele Gespräche geführt und es war deutlich: Die meisten dieser Interessenten haben ganz klar im Außen gesucht, wie sie mehr Geld machen können. Wie die meisten Menschen, die das Ziel verfolgen, mehr Geld zu haben. Bei dem Börsentag nahmen natürlich die Fortgeschrittenen teil, aber es ist überall das Gleiche. Die meisten Menschen suchen nach dem Lottogewinn, dem unternehmerischen Coup, der richtigen Börsenstra-

Die meisten suchen nach dem Lottogewinn.

tegie, der neusten und coolsten Technik für mehr Geld. Sie denken, ihnen fehle noch etwas: Wenn sie doch nur endlich die richtige Technik und damit genug Geld hätten, würde alles gut werden.

Aber das stimmt nicht. Den meisten fehlt nicht die richtige Strategie oder das Anlegerglück oder der noch besser gefüllte Geldtopf. Ihnen fehlt etwas in der Haltung zu Geld. Deshalb waren wir auf dem Börsentag auch die Exoten, weil wir die Menschen animieren möchten, über etwas ganz anderes nachzudenken als die coolste Anlagestrategie. Wenn Menschen sich klar darüber werden, was Geld für sie auf einer tieferen Ebene bedeutet, jenseits von Konsum, produzieren sie beim Geld wie von selbst andere Ergebnisse. Die Frage lautet also:

Was ist dein Synonym für Geld?

Mein Synonym für Geld ist meine Familie, das habe ich nun schon oft erzählt. Ich will möglichst viel Zeit mit meiner Familie verbringen, also mit meiner Frau und mit meinen Kindern. Mein Synonym für Geld ist auch soziale und ökologische Verantwortung, die ich mithilfe umfangreicher Spenden und der Unterstützung anderer Menschen und Projekte verwirklichen kann. Und mein großes persönliches Warum ist es, den Menschen zu zeigen, wie man aus dem Hamsterrad aussteigt und in seinem Leben das lebt, wofür man da ist.

Wofür willst du mehr Geld haben? Warum liest du denn zum Beispiel dieses Buch? Da dieses Synonym für Geld nicht so leicht zu finden ist, geht es in diesem letzten Teil des Buches darum, wie wir unser persönliches Warum finden und wie wir dieses Warum und unsere persönliche Verantwortung mithilfe von Geld besser leben können. Wir müssen eine Entscheidung treffen: entweder sinnloser Konsum und Geld ausgeben. Oder sinnvoll leben. Beides zugleich geht nicht so gut. Man hat immer einen Hauptfokus. Wenn wir uns auf den Konsum unnötiger Luxusgüter ausrichten, können wir uns nicht gleichzeitig auf sinnvolles Leben fokussieren. Denn Konsum als Ziel ist nicht sinnvoll. »Mein Lebenssinn ist es, möglichst viel Geld zu haben, um möglichst viel Geld für meinen persönlichen Luxus auszugeben.« Klingt nicht überzeugend, oder? Deshalb sehen wir uns in diesem Kapitel genauer an, wie wir mit einem Genug-

Gefühl, wie ich es im dritten Teil des Buches beschrieben habe, Folgendes entwickeln können:

1. Wir generieren durch das Genug-Gefühl mehr Geld.
2. Wir fokussieren uns und haben dadurch mehr Zeit für die wichtigen Dinge, weil Konsum viel Zeit frisst.
3. Wir haben mehr Kraft für unser persönliches Warum.

In meinem Leben gab es einen Tag, an dem ich verstanden habe: Ich habe genug Geld für mein Leben, egal, ob ich 70, 80, 90 oder 100 werde. Wenn ich nicht völlig ausflippe, dann wird mein Geld reichen. Das war schon ein guter Moment, so ein Gefühl von »Jawoll, geschafft!«. Aber dann passierte noch etwas: Ich hatte gerade meine letzten Unternehmen verkauft. Ich will nicht sagen, dass ich depressiv war, aber da war ein Loch. Aus diesem Loch bin ich wieder rausgekommen, weil ich darüber nachgedacht habe, warum ich auf der Welt bin. Ich habe Antworten gefunden. Und um diese Antworten zu finden, hatte ich günstige Bedingungen, denn ich musste mich nicht mehr ums Geldverdienen kümmern. Das verändert vieles.

Ich musste mich nicht mehr ums Geldverdienen kümmern.

Denn sehr häufig entdecken Menschen nicht ihre persönliche Leidenschaft, weil sie zu beschäftigt mit der Arbeit sind. Sie gehen tagein, tagaus ihrem Job nach, damit sie irgendwie ihre finanziellen Verpflichtungen erfüllen können. Dabei geht es erst einmal nicht um Träume, Visionen, den eigenen Lebenssinn. Nein, es geht um die existenziellen Dinge wie Miete, Lebensmittel und Kleidung. Ich weiß, wie viele Menschen gerade mal so über die Runden kommen. Eines Tages wachen sie dann auf und stellen fest, dass sie sehr viel Lebenszeit nur für das Geldverdienen eingesetzt haben und keine Zeit für die Dinge hatten, die ihnen wirklich am Herzen lagen. Viele kommen in ihrem Leben sogar erst durch einen Schicksalsschlag an den Punkt, an dem sie beginnen, ihre Träume zu entdecken und zu leben. Einige haben diese Erkenntnis nie.

Ich wünsche dir von Herzen, dass du deine persönliche Leidenschaft finden wirst oder bereits gefunden hast. Ich möchte dazu beizutragen, dass du sie möglichst umfassend leben kannst. Die Grundlage dafür ist die Geldbildung, die ich dir bisher schon vermittelt habe. So muss dich deine finanzielle Situation mit der Zeit nicht mehr zurückhalten und du kannst aus dem Hamsterrad aussteigen.

Wenn ich das schreibe, ist es mir wichtig, das aktuelle Leben, das jemand führt, nicht abzuwerten. Du kannst mit deinem jetzigen Leben sehr zufrieden sein und sagen, dass du auch mitten im vielen Geldverdienen deinen persönlichen Sinn leben kannst. Da ist sogar die ideale Grundhaltung. Ich denke dabei beispielsweise an eine Erzieherin. Erzieherinnen verdienen aus meiner Sicht zu wenig Geld für ihre enorm wertvolle Arbeit. Sie kommen mit dem geringen Einkommen meist nur knapp über die Runden und müssen deshalb zu viele Stunden arbeiten. Dennoch kann es sein, dass eine Erzieherin in dieser Arbeitszeit eine enorm wertvolle und sinnvolle Arbeit leistet, die vielen Kindern zu einem guten Start in ein gemeinschaftliches Leben verhilft. Sie lebt ihr persönliches Warum. Das ist großartig. Zugleich jedoch könnte sie sich mit mehr Geld ihr Leben erleichtern, sich besser fürs Alter absichern und mehr Geld zum Ausgeben zur Verfügung haben: etwa für eine nachhaltige Lebensweise, gesündere, kontrolliert biologisch angebaute Nahrungsmittel und den einen oder anderen schönen Urlaub mit ihrer Familie. Es ist also die Gleichzeitigkeit von »Das Leben annehmen, wie es ist« und »Sich weiterentwickeln und wachsen«, die ich meine. Nimm an, was ist, und gehe gleichzeitig weiter.

Nimm an, was ist, und gehe gleichzeitig weiter.

Die Relativität der eigenen Probleme

Vor einigen Jahren, am Ende eines Vertriebsmeetings meiner damaligen Firma, habe ich zu meinem Team gesagt: »Leute, ich habe eine Überraschung für euch, wir werden am Samstag einen Ausflug machen.« Sofort gute Stimmung im Raum. »Wir treffen uns morgens um elf Uhr.« Ich spürte einen gewissen Stimmungsabfall.

Von den einschlägigen Pappnasen kam so etwas wie: »Ey Mann, Philipp, wo kann man denn um elf Party machen?« Wir hatten damals viele Kollegen unter 30. Die haben alle sehr gut verdient und wir waren sehr erfolgreich.

Ich habe daraufhin nichts Genaueres gesagt, sondern nur: »Leute, wir treffen uns am Samstag um elf vor dem Büro und dann fahren wir zusammen los.«

Wir sind in den Bus gestiegen und einmal quer durch die Stadt und auf ein Grundstück gefahren, das vorne ein großes Eisentor hat, dahinter einen großen grünen Garten und oben auf einer Anhöhe steht ein Gebäude wie ein altes Herrenhaus, eine Riesenvilla. Der Fahrer parkt unseren Bus auf einem Parkplatz, ich nehme das Mikrofon aus der Halterung und sage: »Leute, wir treffen uns hier in zwei Stunden wieder, ich wünsche euch jetzt viel Spaß, wenn ihr mit Kindern in diesem Haus redet und vielleicht auch spielt oder was anderes macht. Das sind Kinder, die auf den Tod warten. «

Wir stehen mit unserem Bus auf dem Gelände eines Kinderhospizes, es ist ein Tag der offenen Tür.

Zwei Stunden später sitze ich zum ersten Mal in meinem Leben in einem Bus, in dem eine Dreiviertelstunde lang niemand redet. Diese Kinder spielen mit einem, als wenn nichts los ist. Sie zeigen uns, dass man die eigenen Probleme annehmen und in der Gegenwart mit dem leben kann, was ist.

Welche Sorgen und Probleme hast du?

Viele Menschen denken immer in Problemen und schimpfen auf alles und jeden. Damit meine ich nicht diejenigen, die tatsächlich sehr leiden, weil sie zum Beispiel gerade jemanden verloren haben oder weil sie Missbrauch oder andere Formen von Gewalt, schwere Krankheit oder andere Schicksalsschläge erlebt haben oder erleben. Ich denke an Menschen, die sich regelrecht Probleme suchen, um einen Grund zu haben, sich als Opfer zu fühlen.

Wenn du denkst, du hast Probleme, weil deine Frau eine Affäre mit deinem Nachbarn hatte, weil dein Kollege dir in der Teamsitzung immer ins Wort fällt oder weil du dir den wirklich großen Flachbildschirm doch nicht kaufen kannst, dann kann dir Folgendes helfen: Schritt Nummer eins, Einsteigerstufe: Geh mal um die Ecke in das nächste Altenheim. Sieh dir mal an, welche Menschen das sind, die keiner mehr besucht. Wenn die Pfleger die Tür aufmachen: Essen rein, Tür wieder zu; eine Stunde später: Tür wieder auf, Teller wieder raus, egal ob leer oder nicht, Tür wieder zu. Frag einfach mal beim Pflegepersonal, wer von den alten Menschen keinen Besuch mehr bekommt, und diesen Menschen besuchst du dann. Da relativieren sich unsere Problemchen ganz schnell.

Aber dafür musst du bereit sein, deine Scheuklappen abzulegen, die du dir für dein schönes Leben aufgebaut hast, um die Realität anderer nicht sehen zu müssen und um dich selbst zu schonen. Wenn du mit diesen Scheuklappen lebst, lebst du in einer Scheinwelt, in der es nur um dich geht. Und das ist nicht zu deinem Besten, denn dann werden Scheinprobleme groß und dir geht es schlechter, als wenn du die Augen für das Leid und den Schmerz anderer öffnest und überlegst, wie du anderen etwas abgeben kannst von dem, was du hast. Fakt ist: Wir leben hier in Deutschland allesamt ziemlich gut. Selbst der ärmste Hartz-IV-Empfänger lebt zehnmal besser als ein verwaistes elfjähriges Fabrikarbeitermädchen in Bangladesch.

Mit Scheuklappen werden Scheinprobleme groß.

Wenn du eine richtige Hardcore-Nummer willst, dann gehst du in ein Kinderhospiz. Mittlerweile gibt es Kinderhospize fast überall in Deutschland in großen Städten. Mein Erlebnis mit meinen Mitarbeitern ist lange her, doch ich werde diese Kinderaugen nie wieder vergessen. Ich war nun schon mehrmals dort und ich bin mittlerweile auch als Spender dieses Hospizes sehr aktiv.

Mir geht es bei der Geschichte um die Relativität der eigenen Probleme. Um sie relativieren zu können, brauchen wir den offenen Blick für das, was es um uns auch noch gibt. Die meisten Menschen verschließen ihre Augen und Ohren, weil sie glauben, es sei belastend, sich das Leid anderer anzusehen. Ja, es ist belastend. Ja, es ist oft traurig. Ja, es schmerzt, Menschen zu sehen, denen es schlecht geht. Doch das Leid gehört nun mal zum Leben dazu. Wir können es nicht aussparen. Wenn wir hinsehen und dann überlegen, wie wir helfen können, sind wir mittendrin im Leben, und plötzlich ist die angenommene Belastung nicht mehr da, sondern wir sind Teil des Gebens und Nehmens, das alles im Leben ausmacht. Dann merken wir, dass nichts einseitig ist: Im Altenheim ist plötzlich jemand da, der kaum redet, dafür aber zuhört. Wo trifft man sonst noch auf einen Menschen, der mit viel Zeit zuhört? Oder im Hospiz: Da sind Kinder, die uns zeigen, wie man das Schicksal annimmt und damit ganz normal lebt, anstatt zu hadern, zu jammern und zu wüten mit einem »Warum ich?«, mit dem so viele Menschen sich weigern, das

Leben so anzunehmen, wie es nun mal ist. Warum also nicht bei Missständen und Leid hinschauen, dabei etwas lernen und zugleich Wege entdecken, wie wir Leid vermindern und helfen können?

Warum »Nicht mehr arbeiten« noch kein persönliches Warum ist

Ein Akademieteilnehmer, der mit unserem System viel Geld an der Börse verdient hat, hat mir kürzlich mit einer E-Mail ein Foto geschickt. Darauf war ein gelber Lamborghini zu sehen, er selbst winkte vom Fahrersitz aus lässig in die Kamera. Er sah tatsächlich sehr cool aus. Ich habe diese E-Mail gelesen, habe das Bild gesehen und habe gedacht: »Na ja, wenn du meinst.«

Ein paar Tage später kam eine andere E-Mail: »Philipp, ich möchte dir und deinem Team mal Danke sagen. Ich war vor drei Jahren bei euch in der Ausbildung und es ist in meinem Leben Folgendes passiert: Ich war mit meiner Familie im Krüger-Park in der Nähe von Johannesburg. Sieh dir mal das Foto an.« Ich öffne die Anlage. Da sitzt er mit seinen beiden Kindern und seiner Frau in einem grünen Jeep, mit einem dicken, breit grinsenden Ranger. Dazu schreibt er: »Ich habe seit 15 Jahren mit meinen Kindern von einer Safari in Afrika geträumt, dafür haben wir Geld gespart. Nach drei Jahren als Mitglied in der Akademie haben wir uns jetzt den Traum erfüllt.« Da sitze ich im Büro und habe Tränen in den Augen. Dagegen kannst du den gelben Lamborghini in die Elbe fahren.

Finanzielle Freiheit ist nicht automatisch ein sinnvolles Leben.

Die meisten Menschen sind erst wirklich frei im Außen, wenn sie finanziell frei sind, also nicht mehr all ihre Arbeitszeit für das Ziel des Geldverdienens einsetzen müssen. Aber die finanzielle Freiheit ist nicht automatisch das sinnvolle Leben. Auch bei mir war die finanzielle Freiheit noch nicht mein persönliches Warum. Das kam erst später. Ich habe schon davon erzählt.

Als meine Frau damals zu mir sagte: »Mach was, sonst wirst du fett und faul«, habe ich zunächst gedacht, meine Söhne sind mein Warum. Aber das stimmte nicht. Wenn du bis hier gelesen hast, weißt du, dass meine Kinder und meine Frau die drei wichtigsten

Menschen in meinem Leben sind. Trotzdem habe ich irgendwann gemerkt, dass meine Familie nicht auf Dauer mein persönliches Warum ist. Letztlich ist das Evolution, denn wir sind dafür gemacht, jemanden zu finden, den wir mögen, im besten Fall lieben, und dann Kinder zu machen, sie großzuziehen. Natürlich will ich meine Kinder dabei unterstützen, eine gute Persönlichkeit zu entwickeln. Ich will Werte vermitteln und für sie da sein. Ich bin auch bereit, für meine Kinder zu sterben. Aber was ist, wenn die Kinder größer werden?

So habe ich nach den ersten Jahren mit Kindern wieder über mein Warum nachgedacht und schließlich habe ich es verstanden. Meine Frau hatte recht. Dann habe ich die Investment Akademie gegründet, und das ist mein Warum. Auf meinem Grabstein wird irgendwann stehen: »Philipp J. Müller hat Menschen gezeigt, wie man aus dem Hamsterrad aussteigt und in seinem Leben das lebt, wofür man da ist.«

Wenn du verstehst, dass du die Frage nach dem Warum schon stellen kannst, bevor die finanzielle Freiheit da ist, könnte es passieren, dass dasselbe wie in unserer Akademie passiert: dass du innerhalb kürzester Zeit sehr weit kommst, ohne zu verstehen, wie das eigentlich kam.

Einer ist in den Geldzaubertrank gefallen. So wie ich. Ich sagte schon zu Beginn des Buches: Ich kann nur Geld. Als Kind habe ich meistens beim Monopoly-Spielen gewonnen, später habe ich eine Firma nach der anderen zum Erfolg geführt und schließlich an der Börse sehr erfolgreich investiert. Ein anderer ist in den Gesundheitszaubertrank gefallen. So wie Domenico Gurzi, der mit seinem neuartigen Therapieverfahren dafür sorgt, dass Menschen, die jahrelang im Rollstuhl sitzen, wieder gehen können. Eine Dritte ist in den psychologischen Zaubertrank gefallen. So wie Ulrike Scheuermann, die Menschen hilft, innerlich frei ihren persönlichen Sinn zu finden und Blockaden aufzulösen, die sie bisher gehindert haben, die eigene Lebensaufgabe zu leben.

In welchen Zaubertrank bist du gefallen?

Machen wir alle etwas aus unserem Zaubertrank. Nutzen wir ihn, um in unserem Leben möglichst viel des persönlichen Warums zu verwirklichen. Geld kann dir dabei helfen.

Die vier Fragen für dein persönliches Warum

Die Frage nach dem Lebenssinn begleitet uns seit Jahrtausenden. Sie hält Philosophen, aber auch ganz normale Menschen in Atem. Zugleich finde ich, man kann das Thema auch kleiner und pragmatischer angehen. Sozusagen für den Hausgebrauch. Denn wenn wir auf die Zeit warten, in der wir uns mit Ruhe und in einem Kloster oder auf dem Jakobsweg diesen Fragen widmen können, dann kommen wir vielleicht nie zu einer Antwort, weil wir für die Meditationswoche im Kloster oder für den Jakobsweg einfach nie Zeit finden. Deshalb habe ich vier schlichte Fragen entwickelt, die du am besten jetzt gleich beantwortest, während du gerade das Kapitel liest. Nimm einfach ein Blatt Papier, das reicht, und schreibe die vier Fragen auf und jeweils eine Antwort dahinter. Lass das Grübeln und Aufschieben, sondern schreibe jetzt auf, was dir ohne viel Nachdenken in den Sinn kommt.

Das ist nun allerdings oft leichter gesagt als getan. Deshalb stelle ich dir hier zunächst einen Ansatz von Ulrike Scheuermann vor, der dir helfen kann, meinen Vorschlag umzusetzen:

Exkurs von Ulrike Scheuermann: Schreibdenken

Beim Schreibdenken nutzt man das Schreiben als Denk- und Lernwerkzeug, um geniale Ideen und neue Denkwege zu finden und die innere Gedankenwelt möglichst eins zu eins aufs Papier oder auf den Bildschirm zu bringen. Auch, um durchs Aufschreiben neue Inhalte zu integrieren und dadurch zu lernen. Da wir alle oft viel zu verkopft sind und jeden Gedanken wieder und wieder umdrehen, bis er verunstaltet und »zerdacht« ist, kann das Schreibdenken uns dabei helfen, die Gedanken und inneren Impulse hervorzubringen, die direkt aus dem Bauch oder Herzen kommen, und sie in Worte zu fassen. Speziell die sogenannten Schreibsprints können dir helfen, deine Gedanken ohne Selbstzensur rauszubringen.

Bei den Schreibsprints schreibst du so schnell wie möglich, ohne innezuhalten und ohne zu zensieren, alle Gedanken auf, die dir zu der jeweiligen Frage in den Sinn kommen. Wichtig ist, dass deine Finger am

Stift oder auf der Tastatur nie ruhen. Nicht denken, sondern schreiben. Sätze, Satzfragmente, auch mal Stichwörter. So, wie du mit dem Schreiben hinter den Gedanken herkommst. Wenn du mal das Gefühl hast, dein Kopf sei leer, schreibe einfach das letzte Wort nochmals auf, das du gerade geschrieben hast, eventuell mehrmals. Dann wird es schon weitergehen, denn das Denken bleibt eigentlich nie stehen. Warum ist dieses schnelle und unablässige Schreiben so wichtig? Es gibt einen ursächlichen Gedanken, der sozusagen direkt aus dem Unterbewusstsein kommt. Danach kommen die gesellschaftlichen Normen. Es geht um die allererste Antwort. Schreib also sofort und nur für dich.

Schreib pro Frage ungefähr drei bis fünf Minuten alles auf. Danach liest du deinen Text durch und markierst alles, was du interessant, bedeutsam und wichtig findest. Anschließend schreib noch einen prägnanten Kernsatz unter deinen Text, der das Wichtigste auf den Punkt bringt.

Wenn du nun also meine vier Fragen liest, hast du den Stift und das Papier – oder die Tastatur – schon zur Hand und kannst sofort loslegen mit einem Schreibsprint.

Frage 1: Wie lautet meine Definition von »finanziell unabhängig«?

Frage 2: Was bedeutet finanzielle Unabhängigkeit für mein Leben und wie sieht mein Leben dann aus?

Frage 3: Wie lautet mein persönliches Warum?
Warum ist es mir wichtig, mich finanziell zu entwickeln?
(Es geht hier nicht um das »Wie«!)

Frage 4: Welches monatliche Nettoeinkommen brauche ich dafür?

Bei der vierten Frage kann es sein, dass du sie nicht sofort beantworten kannst, wenn du noch nicht ausführlich über deine Finanzen nachgedacht hast. Dann lies noch mal Teil 2 des Buches und mach eine Aufstellung von deinem Einkommen, deinem Vermögen und dem, was du monatlich brauchst, um gut zu leben.

So, das war ein Anfang. Aber es geht weiter. Die vier Fragen solltest du in den nächsten sechs Monaten in dein Leben integrieren, und zwar am besten täglich. Es ist wichtig, dass du dir diese Fragen jeden Tag stellst. Du könntest zum Beispiel jeden Tag vier Minuten etwas dazu aufschreiben: zu jeder Frage eine Minute. Denn wenn du dein persönliches Warum findest, geht dein Einkommen durch die Decke. Das klingt verrückt, ist aber meine ständige Erfahrung nicht nur bei mir, sondern auch bei unseren Akademiemitgliedern. Solange du dagegen dein persönliches Warum nicht kennst, fehlt dir der Fokus. Du schwimmst in einem Meer und weißt nicht, in welche Richtung.

Integriere die vier Fragen in dein Leben.

Das persönliche Warum und was uns hilft, es zu leben

Einmal kam mein Sohn, damals fünf- oder sechs, ich weiß es nicht mehr genau, zu mir in die Küche und sagte: »Sag mal, Papa …«

Kinder können ja total ehrlich und direkt sein.

»Papa, warum bist du so dick?«

Das war nicht die angenehmste Frage, aber ich habe ehrlich geantwortet: »Ich esse so gerne Süßigkeiten. Ich bin da ein bisschen undiszipliniert.«

Da ging es noch ein wenig weiter mit dem Finger in die Wunde: »Aber guck mal die Mama an, wie dünn die ist.«

»Tja«, sagte ich. Was soll ich dazu sagen? Er hat ja recht.

Mein Sohn hat dann gemerkt, dass das nicht mein Lieblingsthema ist. Daraufhin hat er etwas gesagt, und das hat mich fast umgehauen: »Papa, weißt du, das ist nicht, weil du dick bist, das ist, weil ich dich lange behalten möchte.«

Das hat gesessen. Noch heute durchläuft mich ein Schauer und mir treten Tränen in die Augen, wenn ich mich daran erinnere. Ich habe an dem Tag in der Küche eine gute Lektion darin bekommen, was das persönliche Warum ist.

Wenn wir tiefgehender darüber nachdenken, wofür wir das Geld brauchen, kommen wir also auf die interessanten Dinge, und wenn du in den nächsten sechs Monaten täglich an deinem Warum arbeitest, dann macht es immer mehr Spaß. Viele verknüpfen erst einmal die falschen Dinge mit Geld. Die goldene Uhr, die Gucci-Tasche, der Platinschmuck. Das große Auto, das tolle Haus, die Designer-Möbel. Menschen verbinden oft dieses Vordergründige mit Geld, doch darum geht es nicht. Es geht darum, dass Geld die Eintrittskarte für ein Leben in Freiheit ist. Wenn wir diese Erkenntnis mit dem persönlichen Warum und mit ganz konkreten Strategien für Geldverdienen kombinieren, können wir den grünen Haken an unsere Finanzen machen.

Geld ist die Eintrittskarte für dein Leben in Freiheit.

Dazu ein Beispiel: Zu Hause essen wir zu einem ganz großen Teil Nahrungsmittel aus kontrolliert biologischem Anbau, zudem saisonal und regional. Wenn Fleisch, dann von einem Biohof, wo man das Rind oder das Lamm kennt, das man später isst. Was kostet das, wenn man ab und zu noch in einem guten Restaurant essen geht? 2000 Euro netto im Monat. Mir erzählen Menschen, ein Porsche oder Ferrari sei teuer, aber es geht schon mit ganz anderen Dingen los. Sich gesund zu ernähren oder auch tolle Reisen zu machen: Das ist teuer. Oder seine Kinder auf eine Schule zu schicken, die ein Bildungskonzept hat, bei dem man weiß, aus diesem Kind wird nicht der 120.000. Jurist, sondern ein Mensch, der sich selbst annimmt, seine Persönlichkeit akzeptiert und seinen Talenten folgt. Eine Schule, die nicht nur systemtreue Lemminge hervorbringt, die nur funktionieren und mit 30 psychisch am Ende sind.

Egal, was es für dich ist, Freunde, Familie, Reisen, Kunst, Musik, Tanzen, Lesen, Lernen, nachhaltiges Leben, Ernährung, Gesundheit: Im Bereich der sinnvollen Ziele gibt es keine Regeln und kein Richtig oder Falsch. Du kannst dich fragen: Was wäre, wenn ich es schon könnte? Was und wie würde ich es tun?

Ulrike empfiehlt in ihren Büchern auch, Freude als Kompass für den persönlich sinnvollen Weg zu nutzen, anstatt Angst, wie es von vielen vorgeschlagen wird. Angst ist oft aus schlechten Erfahrungen entstanden, die man in die Zukunft projiziert: Jemand hat erfahren, dass Menschen sich über ihn lustig machen, also hat er Angst, dass es wieder passiert. Das ist nicht gerade der Anzeiger, der zur Lebensaufgabe führt. Deshalb schlägt sie vor, sich folgende Fragen zu stellen. Die Antworten geben interessante Hinweise auf das, was dir entspricht und was deshalb auch dein persönliches Warum sein könnte:

- **Was macht mir Freude?**
- **Was habe ich als Kind am liebsten gemacht?**
- **Wobei vergesse ich die Zeit, weil ich im Tun aufgehe?**
- **Was kann ich gut?**
- **Für was nehmen Menschen meine Hilfe in Anspruch?**
- **Was kann ich der Welt und den Menschen geben, um etwas beizutragen?**

Dann arbeitet Ulrike noch mit einem Gedankenspiel, das – ernsthaft durchdacht und gefühlt – dazu führen kann, dass du alles Unwichtige weglässt, bis nur noch das übrig bleibt, wovon du aus tiefstem Herzen fühlst, dass es das ist, was wirklich für dich zählt. Ulrikes Gedankenspiel lautet »Wenn morgen mein letzter Tag wär« und mit ihrem gleichnamigem Buch kannst du dich ausführlich damit beschäftigen, was als dein wahrer Fokus übrig bleibt, wenn du die eigene Endlichkeit und Begrenztheit deines Lebens wirklich fühlst und verinnerlichst.

Stell dir dazu Folgendes vor:

Ich bin am Ende meines Lebens angekommen, sitze im Schaukelstuhl auf der Veranda und blicke auf mein Leben zurück: Was war am wichtigsten? – Was war überflüssig?

Man nennt so etwas zwar Gedankenspiel, aber das wird länger dauern und mehr innere Entwicklung erfordern als nur ein paar Gedanken. Denn du musst diese Gedanken nicht nur denken, sondern auch fühlen, um daraus auf dein persönliches Warum schließen zu können. Mir hat mein Onkel Gerd sehr dabei geholfen, von dem ich im Epilog ganz am Ende des Buches erzähle.

Und wenn du dein persönliches Warum herausgefunden hast, geht es ja auch noch darum, die Blockaden aufzulösen, die dich an der Umsetzung hindern. Darüber haben wir im dritten Teil des Buches schon gesprochen: Es gibt heute effektive Möglichkeiten, um Blockaden einfach zu lösen und den Weg freizuräumen für das Wesentliche. Darum müssen wir uns kümmern. Denn was nützt es, wenn eine Mitarbeiterin mit einem Bürojob in der Verwaltung weiß, dass sie mit Tieren arbeiten will, weil dies ihr Lebenssinn ist, sie aber gleichzeitig einen Glaubenssatz »Davon kann ich nicht leben« hat und deshalb gar nichts ändert?

Mach einen Deal mit dir selbst.

Dieses Buch ist kein Motivationsbuch. Ich werde dich nie anrufen und fragen: »Warum machst du nicht weiter?« Aber du kannst jetzt einen Deal mit dir selbst machen. Versprich dir selbst, dass du dich an deinem Lebensende fragst, ob du die Dinge, die dir wichtig waren, umgesetzt hast. Das Leben, das dir hier angeboten wird, bekommst du niemals wieder. Tu alles dafür, um die Dinge umzusetzen, die dir wichtig sind.

17. Sorge dich nicht, gebe – wie wir mit Geld die Welt besser machen können

Ich sitze mit meiner Frau beim Elterngespräch im Kindergarten. Ich gehe fast zu jedem Elterngespräch. Heute in der Schule, früher im Kindergarten. Wir sitzen einer Erzieherin gegenüber, die den Kindergarten leitet. Ellen. Ich kenne sie gut, denn ich habe ihr und ihrer Familie das Skifahren beigebracht. Wir unterhalten uns darüber, was im Kindergarten los ist und wie unser Sohn sich entwickelt. Da sagt Ellen plötzlich zu mir:

»Philipp, du hast doch von diesem Projekt gehört, oder?«

»Welches Projekt denn, Ellen?«

»Na, den Musikantis.«

»Ja, hab ich von gehört.«

Jetzt sagt sie: »Ich will dir mal erzählen, warum wir die Musikantis ins Leben gerufen haben.«

»Ja, mach«, sage ich und bin gespannt, worauf das wohl hinausläuft.

»Die Musikantis sind eine Vereinigung von Alt und Jung. Wir haben hier viele Kinder, deren Großeltern weit weg sind. Diese Kinder haben also keine Oma und keinen Opa hier um die Ecke, die ihnen mal etwas vorlesen oder Kuchen für sie backen.«

»Okay, das ist schade. Großeltern sind so wichtig für Kinder.«

Ich denke an meine Eltern, die tatsächlich um die Ecke wohnen und oft mit unseren Kindern etwas unternehmen.

Ellen redet weiter: »Gleichzeitig haben wir in unserem Viertel viele Menschen, die alt sind und niemanden mehr haben, der für sie da ist und für den sie da sein können. Deswegen haben wir die Musikantis gegründet. Wir bringen einfach die Kinder, die keine Omas und Opas haben, mit den Alten, die keine Enkelkinder haben, zusammen. Mittwochmorgens um neun machen sie gemeinsam Musik, mit einer Musikpädagogin. Die alten Leute bringen ihre Quetsche mit, ihre Gitarre, ihre Mundharmonika und singen zusammen mit den Kleinen deutsche Volkslieder.«

»Schöne Sache«, sage ich.

Und da sagt Ellen: »Weißt du, Philipp, ich muss dir was sagen. Die Musikantis werden im nächsten Halbjahr sterben, weil die Förderung für die Musikpädagogin gestrichen wurde.«

Das ist allerdings heftig.

»Ellen, was brauchst du denn für die Musikantis?«

»Wie, für die Musikantis?«

»Na, damit im nächsten halben Jahr die Pädagogin bezahlt ist?«

»2500 Euro.«

Ich schaue meine Frau an, sie nickt. Dann greife ich in meine rechte Hosentasche und fange an abzuzählen. Sie sieht mich mit riesengroßen Augen an: »Ist das dein Ernst, Philipp?«

»Ja, Ellen, du kennst mich doch, wenn ich dir was sage, halte ich mich daran.«

»Also in bar können wir das aber nicht machen«, sie sieht ein wenig verwirrt aus.

»Kein Problem, ich kann dir das auch morgen überweisen.«

Sie lacht.

»Aber du kennst mich ja schon ein bisschen. Ich tue nichts für umsonst«, sage ich. Das hört sich jetzt erst mal hart an. Aber ich brauche immer eine Gegenleistung, sei es ein gutes Gefühl, Liebe oder irgendetwas Handfestes. »Ellen, ich brauche eine Gegenleistung.«

»Aber was denn? Was können wir tun?«

Ich überlege kurz. Bei den Veranstaltungen der Musikantis dürfen keine Eltern dabei sein, damit die Kinder direkt in Kontakt mit den alten Leuten kommen und nicht durch die Eltern abgelenkt sind. Da fällt mir etwas ein.

»Sag mal, Ellen, wie wäre es, wenn wir am nächsten Mittwoch bei den Musikantis dabei wären, meine Frau und ich?«

Sie sieht mich an und sagt mit einem Zwinkern: »Ich glaube, wir machen eine Ausnahme, ihr seid dabei.«

Am nächsten Mittwochmorgen gehen meine Frau und ich in den großen Saal im Kindergarten, die sogenannte Turnhalle, ein Mehrzweckraum. Wir sind schon um Viertel vor neun dort, bevor alle anderen kommen. Es gibt dort Matten und Bänke, bunte Farben, alles bemalt, wie man es so kennt aus einem Kindergarten. Wir setzen uns in die hinterste Ecke. Dann kommt der erste Rentner rein. Er ist um die 75, geht ein bisschen krumm, den Rücken nach vorne gebeugt, und er hat seine Gitarre unter dem Arm. Dann kommt die nächste Rentnerin mit einer Mundharmonika und so weiter. Ein paar kommen auch nur mit ihren Notenblättern. Sie sitzen oder stehen in der Turnhalle und warten.

Was kann Geld bedeuten?

Irgendwann hören die alten Leute, dass die Kinder mit viel Geschrei und Lachen näherkommen, und nun beginnt eine Zeremonie: Die Rentner stellen sich im Spalier auf, sie stehen sich also zu beiden Seiten der Tür in zwei Reihen gegenüber, heben die Arme und berühren sich oben mit den Händen, sodass sich ein Bogen ergibt. Jetzt laufen die 15 oder 20 Kinder mit ihren Erziehern durch das Spalier der alten Leute. Danach stellen sich die Kinder auf und machen das Gleiche, was vorher die Alten gemacht haben. Und die Rentner, die eben noch kaum laufen konnten und krumm in die Turnhalle geschlurft sind, gehen aufrecht und mit ernsten, würdevollen Gesichtern durch dieses Spalier.

In diesem Moment habe ich mal wieder ganz intensiv gespürt, was Geld bedeuten kann.

Was wohlhabende Menschen von Reichen unterscheidet

Ich habe mir die Frage nach dem Sinn des kapitalistischen Systems sehr lange und sehr oft gestellt. Ich bin zu dem Ergebnis gekommen, dass die Demokratie mit freier Marktwirtschaft und Kapitalismus das beste System ist, was uns gesellschaftlich gegeben werden kann. Mit einem »Wenn«. Es ist das beste System, wenn ein Faktor dazukommt, der aus reichen Menschen wohlhabende Menschen macht: die Entscheidung für eine ethisch-moralische Eigenverantwortung des Einzelnen im Zusammenhang mit Geld. Das ist der entscheidende Punkt, der das kapitalistische System adelt. Es geht um die ethisch-moralische, soziale und ökologische Verantwortung eines jeden, der mehr Geld besitzt, als er zum Überleben braucht. Geld verpflichtet, und zwar massiv. Wenn ich mehr habe als jemand anders, dann darf ich diesen anderen unterstützen. Wer diesen Gedanken verinnerlicht hat und lebt, ist nicht reich, sondern wohlhabend. Beide haben viel Geld, die Reichen und die Wohlhabenden. Wo liegt der Unterschied? Ich beschreibe den Unterschied hier bewusst plakativ, damit er schnell klar wird. Also, zuerst einmal zu den Reichen:

Geld verpflichtet, und zwar massiv.

Reiche haben ein hohes Einkommen oder zumindest ein großes Vermögen. Über Reiche lesen wir in bestimmten Zeitungen oder Magazinen regelmäßig auf der ersten Seite. Reiche sind Menschen, die hier ein Haus haben und dort eine Villa und dann noch eine große Jacht. Sie haben zehn oder 26 Autos. Von Beruf sind sie zum Beispiel Milliardärstochter, Profifußballer, Top-Model, Hollywood-Filmstar oder Popstar. Sie sind oft in kurzer Zeit zu einem riesigen Vermögen gekommen. Man sieht sie auf Fotos auf hippen Partys und in einem Fotografenmeer. Manche checken aus dem Hotelzimmer aus und das Zimmer ist kaputt. Sie haben eine Frau und zwei Kinder zu Hause, eine Freundin in London und eine in Tokyo und eine in Los Angeles. Das sind für mich nur reiche Menschen.

Dann gibt es die Wohlhabenden, wieder nach meiner Definition und nicht nach Duden. Von ihnen lesen, hören und sehen wir wenig oder gar nichts. Weil sie dezent sind, im Auftreten, im Leben. Wohlhabende haben zwar ein ebenso gut gefülltes Bankkonto wie Reiche und ebenso ein hohes Einkommen, und das vermutlich nachhaltiger, aber Wohlhabende haben noch zusätzliche Eigenschaften. Sie haben die entsprechende Persönlichkeit mit einem Wertesystem, in dem Ethik, Moral, soziale Verantwortung für die Familie und die Mitarbeiter, faires Miteinander sowie weiteres soziales Engagement und ökologisch sinnvolles Handeln im Vordergrund stehen. Dieses Leben nach hohen ethisch-moralischen Werten ist immer präsent. Damit erfüllen sie auch eine Vorbildfunktion für andere Menschen.

Wer wohlhabend werden will, braucht einen Mentor, also jemanden, der ihm zeigt, wie man wohlhabend wird, indem er oder sie es vormacht. Und indem dieser Mentor vielleicht auch Rat gibt, korrigiert, Feedback gibt.

Das ist der Unterschied zwischen reich und wohlhabend. Wie findet man nun heraus, ob jemand reich oder wohlhabend ist, zum Beispiel, um einen Mentor, eine Mentorin zu finden? Nun, wenn ich ein Reicher wäre, würde ich meinen dicken neuen Porsche direkt vor die Eingangstür stellen, sodass alle Nachbarn ihn sehen können. Unser Marketing für die Investment Akademie hätte eine Bildsprache mit Porsche, Villa, goldener Rolex am Handgelenk und Fotos von mir als Inhaber, die mich auf den Malediven in einem Strandsessel oder entspannt zurückgelehnt am Infinity-Pool zeigen oder, noch trauriger, umringt von modelmäßig aussehenden jungen Frauen und viel nackter Haut. Mit anderen Worten: Reiche sind Angeber, die ihr Geld nutzen, um ihr Ego aufzupumpen, sich selbst zu feiern und oft genug auch ihre Macht zu missbrauchen.

Ich möchte zum Wohlhabendsein anstiften.

Ich möchte zu den Wohlhabenden gehören und ich denke, ich lebe auch so. Ich gehe auf diesen Unterschied auch deshalb ein, weil ich sehe, dass in unserer Gesellschaft ganz viel Potenzial in Richtung »wohlhabend sein« und »sich als wohlhabender Mensch verhalten« besteht. Dieses Potenzial liegt bei vielen noch brach. Da ist viel mehr möglich.

Freiheit bedeutet Verantwortung

Mit viel Geld kann man viel Gutes tun. Das ist meine Ausgangsthese, mit der ich dazu beitragen will, die Welt besser und gerechter zu machen. Man kann Geld auch für das Gegenteil einsetzen, und eben das verbinden viele mit Geld. Ich jedoch nicht, und ich möchte auch dich zu meinem Verständnis von Geld motivieren. Wenn du mehr Geld generierst, hast du automatisch auch mehr Möglichkeiten, aus deiner finanziellen Stärke heraus etwas Gutes zu tun. Für andere Menschen, wenn du soziale Verantwortung übernimmst. Für die Umwelt, wenn du ökologische Verantwortung übernimmst. Natürlich auch für Tiere, also ganz allgemein für die Welt, in der wir leben. Wie und wofür du dich engagierst und dich verantwortlich fühlst, bleibt dir überlassen. Du kannst zum Beispiel einen Teil deines Geldes spenden, für Menschen oder Projekte, die es wirklich nötig haben. Kurz gesagt:

Du kannst mit Geld die Welt verbessern.

Stell dir einmal Folgendes vor: Du hast ein System für deine Finanzen entwickelt und möchtest ab sofort einen Teil deines monatlichen Einkommens spenden, um Gutes zu tun. Am besten machen wir dazu gleich ein Zahlenbeispiel: Du verdienst ein monatliches Nettoeinkommen von 2000 Euro und möchtest in Zukunft 5 Prozent davon für gemeinnützige Zwecke spenden. Es ergibt sich also ein soziales Engagement von 100 Euro, die du jeden Monat an bedürftige Menschen oder für ein anderes Projekt deiner Wahl geben kannst. Jetzt beginnst du, deine Persönlichkeit weiterzuentwickeln und verschiedene zusätzliche Dinge zu lernen. Vielleicht lernst du einen Mentor kennen, der dir auf deinem Weg hilft. In der Konsequenz daraus schaffst du es, dein Einkommen auf einen monatlichen Betrag von 4000 Euro zu erhöhen. Nun kommen wieder die 5 Prozent von oben ins Spiel und siehe da: Dein sozialer Beitrag hat sich auf 200 Euro verdoppelt. Eventuell denkst du nun darüber nach, deinen Prozentsatz für das Spenden zu erhöhen, denn dein Einkommen hat sich immerhin verdoppelt und du musst ja nicht unbedingt doppelt so viel ausgeben. Vielleicht spendest du für ein Hospiz, so wie ich es seit vielen Jahren neben vielen anderen Engagements tue. Mit dem festen Prozentsatz fürs Spenden macht das Spenden aus meiner Erfahrung viel mehr Freude, weil das Geld ja bereits auf einem Konto bereitliegt und nur noch darauf wartet, gespendet zu werden.

Dieses Beispiel aus dem finanziellen Bereich können wir in zahlreiche andere Lebensbereiche übertragen. Nicht nur im Zusammenhang mit Geld hilft unsere eigene Stärke, andere Menschen besser zu unterstützen. Deshalb ist es nicht nur für das eigene Leben wertvoll, erfolgreich zu sein. Aus der Stärke heraus kann man sich auch auf andere Weise stärker sozial oder auch ökologisch engagieren. Du kannst auch mehr Zeit mit deiner Familie verbringen. Du kannst anderen mit deinem Know-how helfen oder Vorbild sein mit dem, was du tust. Vielleicht unterstützt du dein eigenes Umfeld auch durch dein großes Netzwerk, das du als erfolgreiche Persönlichkeit besitzt. So können wir schließen: Erfolg kann für andere wertvoll sein, auf der Ebene von

Du kannst deinen Erfolg zum Wohle aller einsetzen.

Geld oder auf anderen Ebenen des Erfolgs. Wir können unser Geld, unseren Erfolg zum Wohle anderer einsetzen. Was für ein schöner, motivierender Gedanke!

Dieser Gedanke kann aber auch eine Belastung sein. Denn mit dem Gedanken, seinen Erfolg zum Wohle aller einzusetzen, entsteht für manche Menschen ein Druck. Sie wollen nicht teilen, sie sind nicht freigiebig, sondern die Motivation zum Erfolg und zum Geldverdienen ist eine egoistische. Viele Menschen wollen eben mehr und noch mehr Geld für sich anhäufen, ohne dass sie genau wissen, wofür eigentlich. Dann liegt das Geld auf dem Konto oder in einem Investment fest und kommt niemandem zugute. Die Energie fließt nicht mehr und der Sinn des Geldverdienens ist verfehlt. Dann wird viel Geld zur Belastung, erzeugt Neid und Missgunst, erfüllt nicht und trägt auch nicht zum Verwirklichen der eigenen Mission bei. Diese Entwicklung wiederum kann ein Grund sein, warum Menschen es sogar ablehnen, über viel Geld zu verfügen, oder es schnell wieder ausgeben, wenn sie mal zu viel Geld gekommen sind.

Freiheit bedeutet Verantwortung. Wenn wir finanziell frei sind, sollten wir die Verantwortung annehmen, die daraus erwächst. Deshalb möchte ich dich ermutigen, dich mit dem Thema Verantwortung auseinanderzusetzen, wenn du langfristig finanziell frei sein und bleiben willst und wenn du Geld nutzen willst, um es außer für dein persönliches Wohlergehen auch für das Wohlergehen der Welt einzusetzen:

Was willst du Gutes tun mit deinem Geld?

Diese Frage ist nun nicht so leicht zu beantworten, wie es auf den ersten Blick vielleicht wirkt. »Dann spende ich halt was«, sagt jemand, und da wird es schon gleich schwierig: Wofür soll ich spenden? Wie viel? Soll ich es verteilen oder suche ich mir eine Organisation, die das übernimmt? Im Ausland oder hier in Deutschland, wo es doch den Leuten vergleichsweise nicht so schlecht geht? Was kann ich tun, wenn ich eigentlich kein Geld übrig habe? Lege ich dann das Buch jetzt zur Seite? Zur letzten Frage: Nein, bitte nicht. Es gibt auch andere Möglichkeiten als Geldspenden. Ich habe drei Spendenformen für

Spenden geht auch ohne Geld.

dich, die ich im Folgenden vorstelle. So hast du eine Auswahl und niemand kann sich mehr mit »Ich habe kein Geld, ich kann nicht spenden« herausreden. Denn es ist immer möglich, etwas zu spenden. Auf verschiedene Arten.

Etwas abgeben geht immer

Mein älterer Sohn hat mich mal gefragt: »Papa, was ist spenden?«

Ich überlegte kurz, was für einen Sechsjährigen passen könnte, um »spenden« zu erklären.

»Denk mal an das Mittagessen in der Schule. Du stehst an dem Tresen, wo ihr das Essen bezahlt. Neben dir steht ein Junge aus deiner Klasse, mit dem du zum Essen gegangen bist, und du siehst, dass er sich nichts zu trinken kauft. Stattdessen guckt er auf deine Milch, die du dir gerade auf das Tablett gestellt hast. Du gehst kurz zurück an das Regal mit der Milch und bezahlst zwei Milch. Wenn ihr zusammen beim Essen sitzt, trinkt ihr beide eure Milch, weil du sie ihm ganz selbstverständlich und nebenbei rübergeschoben hast. Das ist spenden. Du hilfst jemanden, weil der andere kein Geld hat oder etwas nicht kann, ohne dass du Aufhebens davon machst.«

Seitdem macht er so etwas und erzählt auch seinen Freunden, wie es geht. Es macht ihm Spaß.

Ich stelle dir hier drei verschiedene Arten zu spenden vor. Je nachdem, welche Art dir liegt, welche dir möglich ist und wozu du Lust hast, sagt dir die eine oder andere mehr zu. Spenden bedeutet helfen, und es muss nicht immer in Form von Geld sein. Was dabei sicher deutlich wird: Etwas abgeben geht immer. Und sei es nur eine Stunde pro Monat in Form einer Zeitspende oder zehn Euro für die Kindernothilfe.

1. **Geld spenden**: Diese erste Möglichkeit zu spenden habe ich dir im zweiten Teil des Buches im Zusammenhang mit dem Töpfesystem vorgestellt. Ein Teil deines Einkommens – ein Richtwert sind 10 Prozent – kann sich auf einem eigenen Konto für Spendenzwecke ansammeln: im Spenden-Topf. Diese Art, die nächste Spende vorzubereiten, empfinde ich als sehr angenehm, denn man hat nie das Gefühl, die Spendensumme von seinem

Geld abzuzwacken. Stattdessen greift man einfach auf das Geld zurück, das im Spenden-Topf bereits wartet. So macht Spenden mir noch mehr Freude und viele andere berichten von ähnlichen Erfahrungen.

2. **Zeit spenden**: Diese zweite Möglichkeit ist eine gute Alternative, wenn Geldspenden sich nicht richtig anfühlen oder auch, wenn dafür nicht genug Geld vorhanden ist. Ich finde es wichtig, diese Form des Spendens auch so zu bezeichnen: Zeit einzusetzen ist eine Spende. Man gibt Zeit. Ich betone das, denn es gibt viele Menschen, die ihren Zeiteinsatz nicht als Spende sehen, sondern als etwas weniger Wertvolles. Ich denke da zum Beispiel an die ehrenamtliche Arbeit, die viele Menschen leisten. Das sind Spenden. Lesepaten gehen in Schulen und lesen den Kindern vor. Freiwillige telefonieren bei der Telefonseelsorge und helfen verzweifelten, suizidgefährdeten, tieftraurigen oder verbitterten Menschen durch Gespräche. Andere begleiten Menschen beim Sterben, die niemand anderen mehr haben, der ihnen beisteht, wenn sie gehen. Die Liste der Möglichkeiten ist lang und ich möchte dich ermutigen, dir auch jenseits des klassischen Geldspendens zu überlegen, welche Form für dich passen könnte, um etwas Sinnvolles beizutragen und zu geben.
3. **Know-how spenden**: Die dritte Spendenform ist das Spenden von Know-how. Ein Handwerker kann seinem Nachbarn zeigen, wie man Unterputzleitungen legt und eine Wand verputzt. Ein IT-Spezialist kann der Familie von nebenan beibringen, wie man ein WLAN-Netzwerk einrichtet. Das ist ein wichtiger Ansatz auch in der Entwicklungsarbeit: Es geht immer weniger darum, Geld auf direktem Wege zu spenden, sondern darum, viel mehr in die Vermittlung von Know-how zu investieren: Zeig den Dorfbewohnern, wie man Brunnen baut, dann brauchen sie kein Geld für Wasserflaschen. Ich wiederum vermittle Know-how zum Thema Geld. Die Idee, Bildung zum Thema Geld in die Schulen zu bringen, entwickeln wir zurzeit weiter. Ich möchte auf diese Weise Geld-Know-how spenden: Bereits Schüler, Jugendliche, junge Erwachsene sollen lernen, wie man durch ein gutes Geldverhalten und die dazugehörige Entwicklung der Persönlichkeit besser als bisher mit Geld umgehen und dadurch finanziell unabhängiger werden kann.

Aber ich spende nicht nur Know-how, ich spende auch Geld. Mit großer Freude, denn ein Großteil meiner Zeit fließt nach wie vor in meine Familie und ist weniger frei für Zeitspenden. Ich möchte dir davon erzählen, wie sich bei mir die Spendenaktivitäten entwickelt haben, als ich noch ein 19-Jähriger Abiturient war. Dass ich davon erzähle, hat einen bestimmten Grund. Ich will vermitteln, dass Spenden idealerweise einen persönlichen Bezug haben sollten. Dann wirst du mit großer Freude spenden und dabei das sichere Gefühl haben, dass deine Spende an der für dich richtigen und damit sinnvollen Stelle ankommt. Wenn du ein Motiv hast zu spenden, kommt deine Spende von Herzen. Wenn dich etwas im Herzen berührt hat und du daraus einen Spendenwunsch entwickelst: Genau das ist es, womit du die Welt besser machst.

Idealerweise kommt der Spendenwunsch von Herzen.

1997, mexikanisch-amerikanische Grenze

1997. Mein Abizeugnis riecht noch druckfrisch. Ich bin eingeschrieben für das Jurastudium, aber bis zum Semesterbeginn im Oktober ist noch Zeit. Da schreibt mir eine Mitschülerin, zu der ich immer ein gutes Verhältnis hatte und die gleich nach dem Abi in die USA gezogen ist: »Komm doch einfach!«

Warum nicht? Ich packe meinen Rucksack, besorge mir ein Touristenvisum und lande wenig später in San Diego.

»Was machen wir jetzt?«, frage ich. Wir stecken über der Landkarte von Kalifornien die Köpfe zusammen und planen eine Rundtour. Vier Wochen reisen wir durch Kalifornien: San Francisco, San José, Los Angeles, San Diego. Ich bin geflasht. Die Menschen sind offen, kommunikativ, einladend. Das Leben spielt sich in dem milden Klima komplett draußen ab. Es wird viel gelacht, es gibt Geld. Vier Wochen Wohlstand. Wir machen sogar noch einen Abstecher nach Las Vegas, in diese verrückte Metropole. Aber auch Los Angeles beeindruckt mich, diese Stadt voller Prominenter und Möchtegern-Promis auf dem Weg nach oben. Alles ist »High End«: Straßen, Plätze, Geschäfte, Häuser. Es geht weiter mit dem extremen Wohlstand, als wir in das superreiche San Diego kommen, die achtgrößte

Stadt der Vereinigten Staaten, im Südwesten Kaliforniens nahe der Grenze zu Mexiko.

Wir überlegen nur kurz: »Wenn du schon mal hier bist, lass uns doch auch noch einen Abstecher nach Mexiko machen«, sagt meine Begleiterin zu mir.

»Klar machen wir das!« Ich bin hungrig auf Eindrücke. Ich stamme aus behüteten Verhältnissen, bin am Stadtrand aufgewachsen, wo es kein Elend, keine sichtbare Armut, keine Bettler oder sozialen Notfälle gibt. Na ja, jedenfalls wusste ich als Kind nichts davon. Ich will auf dieser Reise die Welt sehen, die Menschen, die Verhältnisse, in denen sie leben. Am besten einfach ... alles. Als wir von San Diego aus in Richtung Süden fahren, habe ich bereits das Gefühl, ich habe ziemlich viel von der Welt gesehen. Aber das ist eben noch vor der Grenze zu Mexiko.

Die Grenze zwischen den Vereinigten Staaten und Mexiko ist 3144 Kilometer lang. Sie durchläuft etwa in Ost-West-Richtung viele Landschaften mit Städten, Wüsten und dem Rio Grande. An dieser Grenze kommen jedes Jahr zwischen 250 und 500 Menschen zu Tode. Sie sterben durch Hitze, Ertrinken, Unfälle und Schussverletzungen.

Als wir Tijuana im Nordwesten Mexikos kurz hinter der Grenze erreichen, weiß ich, dass ich noch nicht annähernd die Welt gesehen habe. Der Kontrast ist extrem. Es fühlt sich an wie ein Einschlag, der im ganzen Körper zu spüren ist. Ich erlebe das erste Mal wirklich hautnah, was es bedeutet, wenn Menschen nichts haben. Hier ist nichts. Die Menschen haben nichts. Sie wissen nicht, was sie essen und trinken sollen. Mit einer Mordrate von 138 auf 100.000 Einwohner war Tijuana 2018 die gefährlichste Stadt weltweit.

Ich hatte noch nicht annähernd die Welt gesehen.

Auf dem Rückweg müssen wir mit unserem Auto zwei Bereiche passieren. Es gibt zwei Tore, wie Schleusen, jeweils mit einem Schlagbaum. Wir fahren langsam durch die erste Schleuse. Dazwischen gibt es einen Bereich, den wir ebenfalls nur langsam durchfahren.

»Philipp, das ist ja wie an der DDR-Grenze!« Meine Mitfahrerin schaudert. Und plötzlich ruft sie: »Mach mal die Türknöpfe runter, sonst haben wir gleich ein Kind im Auto.«

Und da sehe ich es auch: Es gibt Männer, die mit Kindern an der Hand in dem Bereich herumlaufen. Sie huschen umher, sind mal hier, mal da. Sind es die Väter der Kinder? Oder sind es Schlepper, die von Familien das letzte Geld bekommen haben, um ihrem Kind eine bessere Zukunft als illegales Einwandererkind in den USA zu ermöglichen? Ich stelle mir vor, wie einer der Männer ein Kind an unser Auto hängt. Wir würden losfahren und später feststellen, dass hinten an der Stoßstange oder unter dem Wagen ein Kind festgebunden ist. Und die Kinder: Mit ihren dunklen Augen gucken sie mich durch die Scheibe an und versuchen wie schon vorher in Tijuana, wertlosen Kram zu verkaufen: Kaugummis, Glasmurmeln, Plastikspielzeug. Ich spüre, wie meine Hände sich um das Lenkrad krampfen. Mir geht ein Satz im Kopf herum: »Die Welt ist böse.« Wir passieren das zweite Tor und sind durch. Stumm fahren wir die Strecke zurück nach San Diego. Es gibt nichts zu sagen. Mein Herz ist tonnenschwer.

Das Erlebnis an der mexikanischen Grenze war der Beginn meiner Spendentätigkeiten. Ich begann, für die Kindernothilfe zu spenden, und tue das heute noch. Das Schicksal dieser mexikanischen Kinder, die nichts hatten und zugleich so viel Lebenswillen zeigten, die in eine bessere Welt wollten und vielleicht nie dort ankamen, weil sie ertranken, an Hitze starben oder ermordet wurden, berührte mich damals wie heute. Wieder zurück in Deutschland waren meine Augen dann geöffnet für die Menschen, die auch bei uns durch die Maschen fallen. Ich begann, zu sehen, was ich vorher nur im Zusammenhang mit dem sozialen Engagement meines Vaters am Rande mitbekommen hatte. Ich verstand, warum mein Vater spendete, und begann, mich dafür zu interessieren. Und ich erkannte in dem, wie mein Vater uns Brüder unterstützte, seinen Wunsch zu helfen.

Dieses Erlebnis hat mir die Augen geöffnet.

»Philipp, an der Uni lernt man nicht das, was einen erfolgreich macht«, sagte er zu mir, als er mir wieder einmal ein Seminar finanzierte, mit dem ich mich persönlich weiterbilden konnte. Wenn ich mich an ihn erinnere, wie er mit seinen 50 Jahren all sein Geld in die umfassende Ausbildung seiner Söhne investierte, denke ich manchmal, er hätte das Geld auch in seine eigene Weiterbildung investieren können. Mit 50 war er ja noch mittendrin in seiner unternehmerischen Entwicklung. Aber er wollte das Geld für seine Kinder ausgeben. Ich bin ihm sehr dankbar für die Möglichkeiten, die er mir damit eröffnet hat.

Heute will ich es genauso machen. Meine Kinder sollen die besten Möglichkeiten haben, sich zu entwickeln, die ich ihnen geben kann. Das müssen nicht unbedingt die teuersten sein. Nicht automatisch ist die teure Privatschule mit den Diplomatenkindern, die nach zwei Jahren schon wieder in ein anderes Land ziehen, die beste Lösung. Kinder wohlhabender Eltern dürfen auch lernen, dass sie ganz normal sind und nicht mehr wert als andere, nur weil ihre Eltern viel Geld zur Verfügung haben.

Ich habe dir von einem Erlebnis erzählt, das mich tief geprägt hat. Es ist die Wurzel meiner Spendenaktivitäten. Heute spende ich für alles Mögliche: Hospiz, Kinderbetreuung, Schule. Auch für bessere Verhältnisse in unserem Stadtteil. Wenn ein Schulweg nicht sicher ist, kann man einen neuen Radweg bauen. Wenn wir als Familie eine Fernreise machen oder ich aus anderen Gründen mit dem Flugzeug unterwegs bin, spende ich die doppelte Summe für Einrichtungen, womit mein durch den Flug verursachter CO_2-Ausstoß kompensiert wird und ich zusätzlich noch zum Klimaschutz beitrage. Ich habe außerdem auf www.fussabdruck.de von »Brot für die Welt« meinen ökologischen Fußabdruck getestet und meine Konsequenzen daraus gezogen. Wir ernähren uns mit wenig Fleisch, nie aus Massentierhaltung, und mit biologisch angebauten Nahrungsmitteln. Bei meinen Börsenaktivitäten investiere ich nur in »saubere« Aktien. Leitlinie ist dabei immer, ob mich etwas im Herzen berührt.

Warum erzähle ich dir das alles? Bestimmt nicht, um mit meinen Spendenaktivitäten zu prahlen. Ich habe sogar lange mit meiner psychologischen Beraterin, Kollegin und Freundin Ulrike Scheuermann, die du ja schon aus dem Buch kennst, und mit Sabrina Rabow, meiner PR-Beraterin, diskutiert. Denn zunächst wollte ich gar nichts davon in mein Buch schreiben, um zu vermeiden, dass ich mich hier als tadelloser Supermensch mit Heiligenschein aufführe, der mit seinen Spendenaktivitäten auftrumpft wie manche Promis im Fernsehen. Damit fühle ich mich nicht gut. Doch die beiden haben darauf bestanden,

Ich möchte andere motivieren, (mehr) zu spenden.

dass es wichtig ist, weil ich damit andere dazu motivieren kann, auch (mehr) zu spenden. Inzwischen sehe ich das auch so und ich hoffe, dass du verstehst, was ich mit diesem Kapitel bewirken will.

Ich möchte dir vermitteln, wie erfüllend, wie wichtig, wie sinnvoll es ist, etwas abzugeben. Wie viel andere, aber auch wir selbst davon haben, wenn wir etwas geben, um zu helfen. Wir leben in einer großen Fülle in unserem wohlhabenden Land. Aber auch ohne diesen Wohlstand wäre es jedem Menschen möglich, etwas abzugeben. Es liegt an dir, einzuschätzen, wie viel du abgeben kannst. Wenn du dich in Fülle fühlst, kannst du freigiebig sein und deine Fülle mit anderen teilen. Dann bist du zugleich bereit, über mehr Geld zu verfügen, denn das Geld reicht. Darum ging es im dritten Teil des Buches: Erst wenn wir mit unserem Geld, das wir jetzt zur Verfügung haben, gut auskommen und in Frieden sind, sind wir bereit, mehr Geld zu empfangen. Wenn du spendest, bist du freigiebig und in Fülle. Erinnere dich daran: Geld ist Energie und Energie ist idealerweise im Fluss. Dann kommt alles wieder zu dir zurück. Ich wünsche dir viel Freude beim Geben.

Epilog: Die Dinge, die man nicht getan hat

Vor einigen Jahren rief mein Patenonkel an.

»Philipp, Anneliese möchte nicht mehr leben.«

»Was?«, schreie ich innerlich. Meine Tante will nicht mehr leben? Meine geliebte Tante, die Frau meines Patenonkels? Die beiden Menschen in meinem Leben, die für mich wie zweite Eltern sind?

Ich umklammere das Telefon.

»Wieso, was ist denn passiert, Gerd?«

»Sie ist lebensmüde. Sie hat sich oben ins Schlafzimmer gelegt, will nicht mehr essen und trinken. Sie wartet auf den Tod.«

»Ich komme gleich rüber, ich helfe euch.«

»Nein, nein, sie will nicht mehr. Du kannst uns nicht helfen. Sie möchte so in Erinnerung bleiben, wie du sie immer erlebt hast.«

Ein paar Tage später war sie eingeschlafen.

Einige Zeit später bekomme ich wieder einen Anruf von der mir gut bekannten Telefonnummer. Diesmal von Renate, der Tochter von Anneliese aus erster Ehe.

»Philipp, Gerd geht es nicht gut.«

»Renate, was ist denn passiert?«

»Ach, du weißt doch, wie es ist, wenn man einen alten Baum verpflanzt oder ein paar große Äste abschneidet. Ohne Anneliese will er nicht mehr so richtig.«

»Renate, wo ist er denn?«

»Im Krankenhaus. Aber bitte fahr nicht hin, er möchte auch in guter Erinnerung bleiben und friedlich einschlafen wie Anneliese.«

»Danke, dass du Bescheid sagst.«

Ich rase los und bin schon 20 Minuten später beim Krankenhaus.

Ich klopfe an die Tür, und als ich sie öffne, sieht mein Onkel Gerd mich direkt von seinem Krankenbett aus an. Er erkennt mich und lächelt.

»Philipp, schön, dass du hier bist.« Seine Stimme klingt brüchig, und zwischen den Worten gibt es kleine Pausen, die kenne ich nicht von ihm.

Ich trete an sein Bett. Ich hatte zu der Zeit noch nie einen sterbenden Menschen gesehen. Es war alles unheimlich für mich, auch erschreckend.

»Wie geht es dir?«

Er nickt langsam und schiebt statt einer Antwort die leichte Decke von seinem Bein zurück. Ich denke in dem Augenblick nur: »Das Bein ist schon tot.« Ja, ich bin mir sicher, das Bein lebt nicht mehr. Gerd hatte einen Steckschuss aus dem Krieg, der ihm sein Leben lang zu schaffen gemacht hat.

Aber dann redet Gerd doch.

»Ach, Philipp. Unser Philipp. Du warst bei uns zu Hause immer so willkommen. Neben unserer Tochter haben wir uns so sehr einen Sohn gewünscht. Das warst dann du.« Er lächelt wieder und nickt vor sich hin.

»Unser Patensohn.«

Ich nehme seine Hand und drücke sie fest.

»Für mich war es ja genauso, Gerd. Ich hatte zweimal Eltern. Die zweiten wart ihr, du und Anneliese.«

»Du hast uns verstanden mit dem, was wir erzählt haben. Du hast uns auch um Rat gefragt. Und wir haben dich bewundert.«

Ich stutze. Das höre ich zum ersten Mal.

»Aber warum denn bewundert?«

»Seitdem wir dich kennen, schon als Kind, hast du immer deinen Kopf durchgesetzt. Immer.«

Gerd wendet den Kopf noch mehr in meine Richtung auf dem flachen Krankenhauskissen.

»Egal, wie die Umstände waren. Das fanden wir immer toll.«

Jetzt lachen wir zusammen. Gerd hat recht. Ich war und bin ziemlich dickköpfig.

»Einen Rat möchte ich dir am Ende meines Lebens geben, Philipp. Ich gehe gerade auf meinem letzten Weg und da zieht mein ganzes Leben an mir vorbei. Ich kann ja zum Glück noch klar denken und habe hier im Krankenhaus Zeit dafür. Interessant, was ich da so erkenne.«

»Ja, erzähl mir davon, Gerd.«

»Weißt du, eines finde ich so wichtig, dass ich es dir noch sagen möchte: Fehler kannst du dir verzeihen. Menschen, mit denen du dich hättest versöhnen können, auch das kannst du dir verzeihen. Ich habe manchen Leuten unrecht getan und mich nicht dafür entschuldigt. Das ist schade und es tut mir auch leid. Aber ich bin selbst fast erstaunt: Das geht jetzt alles, ich kann es mir verzeihen.«

Er stockt und ich sehe, dass er schwer schlucken muss.

»Mit einer Sache geht es aber nicht, die kann ich mir nicht verzeihen: die Dinge, die ich nicht getan habe, obwohl ich sie eigentlich tun wollte.«

»Woran denkst du denn da?«

»Philipp, wie oft bist du in deinem Leben von einem Seminar gekommen oder hast ein Buch gelesen und dann beschlossen, etwas in deinem Leben zu ändern? Und dann kommt der Alltag und du tust es nicht. Bitte mach das anders. Überleg, was du tun willst, was du dir am Lebensende nicht verzeihen könntest, weil du es nie getan hast. Und tue es. Jetzt.«

Ich drücke wieder seine Hand und er drückt zurück, so fest er noch kann.

Einige Tage später war Gerd tot.

Ich hoffe so sehr für ihn, dass er es sich doch noch verzeihen konnte, was auch immer es war, was er nicht getan hatte, von dem er mir auch nicht mehr erzählen wollte.

Sein Rat lebt weiter in mir und er ist auch für dich wichtig:

Tue die Dinge, die dir wirklich wichtig sind.

Dank

Wenn ich innerlich im Gefühl der Dankbarkeit bin, so bin ich mit mir selbst verbunden und spüre ein Gefühl der Stärke. Dankbarkeit bereichert mein Leben im wahrsten Sinne des Wortes.

Dazu fällt mir als Erstes meine wunderbare Frau ein. Während das Buch wächst, hält sie mir mal wieder den Rücken frei und hat das Buch im Entstehungsprozess mit wertvollem Feedback intensiv begleitet. Sie ist immer für mich und unsere Jungs da. Sie schenkt mir Vertrauen, wenn ich mal nicht an mich glaube, und manchmal holt sie mich auch auf den Boden der Tatsachen zurück, wenn ich als Visionär die Bodenhaftung verloren habe. Auch kann ich mit ihr über alles sprechen. Egal, ob es sich um Themen der Akademie dreht oder ob ich den Rat von einer Freundin brauche. Ich kann es in einem Satz zusammenfassen: Sie ist meine große Liebe und meine beste Freundin. Danke, dass es dich gibt.

Bei diesem Projekt haben sehr viele Personen mitgewirkt. So möchte ich den Mitgliedern der PJM Investment Akademie danken. Ohne die zahlreichen Feedbacks wäre es niemals möglich gewesen, das Wissen in dieser Weise aufzubereiten. Danke, dass ihr uns zu dem gemacht habt, was wir heute sind. Ich wünsche allen weiterhin ganz viel Erfolg.

Dieses Projekt hätte ich ohne die Hilfe einer Person nicht veröffentlicht. Es ist Ulrike Scheuermann, die im Buch mehrmals vorkommt. Ulrike hat mir in großartiger Zusammenarbeit dabei geholfen, meine Gedanken zwischen zwei Buchdeckel zu bringen. Vor allem jedoch waren Ulrike und ich auch inhaltlich intensiv im Austausch über die Themen im Buch. Sie hat ihre jahrzehntelange Erfahrung als Diplom-Psychologin mit in dieses Werk eingebracht, was ein Geschenk für mich ist. Mit ihrer Arbeit hilft sie Menschen, die Blockaden zu lösen, die sie daran hindern, innerlich frei ihre

Lebensaufgabe zu leben. So schauen wir in unserer Arbeit aus unterschiedlichen Perspektiven auf das Thema Geld und Geldblockaden. Ulrikes Gedanken sind immer dann in den Text mit eingeflossen, wenn es um persönliche Entwicklung auf der psychologischen Ebene und um die Umsetzung des Lebenssinns ging – alles Inhalte auch ihrer eigenen Sachbücher. Ulrike, ich bin dir sehr dankbar für diese Begleitung, Beratung und Unterstützung und für unsere Freundschaft.

Neben meiner Frau und Ulrike möchte ich dem Verlag danken, der mit höchster Wertschätzung und beeindruckendem Engagement von Beginn an mit mir in Austausch getreten ist. So danke ich dem gesamten Team des GABAL Verlages für die tolle Zusammenarbeit: André Jünger als Verleger für die sympathischen Gespräche unter Unternehmerkollegen, Bettina Schmidt als Geschäftsführerin des Verlages für das große Ganze, Sandra Krebs für die wertvollen inhaltlichen Gespräche, Andschana Gad für die großartige Unterstützung im Marketing und allen anderen Kollegen in dieser tollen Truppe für ihren engagierten Einsatz rund um das Projekt, so auch der PR-Agentur von GABAL, PS:PR mit Petra Spiekermann und ihrem Team. Und natürlich danke ich Eva Gößwein: Sie hat beim Lektorieren einen großartigen Job gemacht und das Bestmögliche aus dem Text herausgeholt.

Sabrina Rabow, die PR-Beraterin für Menschen wie Sebastian Fitzek, hat die gesamte Medienarbeit für dieses Buch, für mich als Person und für die Akademie übernommen und gehört seit einigen Monaten zu unserem Team, sodass sie uns auch zum Buch beraten konnte. Sie ist viel mehr als eine spezialisierte Beraterin: Kritisch und unbestechlich, zugleich immer wertschätzend und liebevoll blickt sie aus der Perspektive der Öffentlichkeit und bringt damit – auch im Team mit Ulrike – meine große Vision zu möglichst vielen Menschen. Sabrina, ich danke dir für alles, was du schon jetzt für mich auf den Weg gebracht hast und noch bringen wirst.

Ich möchte zwei weiteren Personen meinen großen Dank ausdrücken, alphabetisch genannt: Henning Henke und Kevin Blohm. Beide haben im Entstehungsprozess des Buches hilfreich mitgewirkt. Henning als ausgebildeter Aktien- und Optionshändler der deutschen Börse hat 15 Jahre Erfahrung im Investmentbanking und ist mittlerweile bei uns in der Akademie verantwortlich für die

Mitglieder-Webinare, Seminarpräsentationen sowie Qualität und Aufbereitung sämtlicher Inhalte. Henning, ich bin sehr dankbar für unsere Freundschaft und wie du dein Know-how mit vorbildlicher Leidenschaft in die Akademie einbringst.

Die Liebe zum täglichen Tun hat Henning mit Kevin Blohm gemeinsam. Als studierter Bankfachwirt und vormals einer der erfolgreichsten Finanzvertriebler Norddeutschlands widmet er sich heute mit voller Hingabe der strategischen Weiterentwicklung der Akademie, dem Vertrieb und Marketing sowie ebenfalls voller Energie und Humor den Seminarpräsentationen. Danke, lieber Kevin, dass du mein Freund bist. Dein Einsatz bringt unsere Akademie jeden Tag weiter nach vorne.

Auch bei meiner Mama und bei meinem – 2018 verstorbenen – Papa möchte ich mich von Herzen bedanken. Ich weiß, dass ich nicht immer leicht als Sohn bin, und ich danke euch für euer Verständnis, eure Liebe und eure Zeit, bei der ihr oft eure eigenen Bedürfnisse hintangestellt habt.

Von ganzem Herzen möchte ich mich auch bei meinem besten Freund Thomas bedanken, der mich seit mehr als 35 Jahren begleitet. Zwischen uns braucht es häufig nicht einmal Worte und wir beiden wissen, was der andere gerade benötigt. Danke, Thomas, dass du immer für mich da bist.

Am Schluss möchte ich noch ein »Danke« an meine vielen Lehrer und Mentoren senden. Ich konnte dadurch die Geschwindigkeit, mit der ich mich entwickele, enorm erhöhen – mit Seminaren, Trainings, Büchern und Hörbüchern. Lebenslanges Lernen ist für mich kostbar, wie Philip Rosenthal es beschreibt: »Wer aufhört besser zu werden, hört auf gut zu sein.«

Nun möchte ich mich noch bei meinen beiden Söhnen entschuldigen. Es tut mir von Herzen leid, dass ich in den letzten Monaten auch immer mal wieder an den Nachmittagen gearbeitet habe, obwohl die eigentlich für euch reserviert sind. Ich bitte euch um Verständnis. Ich habe euch sehr lieb.

Philipp J. Müller

Meine Literaturempfehlungen

Borbonus, René: *Respekt! Wie Sie Ansehen bei Freund und Feind gewinnen.* Econ, 2011.

Brown, Brené: *Verletzlichkeit macht stark: Wie wir unsere Schutzmechanismen aufgeben und innerlich reich werden.* Goldmann, 2017.

Buffett, Warren: *Das Leben ist wie ein Schneeball.* FinanzBuch Verlag, 2008.

Carnegie, Dale: *Sorge dich nicht, lebe!* Fischer TB, 2013.

Dispenca, Joe: *Werde übernatürlich: Wie gewöhnliche Menschen das Ungewöhnliche erreichen.* KOHA, 2017.

Frankl, Viktor F.: *… trotzdem Ja zum Leben sagen: Ein Psychologe erlebt das Konzentrationslager.* Kösel, 2009.

Goleman, Daniel: *EQ. Emotionale Intelligenz.* dtv, 1997.

Küstenmacher, Marion; Haberer, Tilman; Küstenmacher, Werner Tiki: *Gott 9.0: Wohin unsere Gesellschaft spirituell wachsen wird.* Gütersloher Verlagshaus, 2010.

Obama, Michelle: *BECOMING: Meine Geschichte.* Goldmann, 2018.

Scheuermann, Ulrike: *Self Care – Du bist wertvoll. Das Selbstfürsorge-Programm.* Knaur Balance, 2019.

Scheuermann, Ulrike: *Die Schreibfitness-Mappe: 60 Checklisten, Fallbeispiele und Übungen für alle, die beruflich schreiben.* Linde, 2017.

Scheuermann, Ulrike: *Innerlich frei: Was wir gewinnen, wenn wir unsere ungeliebten Seiten annehmen.* Knaur MensSana, 2016.

Scheuermann, Ulrike: *Wenn morgen mein letzter Tag wär: So finden Sie heraus, was im Leben wirklich zählt.* Knaur, 2013.

Scheuermann, Ulrike: *Wer reden kann, macht Eindruck – wer schreiben kann, macht Karriere: Das Schreibfitnessprogramm für mehr Erfolg im Job.* Linde, 2013.

Schröder, Martin: *Wann sind wir wirklich zufrieden? Überraschende*

Erkenntnisse zu Arbeit, Liebe, Kindern, Geld. Auf Basis der größten Langzeitstudie mit über 600.000 Befragungen. C. Bertelsmann, 2020.

Strelecky, John: *The big Five for Life: Was wirklich zählt im Leben.* dtv, 2009

Strelecky, John: *Das Café am Ende der Welt. Eine Erzählung über den Sinn des Lebens.* dtv, 2007.

Thürmer, Christine: *Laufen. Essen. Schlafen. Eine Frau, drei Trails und 12700 Kilometer Wildnis.* Malik, 2016.

Walsch, Neale Donald: *Gespräche mit Gott.* Arkana, 2009.

Personen- und Stichwortverzeichnis

Der Autor

Philipp J. Müller ist Finanzmentor sowie Inhaber und Geschäftsführer der europaweit größten Finanzakademie PJM Investment Akademie GmbH, einem der wenigen staatlich anerkannten Bildungsinstitute dieser Branche.

Der Unternehmer beschäftigt sich seit seiner Jugend leidenschaftlich mit dem Thema Geld, ist vielfacher Einkommens- und Vermögensmillionär aus eigener Kraft und spendet hohe Summen. Er hat Jura studiert, als Quereinsteiger bei einer Bank gearbeitet und sich dann selbstständig gemacht mit verschiedenen Unternehmen in den Bereichen Anlage- und Investmentberatung, Versicherungen, Bau und Immobilienverwaltung. Er steht für ein hohes Wertebewusstsein, persönliche Reife und soziale Verantwortung im Zusammenhang mit Geld. Seine Mission: Er will möglichst vielen Menschen ein neues Geldwissen vermitteln, um sie aus dem finanziellen Hamsterrad zu befreien und zu Wohlstand zu führen – jenseits von oberflächlichem Reichtum mit selbstbezogenem Konsum.

In seiner Akademie lehrt er die dafür notwendige Persönlichkeitsentwicklung und ein ausgereiftes System, wie man seine Finanzen selbst in die Hand nehmen und ein regelmäßiges Einkommen an der Börse generieren kann. So hat er in den letzten sechs Jahren in der einjährigen Akademieausbildung zahlreiche Menschen in die finanzielle Freiheit geführt, ihnen ermöglicht, ihr volles Potenzial auszuschöpfen und einen gesellschaftlichen Beitrag zu leisten.

www.philippjmueller.de

Philipp, warum machst du das eigentlich?

Aus meiner Leidenschaft ist meine Berufung geworden: Menschen an die Hand zu nehmen und ihnen zu helfen, ihre Finanzen in eine positive Richtung zu gestalten und Geld zu einer unterstützenden Kraft im Leben zu machen.

Feedbacks wie die folgenden von unseren Ausbildungsteilnehmenden berühren mich deshalb tief im Herzen:

»Es ist alles wieder viel lebendiger geworden. Wir haben so viele neue Pläne. Die Investition in ein Seminar von Euch ist eine Investition in ein neues Leben. Danke Philipp und Team.«
Dagmar und Friedlieb Merkelbach, Informatiker

»Euer Seminar hat meinen Horizont massiv erweitert. Ich lasse also mein Geld jetzt für mich arbeiten.«
Heiko Lochmann, Musiker »Die Lochis«

»Mein Gehalt ist um 10 Prozent gestiegen. Mein Gesamtvermögen ist um 38 Prozent gestiegen. Ich habe meine Finanzen und Geldströme sauber analysiert, Töpfe eingerichtet, Potenziale erschlossen und erlebe dabei keinen Verzicht!«
Sven Spickermann, Ingenieur

»Es gibt Dinge im Leben, die hat man im Unterbewusstsein geparkt. Philipps Seminar: Mein Aha-Effekt zum Thema Mindset und Vermögensaufbau.«
Toni Tomic, Sky-Kommentator

»Meine Einnahmen sind im aktuellen Jahr sehr deutlich gestiegen. Obwohl ich große Skepsis hatte, dem Thema ›Mehr Geld durch Spenden‹ zu vertrauen, habe ich fleißig an Open Hands gespendet und siehe da: Mein Nettovermögen wächst mehr als je zuvor! Einiges an Schulden konnte ich mit der 50/50-Regel tilgen und trotzdem sparen, voraussichtlich im kommenden Jahr sind alle Altlasten vom Tisch.«
Michael P.

»Eure ansteckende Begeisterung, Euer grenzenloses Engagement und Eure entwaffnende Ehrlichkeit sind absolut echt, authentisch und mitreißend. Es war so deutlich, wie sehr Euch Euer Thema am Herzen liegt und wie wichtig es Euch ist, diese Inhalte an andere Menschen weiterzugeben.«
Beate Uffelmann, Argaringenieurin

Über 500 weitere persönliche Geschichten von Ausbildungsteilnehmenden sowie Infos zu unserer Akademie findest du unter: www.geldrichtig.com

Philipp J. Müller